[IPK 연구총서 24-1]

제 3 판

행정 윤리론

An Introduction to Administrative Ethics

전주상 · 배재영 · 임재진 · 채원호 · 이종수

도서출판 대영문화사

제3판 머리말

2012년 『행정윤리론』 초판이 출판된 지 어언 13년이 경과하였다. 그동안 이론적으로 큰 변화가 있는 것은 아니나, 초판 발간에서 압축 표현에 지나치게 신경 쓰게 되면서 논리적 연결이 매끄럽지 못했던 부분을 이번 제3판에서 보완하였다.

즉, 좀 더 친절하게 보완적 설명을 덧붙임으로써 행정 윤리에 대한 이해의 폭을 넓히고자 하였다. 이와 같은 목적으로 제1편 개념적 기초에서는 [제1장 논의의 범위]라는 장(章)을 신설하여, [제1절 행정의 역할과 기능], [제2절 민주주의의 핵심 가치와 주요 원칙들], 그리고 [제3절 규범적 기준으로서의 헌정 질서와 법령의 규정]을 추가로 논하였다.

그리고 책의 편제(編制)상 균형이 맞지 않게 보일 수 있는 제6장과 제8장을 보완하였다. 특히 관(款, sub-section)이 없어 절(節) 간 균형이 맞지 않는 곳에 관을 추가 설치하였다. 즉, 제6장 제3절에서는 [1. 정부는 공정한가?], [2. 국가 장치의 가치 배분 편향성], 및 [5. 사회적 형평성은 왜 필요한가?]의 3개 관을 신설하였다.

그리고 제6장 제1절 정의 편에는 새로운 관, 즉 [3. 정의와 평등]을 신설하였다. 또한 제4절 민주성은 [1. 관료제와 민주주의], [2. 관료제의 권력과 민주주의의 딜레마], [3. 행정통제와 민주화], [4. 행정 이념으로서의 민주성]의 4개의 관으로 나눠 설명하였다. 제5절 능률성 또한 3개 관으로 나누었다. [1. 행정 이념으로서의 능률성], [2. 능률성의 개념], [3. 능률성의 저해 요인과 향상 방안]이 그것이다. 그리고 제6절 투명성도 [1. 투명성의 개념적 기초], [2. 행정 이념으로서의 투명성], [3. 투명성의 확보 방안]의 3개 관으로 나누었다.

제8장 부패도 제1절과 제2절의 내용을 수정하여 제1절 부패의 개념과 영향으로, 그리고 제2절 부패의 접근 방법과 유형으로 바꾸었다. 아울러 제1절도 [1. 부패의 개념, 2. 부패의 영향, 3. 부패의 유형]으로 그 관을 바꾸었다.

그리고 내용도 부분적으로 보완하였다.

2025년 정초

공저자 일동

개정판 머리말

인류 사회의 역사는 권력, 부, 명예와 같은 사회적 가치(social values)의 배분을 둘러싸고 국가 간, 집단 간, 개인 간 다툼이 끊임없이 전개되어 온 투쟁의 역사다. 수천 년 간 이어져 온 인류 역사에서 수많은 사상가는 가치 배분이 어떠한 기준에 의해 이뤄지는 것이 합리적이고 정의로운지 그 기준을 밝히기 위해 진력해 왔다.

사회적 가치는 기본적으로 정부(government)와 시장(market)에 의해 배분된다. 정부는 정부 정책을 통해 사회적 가치를 권위 있게 배분한다. 직접민주 방식이 확산되고 있는 오늘날 사회 구성원들은 '좋은 사회(good society)'를 만들기 위한 다양한 요구를 좀 더 직접적으로 정치 · 행정 체제에 투입하고 있으며, 공직자들은 더 많은 공공 감시를 받고 있다. 공직자들은 또한 새로운 가치 체계와 기존 시스템이 서로 부딪치는 환경 속에서 적지 않은 가치 갈등을 겪고 있다. 이러한 상황에서 행정 윤리의 문제를 심층적으로 고찰해 보는 것은 의미 있는 일이 될 것이다.

공직자들의 윤리 수준 제고를 위해서는 공직자들의 책무와 덕목에 관한 사회적 논의가 좀 더 깊이 있게 전개되고 그와 관련된 연구물들이 체계적으로 축적되어야 할 것이다. 우리나라에서는 공직자들의 책임성 및 윤리와 관련된 연구가 아직 넓고 깊게 이뤄지지 않고 있다.

이 책이 나오기까지 다양한 조언을 아끼지 않으신 동료, 선배 학자들께 깊은 감사를 드린다. 아울러 이 책을 기꺼이 출판해 주신 대영문화사 임춘환 사장께도 깊은 감사를 드린다.

2018년 정초

공저자 일동

초판 머리말

오늘날 공직자들은 민주화된 사회에서 더 많은 공공 감시를 받고 있으며 시민들로부터 더 많은 요구와 기대를 받고 있다. 공직자들은 또한 새로운 가치 체계와 기존 시스템이 서로 부딪치는 환경 속에서 적지 않은 가치 갈등을 겪고 있다. 이러한 상황에서 행정 윤리의 문제를 심층적으로 고찰해 보는 것은 의미 있는 일이 될 것이다.

역사적으로 많은 사회에서 '좋은 정부'를 만들기 위한 노력이 끊임없이 전개되어 왔다. 그러나 오늘에 이르기까지 공직자들의 윤리 수준과 책임 의식이 크게 개선되고 있다는 증거를 찾아보기 힘들다. 공직자들의 윤리 수준 제고를 위해서는 그 전제 조건으로서 공직자들의 책무와 덕목에 관한 사회적 논의가 깊이 있게 전개되고 그와 관련된 연구물들이 체계적으로 축적되어야 할 것이다. 우리나라에서는 공직자들의 책임성 및 윤리와 관련된 연구가 부분적으로 축적되고 있으나 아직 넓고 깊게 이뤄지지 않고 있다. 이 책을 펴내게 된 이유 가운데 하나다.

이 책이 나오기까지 여러 조언을 아끼지 않으신 동료, 선배 학자들께 깊은 감사를 드린다. 아울러 이 책을 기꺼이 출판해 주신 대영문화사의 임춘환 사장께도 깊은 감사를 드린다.

2012년 한여름

칼바위능선 자락에서 宇林 識

차례

PART 3 행정책임과 부패

PART 4 행정 윤리의 기타 쟁점

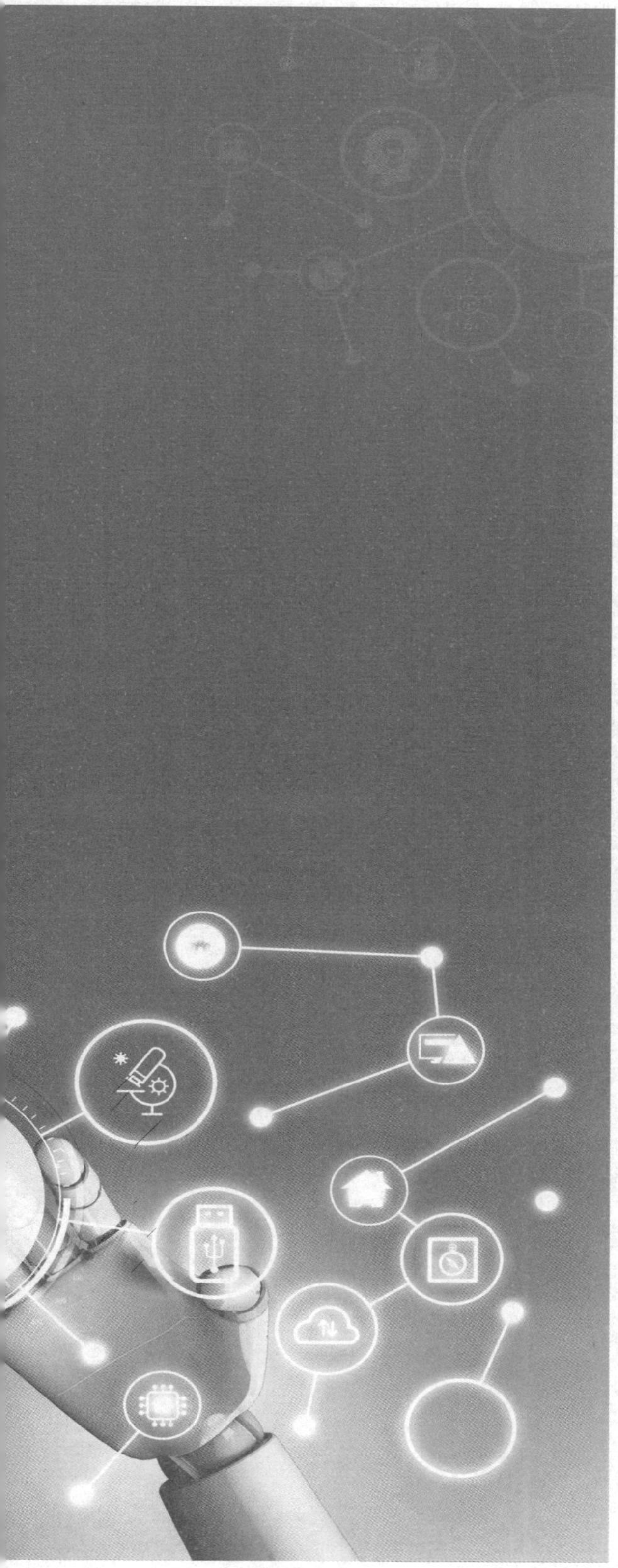

PART 1

행정윤리론

개념적 기초

CHAPTER 01

논의의 범위

행정학에서 '행정'은 '주어진' 행정 목표 또는 정책 목표를 효율적으로 집행하는 것을 말한다. 이때 행정 목표는 '주어진 것(given)'으로 간주된다. 행정 목표는 이전의 왕정 체제에서는 국왕에 의해 주어지는 것으로 보았으며, 근대 이후에는 행정을 규율하는 '정치'에 의해, 다른 말로 하면 민주적 방식으로 집권한 집권 세력에 의해 규정된 헌정 질서, 즉 헌법과 법령 등에 반영된 것으로 볼 수 있다.

오늘날의 정치 체제는 학문적 기준에 따라 다양하게 분류될 수 있으나, 크게 민주정(民主政)과 독재정(獨裁政)으로 나눠 볼 수 있을 것이다. 여기서는 민주정을 전제로 하여 논의를 전개하고자 한다. 엄밀하게 얘기하자면 민주주의(democracy)는 이념(ism)이나 사상이 아니라, 군주제(monarchy), 과두제(oligarchy) 등과 같은 통치 체제를 말한다. 민주정은 한 국가의 주권이 특정 개인이나 집단이 아닌 국가에 속한 모든 국민에게 있음을 확인하고, 국민의 권력을 기반으로 현실 정치를 구현하는 사상 또는 체제를 말한다.

논의의 진척을 위해 이 장(章) 제1절에서는 정치-행정 관계의 변화를 통해 '행정의 역할과 기능'을 살펴보고, 이어서 제2절에서는 '민주주의의 핵심 가치와 주요 원칙들'과 관련된 논의를 전개하고자 한다. 그리고 마지막 제3절에서는 '행정 윤리'의 구체적 기준이 되는 '규범적 기준으로서의 헌정 질서와 법령의 규정'을 고찰해 보고자 한다.

근대 행정학이 정치학에서 파생된 만큼 행정의 역할과 기능은 정치-행정의 관계 변화를 통해 명료하게 살펴볼 수 있다.

영국의 명예혁명과 같은 서구의 민주화 과정에서 확립된 근대적 정치-행정 관계는 왕정(王政) 시대의 상호 융합된 정치-행정 체제와 판이하게 다르다.

민주주의의 핵심 가치와 주요 원칙들은 학자에 따라 다양하게 제시될 수 있을 것이나, 이 책에서는 '자유'와 '인권'을 중심으로 민주주의의 핵심 가치를 논하고자 한다.

이 장(章)의 마지막 절에서는 '행정 윤리'의 다양한 구체적 기준들을 살펴보고자 한다. 즉, 오늘날의 민주 국가에서 국가공무원이 지켜야 할 규범으로서의 충성의 대상이 되는 헌법의 기본 질서와 국가적 이념에 대한 헌신, 그리고 행정 윤리의 구체적 기준이 되는 헌법, 국가공무원법, 국가공무원법 복무규정, 국가공무원 윤리헌장 등에 들어 있는 다양한 규범들을 고찰해 보고자 한다.

제1절 행정의 역할과 기능

근대 행정학이 정치학에서 파생된 만큼 행정의 역할과 기능은 정치-행정의 관계 변화를 통해 명료하게 살펴볼 수 있다. 왕조 시대의 정치-행정 관계 및 근대 행정학 정립기의 정치-행정 관계와 오늘날의 정치-행정 환경은 크게 바뀌었다. 압제(壓制)와 가렴주구(苛斂誅求) 밖에 기대할 것이 없었던 시기에 국왕의 권위주의적 통치를 뒷받침해온 행정에 대한 '정치적 통제'의 필요성은 그만큼 줄어 들었다고 할 수 있을 것이다. 즉, 민주화된 오늘날의 사회에서는 국민의 대표로 구성된 정치의 영역에 의한 행정통제의 필요성이 그만큼 줄어 들었다고 하겠다. 더욱이 지난 세기 말부터는 정치사회 영역에서 직접민주적 방식이 점차 확산되고 있다.

이와 같이 변화된 정치-행정의 환경 속에서 행정의 역할과 기능은 근본적으로 재검토되고 재정립되어야 할 것이다. 즉, 비서구(非西歐) 국가에서도 당연한 것으로 받아들여지고 있는 '행정의 정치에의 예속' 원칙도 재검토되어야 마땅할 것이다.

정치-행정 관계에서 행정의 바람직한 역할에 관한 심도 깊은 논의는 미국 건국기의 의회 논의에서 찾아볼 수 있다. 미국의 건국 초기 연방 집행부 구성을 둘러싸고 의회에서 제기된 논점은 크게 두 가지로 나뉜다. 하나는 '도구적(instrumental)' 관점이고 다른 하나는 '헌법적(constitutive)' 관점이다. '도구적 관점'은 행정을 주요 정치적 분지(分枝), 즉 대통령과 의회에 대한 봉사자로 보는 관점이고, '헌법적 관점'은 공공 관료들에게 헌법적 책무를 부여하고 있는 바 이들을 정치적 관료(political officials)들로부터 보호해 주어야 한다는 관점이다(Cook, 1992: 497).

건학 초기의 행정학은 정치・행정이원론(政治・行政二元論)으로 불리기도 하는 정치・행정 분립 모형에 기반하고 있다. 정치・행정이원론은 정책 결정 기능을 담당하는 정치와, 집행을 담당하는 행정은 명백히 구분된다는 초기 행정학의 관점을 말한다. 윌슨(W. Wilson)과 굿노(F. Goodnow) 등 미국 행정학의 건학자들에 의해 정립된 것으로 알려져 있으나, 스바라(James H. Svara)는 이 모형이 초기 행정학자들에 의해 정립・주창된 것이 아니라 1940~1950년대에 후대 학자들이 개념화한 것이라고 주장한다.

정치・행정 분립 모형과 대비되는 것이 '정치・행정일원론(政治・行政一元論)'으로 잘 알려져 있는 '정치-행정 융합 모형'이다. '정치・행정일원론'은, 행정도 정책 결정 기능을 수행한다는 입장에서 정치와 행정은 하나라고 주장하는 학문적 관점을 말한다. 1930년대 뉴딜 정책 이후 대두된 이 학설의 대표적 학자로는 가우스(J. M. Gaus), 디목(M. E. Dimock), 화이트(L. D. White), 헤링(P. Herring), 애플비(P. H. Appleby) 등을 들 수 있다. 이러한 입장에 서 있는 학자로는 그 밖에도 왈도(Dwight Waldo, 1913~2000)를 들 수 있다. 행정학의 정체성 위기(identity crisis of public administration) 문제를 제기한 왈도는 행정을 정치로 보았다.

'정치・행정 분립 모형'과 관련된 쟁점들을 좀 더 깊이 있게 천착(穿鑿)하기 위해서는 미국의 초기 행정학자들의 주장을 살펴볼 필요가 있다. 윌슨은 관련 문헌에서, "정당기구가 행정을 정치화・부패화시키는 문제와 의회의 행정부에 대한 과도한 관여(excessive attention)에 대해 우려하였다(Stillman, 1973). 윌슨은 이어 선출직 정치인들이 행정 관청을 직접 조종하려고 해서는 아니 된다고 말하면서, 큰 권한과 제약받지 않는 재량(large powers and unhampered discretion)이 관료 책무성 확보의 불가결한 조건이라고 주장한다(Wilson, 1966: 371-373). 윌슨은 또한 '행정의 연구'에서 정치 기구가 행정을 정치화 · 부패화시키는 문제점과 의회의 행정부에 대한 과도한 관여에 대해 우려하였다(Stillman, 1973).

정치 · 행정 분립 모형은 오늘날 적지 않은 비판을 받고 있다. 특히 20세기 중반의 50년 간 정치 · 행정 분립 모형에 대해 엄청난 비판이 퍼부어졌다(Overeem, 2005: 318). 이 모형은 특히 정책 과정의 현실과 부합되지 않는다는 비판을 받고 있다. 정치 · 행정 분립 모형은 결국 정치와 행정의 분리(isolation)가 아닌, 관료에 대한 선출직 공무원들의 간섭의 절연(絶緣)을 강조한 것이다. 즉, 윌슨과 굿노 등 초기 행정학자들이 강조하고자 한 점은 정치와 행정의 본질적 기능이 '정책 형성'과 '정책 집행'으로 명백히 나눠진다는 '베버식 구분(Weberian distinction)'에 있는 것이 아니라, '행정능률성의 확보를 위해, 관료에 대한 선출직 공무원들의 간섭을 절연해야 한다는 점을 강조한 것'으로 보아야 할 것이다. 19세기 말 미국 행정학의 건학자들이 정치-행정 관계를 어떻게 할 것인가를 생각하면서 고민한 점도 이 점이다.

학자들이 제시하는 다양한 정치-행정 관계 모형의 근저에는 '관료제에 대한 정치적 통제의 원칙'이 공통적으로 놓여 있다. 이러한 원칙은 1688년 영국의 명예혁명 이후 서구 사회에서 확립되어 온 원칙이다. 다시 말하면, 왕권으로 상징되는 '행정권'을 국왕으로부터 탈취하여 국민 대표로 구성된 정치체로서의 의회 또는 대통령의 통제 아래 두어야 한다는 원칙이 확립된 것이다. 문제는 미국에서 최초로 고안된 대통령제에서의 대통령의 지위가 구체제(ancient regime)의 '국왕' 지위에 비유된 데서 여러 혼란이 초래된 것으로 볼 수 있다.

그러나 민주적 정치 제도가 확고하게 정립된 오늘날 '행정에 대한 정치통제의 원칙'은 근본적으로 재검토되고 재정립되어야 할 것이다. 특히 대의정부(representative government) 체제에서 유효하였던 '정치통제'의 원칙은 직접민주적 방식이 확산되고 있는 오늘날 '국민통제'의 원칙으로 바뀌어야 할 것이다. 특히 실적제(merit system)가 확립 · 정착된 이후 안정적으로 확립된 전문적인 관료 체제를 단기적이고 무책임하며 불안정한 정치 체제 아래 두어야 한다는 원칙은 결코 '합리적'이라 할 수 없을 것이다. 이와 같은 생각의 바탕에는 오늘날의 '정치기관(의회)'이 책임감 있게 국가 사회의 발전을 이끌어 가기에는 문제가 많다는 판단이 깔려 있다. 결론적으로 말하자면, '관료제에 대한 정치적 통제 원칙'은 오늘날의 정치-행정 상황에서는 비능률적일 뿐만 아니라 불합리하다고 할 수 있다.

차제에 공무원에게 요구되는 정책전문가로서의 행정의 정치적 중립 규범에 관한 논의도 좀 더 전개해 보자. 행정의 정치적 중립 규범은 서구에서 19세기 말 실적주의 인사 행정이 대두·정착하면서 중요성을 띠게 된 가치 규범이다. 정치적 중립성 규범은 행정 공무원이 정쟁에 개입하거나, 공공봉사자에게 요구되는 합리성과 능률성, 그리고 공정성의 가치를 저버리고 부당하게 당파적 특수 이익과 결탁하여서는 아니 된다는 규범을 말한다. 행정의 정치적 중립 규범은 정책 과정에서의 공무원들의 '중립적 역량(neutral competence)'을 의미하는 것으로 해석된다. 다른 말로 하면, 정책 과정에서 전문가로서의 판단과 중립적 관점의 투입을 기대하는 것을 의미한다고 하겠다.

모우(Moe, 1985)는 오늘날의 대통령제에서는 대통령이 집행기관의 '중립적 역량' 대신 '대응적 역량(responsive competence)'을 요구하게 되었다고 주장하면서, 대응적 역량은 정책 개발 및 각 집행 기관의 조정 활동의 집권화를 통해, 그리고 각 행정기관에 대통령의 심복을 심음으로써 확보될 수 있다고 주장한다(Wolf, 1999: 142-143).

문제는 현실 속에서 '관료제에 대한 정치통제'의 원칙들이 의회의 정책 과정, 인사 과정 및 예산 과정에서 정쟁(政爭) 수단으로 활용되거나 정당 및 의원 개개인의 사적 이익 추구의 수단으로 전락하고 있다는 점이다. 따라서 '관료제에 대한 정치통제'의 원칙으로부터 연역(演繹)된 여러 정치·행정 제도들은 재검토·재정향되어야 마땅하다.

그러나 다른 한편에서는 정책 형성과 집행 과정에서 자율성이 증대된 관료 집단이 자신들의 제도화된 이익을 추구하는 관료제국(bureaucratic empire)의 형성을 기도할 수 있다는 점을 우려하지 않을 수 없다. 자율성이 증대된 관료 집단이 국가 사회의 발전을 가로막는 괴물(leviathan)로 성장하지 않도록 하기 위해서는 정치에 의한 입법 통제를 대체할 수 있는 여러 내·외적 통제가 적절하게 강화되어야 할 것이다. 예를 들어, 행정부 내의 공식적 내부 통제를 강화하거나 언론 및 시민 단체에 의한 비공식적 외부 통제를 강화하는 방안 등이 강구될 수 있을 것이다.

제2절 민주주의의 핵심 가치와 주요 원칙들

이 책에서 행정 윤리에 관한 논의는, 앞에서 언급하였듯이, 민주정(民主政)을 전제로 하여 전개하고자 한다. 오늘날 적지 않은 정치학자들은 민주주의가 위기에 처했다고 진단한다. 민주주의에 관한 논의는 오늘날 어지럽고 혼란스럽게 전개된다. 민주주의와 관련된 논의가 혼란스러운 이유는 민주주의의 개념 자체가 모호하기 때문이다. 고전적 민주주의의 개념이 바뀌고 재정의되어야 할 이유가 여기에 있다(이종수, 2024).

오늘날 적지 않은 정치학자들은 '투표'에 초점을 두고 민주주의를 논한다. 사실 민주주의는 투표장에서 붕괴한다. 오늘날 지구상에서 민주주의를 곧이곧대로 시행하는 나라는 많지 않다. '민주집중제'[1] 등 다양한 '의사민주주의(pseudo-democracy) 체제'가 등장하면서 투표의 형식을 빌려 장기 집권을 하는 적지 않은 독재자들이 민주적 정체임을 강변하는 것은 선거를 통해 집권하였다는 하나의 필요조건(necessary condition)을 충분조건(sufficient condition)인 양 내세우기 때문이다. 그것도 지지율이 90%를 넘는다고 자랑하면서 일부 정치학자들은 그러한 사회도 '국민의 지지'에 기반한다는 차원에서 민주정체라는 주장에 동의한다.

이와 같은 상황에서 '민주주의'라는 두루뭉술한 개념은, 이제 민주주의가 추구하는 가치 개념까지 포함한 정교한 개념으로 다듬어지고 진화되어야 한다. 즉, 인민의 자유와 인권을 중시한다는 또 다른 필요조건을 충족시킬 경우에만 온전한 민주적 정체로 규정되어야 한다. '국민 존중' 없는 민주주의는 허구인 것이다. 민주주의 연구 전문가로 하버드 대학에서 미국사를 가르치는 클로펜버그(James T. Kloppenberg, 1951~) 교수도 '민주주의'라는 용어는 논쟁을 불러일으키는 모호한 개념이라고 지적한 바 있다.

고대 그리스어에 기원을 두는 민주주의(democracy)는 민중(demos)이 지배(kratos)하는 정치 체제를 말한다. 링컨도 갈파하였듯이, 이러한 민주주의는 인민에 의해 정

---

1) 민주집중제(democratic centralism)는 민주주의와 중앙집권제를 합친 체제를 말한다. 사회주의 국가에서는 민주집중제를 프롤레타리아 독재와 사실상의 동의어로 사용하고 있다. 마르크스(Karl Marx)와 엥겔스(Friedrich Engels)는 『독일 이데올로기』에서 민주집중제를 '공산주의 사회로 가는 징검다리인 프롤레타리아 독재 시기에 일시적으로 구현해야 하는 중앙집권제'로 표현했다.

치 권력이 형성되고(government by the people), 인민을 위해 정치 권력이 행사되어야 한다(government for the people). 이는 민주주의의 궁극적 목표를 상징적으로 나타낸 말이다. 그러나 정치 권력이 국민을 위해 행사되어야 한다는 점은 독재 권력들도 한결같이 강조・표방한다.

민주주의는 그 정의(定義)에 따르면 정부의 미래 설계 등 정치적 의사 결정은 국민 참여에 의해 이뤄져야 한다. 참여 방식은 직접민주주의 방식과 대의민주주의 방식으로 나눠 볼 수 있다. 오늘날 대부분의 정치 체제는, 단위가 작은 일부 정치체를 예외로 한다면, 대부분 대의민주적 방식, 즉 간접민주주의 방식으로 운영되고 있다. 참여는 선거 당일의 투표뿐만 아니라, 일상적인 정치적 의사 결정에서 상시적으로 이루어진다.

민주주의 방식은 그러나, 여러 단점에도 불구하고, 자기교정력(自己矯正力)을 지니고 실패 가능성을 줄이는 등 많은 장점을 지닌다. 오늘날 많은 정치학자들이 민주주의가 위기에 처했다고 주장하는 것은, 다른 말로 하면 '자유'와 '인권' 등 민주주의의 주요 가치들이 존중되지 않는다는 것을 뜻한다.

오늘날 민주주의의 주요 원칙들은 링컨의 게티즈버그 연설에 잘 요약되어 있다. 링컨(Abraham Lincoln, 1809~1866)은 1863년 11월 19일 게티즈버그(Gettysburg)에서 행한 2분짜리 짧은 연설을 통해, "국민의, 국민에 의한, 국민을 위한 정부는 이 지상에서 결코 사라지지 않을 것(Government of the people, by the people, for the people shall not perish from the earth)"이라고 선언하였다. 링컨은 이 연설을 통해 민주주의의 원칙들을 천명한 것이다.

링컨이 제시한 세 원칙 가운데 선언적・총괄적 의미를 담은 첫 번째 원칙, 즉 국민의 정부(government of the people)를 제하면, 세 번째 원칙과 두 번째 원칙, 즉 '국민을 위한 정부(government for the people)'와 '국민에 의한 정부(government by the people)'가 민주주의의 본질이라고 할 수 있다.

민주 정부의 권력은 '국민에 의해' 형성되어야 하며, '국민을 위해' 행사되어야 한다. 국민의 자유와 인권을 존중하지 않는 정부는 아무리 선거에 의해 집권했다 하더라도 결코 민주적 정체라고 할 수 없다.

민주주의의 핵심 가치 가운데 하나인 자유(liberty, freedom)는 인민 개개인이 자신의 의지대로 행동할 수 있는 상황을 말한다. 민주 사회에서 구성원 개개인은 자신의 의지대로 국가 권력을 형성하고 행사할 수 있어야 한다. 자유의 개념은, 다른 사람의 의지에 따르는 것이 아니라 개개인 스스로의 의지에 따라 행동하는 것으로 규정된다. 이러한 '자유'의 개념이 고대 그리스와 로마, 그리고 중세 왕정 시대의 억압으로부터의 해방 사상을 이끌어내 민주주의 혁명을 일으키게 되었다. 고대 사회에서는 오로지 국왕 한 사람만이 자유로웠고 중세엔 소수의 귀족만이 자유를 누렸지만, 근대에 이르러서는 특히 프랑스혁명 이후에는 만인이 자유로울 수 있게 된 것이다.

'정치적 자유'는 특히 국민이 선거 및 피선거의 권리를 지니고 투표에 참여하고 대표를 선출하여 정부를 구성할 권리를 갖는 자유를 의미한다. 이같은 정치적 자유는 근대 민주주의 국가에 있어서 가장 중요한 핵심 가치의 하나가 되었다. 진정한 민주주의 정치 체제가 확립되기 위해서는, 그 핵심적 가치로서의 '자유'가 구성원의 가치체계 속에 육화(肉化)되어야 한다. 이러한 근거에서, 여러 한계를 지닌 '(고전적) 민주주의'라는 단순 개념은, '자유민주주의'라는 보다 정제(整齊)되고 진화된 용어로 바뀌어야 할 것이다.

자유민주주의는 자유주의에 입각한 민주주의 사상을 말한다. 즉, 자유민주주의는 자유주의와 민주주의가 결합된 정치 원리 및 정부 형태를 말한다. 자유주의와 민주주의는 근대 시민혁명 이래 다 함께 군주제에 반대한다는 공통점을 지녔으나, 자유주의는 개인의 권리를 보호하고 자유를 핵심 가치로 삼는 데 비해, 민주주의는 다수 대중에 의한 통치를 추구한다는 점에서 차이를 지닌다. 진정한 민주주의는 자유주의를 전제로 하여야만 가능하다. 즉, 민주주의는 자유주의와 결합해야만 비로소 의미를 지닐 수 있다.

이탈리아의 법철학자이자 정치학자인 보비오(Norberto Bobbio, 1909~2004)는, 자유주의는 민주주의에 의해서 보장되고, 민주주의는 자유주의에 의해서 보장된다고 주장한다. 그는 즉, 자유 없는 민주주의는 공산주의처럼 망하고, 민주주의 없는 자유주의는 폭주한다고 주장한 것이다.

서구 학자들은 '비자유민주주의(illiberal democracy)'를, '형식적'으로는 민주정을 가장(假裝)하지만 개인의 자유를 보장하지 않는 정치 체제로 정의하여 '자유민주주의'와 구분하고 있다. 다수의 인민에 의한 지배는 결국 전체주의로 흐르고 소수에 대한 자유 침해로 이어진다는 것이 자유주의자들의 생각이며, 파시즘(fascism)과 공산 독재 등 독재의 사례들을 볼 때 이러한 주장은 타당성을 지닌다.

민주 정부의 정치 권력은 또한 '국민을 위해' 행사되어야 한다. 현실 속에서 판별하기가 쉽지 않겠지만, 인민의 자유와 인권을 중시하지 않는 정치 권력은 결코 민주 정이라고 할 수 없다.

제3절 규범적 기준으로서의 헌정 질서와 법령의 규정

오늘날의 민주 국가에서 국가공무원이 지켜야 할 규범으로서의 충성의 대상은 국왕이 아니라, 헌법의 기본 질서와 국가적 이념에 대한 헌신을 의미한다. 앞서 제1절에서 지적하였듯이, 현대 사회의 공무원들은 민주적 방식을 통해 정권을 잡은 집권 세력에 의해 정립된 헌정 질서, 즉 헌법과 법령 등에 반영된 근무 규율을 지키면서, 개별 법령에 담긴 '행정 목표'를 추구하여야 한다. 그것이 바로 행정 윤리인 것이다. 오늘날의 민주 사회에서 국가공무원들은, 즉 헌법, 국가공무원법, 국가공무원법 복무 규정, 국가공무원 윤리헌장 등 다양한 법규에 규정된 근무 규율을 지키면서 개별 법령에 담겨 있는 '행정 목표'를 추구하여야 한다.

우리나라의 국가공무원법 제55조에서 제66조까지에는 "모든 공무원은 법령을 준수하며 성실히 직무를 수행하여야 한다"는 성실의무에서부터 복종의 의무, 직장 이탈 금지 의무, 친절 · 공정 의무, 종교 중립의 의무, 비밀 엄수의 의무, 청렴의 의무, 품위 유지의 의무, 영리 업무 및 겸직 금지의 의무, 정치 운동 금지의 의무, 집단 행위의 금지 의무 등이 규정되어 있다. 그리고 국가공무원 복무규정 제2조의2(책임 완수)에는 "공무원은 국민 전체의 봉사자로서 직무를 민주적이고 능률적으로 수행하기 위하여 창의와 성실로써 맡은 바 책임을 완수하여야 한다"고 규정하고 있다. 이어 제3조 제1항은 "공무원은 법령과 직무상 명령을 준수하여 근무 기강을 확립하고 질서를 존중하여야 한다"고 규정하고 있으며, 제4조에서는 "공무원은 공사(公私)를 분별하고 인권을 존중하며 친절하고 신속 · 정확하게 업무를 처리하여야 한다"고 친절 · 공정한 업무 처리 의무를 규정하고 있다. 또한 공무원 헌장 '실천 강령'에서는 공무원은 "우리 사회의 다양성을 존중하고 국민과 함께하는 민주 행정을 구현한다"고 규정하고 있다.

이 모든 규정들이 공무원이 지켜야 할 윤리 규범인 것이다.

다음에서는 공무원들이 헌정 질서의 유지에 헌신해야 한다는 공무원 충성의 문제, 정치적 중립 및 정책적 중립의 교의를 살펴보고자 한다.

앞서 얘기하였듯이, 오늘날의 민주 국가에서 공무원이 지켜야 할 규범으로서의 충성의 대상은 국왕이 아니라 헌법의 기본 질서와 국가적 이념에 대한 헌신을 의미한다(Powell, 1956: 132). 즉, 민주 국가에서의 충성은 군주 개인에 대한 충성을 의미하는 것이 아니라 당해 국가의 정치 체제가 근거하고 있는 정치 이념에의 헌신과, 특정 개인이나 특수 집단의 부분 이익에 대한 봉사가 아니라 국민 전체의 이익을 위한 헌신을 말한다

공무원의 충성 의무는 국가 사회의 기본 질서를 유지하는 데 근본 목적이 있다. 충성의 의무를 지는 공무원은 따라서 헌법의 기본 질서와 국가 이념에 반대되는 신념을 갖거나, 또는 그러한 신념에 입각해서 헌법의 기본 질서를 파괴해서는 아니 된다. 다른 말로 하면 민주 국가의 공무원은 무엇보다도 민주적 기본 질서를 지키고 그것을 증진시키기 노력해야 한다(이종수 외, 2018: 556-557).

우리나라의 경우 공무원 윤리헌장에서 충성 의무를 규정하고 있으나, 국가공무원법 등의 법령에서 '충성'이라는 용어를 사용하여 공무원의 충성 의무를 직접적으로 규정하고 있는 것은 아니다. 그러나 국가공무원법 등에서 규정하고 있는 공무원의 행동 규범이나 형법, 국가보안법 등의 여러 규정이 충성의 의무를 전제로 하고 있다는 점에서 충성 의무가 엄격한 법적 요구임을 알 수 있다.

공무원의 정치적 중립성과 정책적 중립성의 교의에 대해서는 제6장 '행정이 추구하는 실천적 가치' 편에서 자세히 논하기로 한다.

CHAPTER 02 행정 윤리의 기본 개념과 관련 쟁점들

제1절 가치, 윤리, 도덕, 법과 가치어의 구조

1 가치의 개념

학자들이 자주 사용하나, 그 의미가 명료하게 정의되지 않은 채 사용되는 용어가 가치(value) 관련 개념이다. 가치라는 개념 자체가 가시성(可視性, visibility)이 적은 추상적 개념이기도 하지만, 학자들은 "합의된 개념 정의가 없다"는 언술을 통해 두루뭉수리로 넘어가고자 한다. 학문 활동에서 전문 학술용어(jargon)가 명료하게 정의되지 않으면 그만큼 학술적 의사소통이 어렵다.

'가치'라는 개념은 논자마다 각기 다르게 정의되어 사용될 정도로 모호하다. 페리(Ralph Barton Perry, 1876~1957)는 '가치'라는 개념의 보편적으로 확립된 의미는 없다고 주장하면서(Perry, 1954: 2), '가치'를 "모든 관심과 그 대상 사이의 특수한 관계, 다시 말하면, 어떤 사상(事象)이 관심의 대상이 됨으로 말미암아 갖게 되는 바로 그 특수한 성격"으로 규정한다(Perry, 1926: 124).

일상 언어로서의 가치는 "사물이 지니고 있는 쓸모"로 규정된다. 철학, 사회학, 심리학, 경제학 등 여러 분과 학문에서 사용되는 가치의 개념을 보면, 가치는 "판단 주체의 욕구 충족과 관련된 바람직한 것에 관한 관념"으로 규정될 수 있다. 일반적으로 가치 개념은 선호, 욕구, 소망, 쾌락, 도덕적 의무 등을 포괄하며, 개인적 · 집단적 · 사회적 행동의 규범적 기준이 된다. 미국의 현대 철학자 프랑케나(William K. Frankena, 1908~1994)에 의하면, 좁은 의미의 가치는 '좋은(good)', '바람직한(desirable)' 또는 '가치 있는(worthwhile)' 것을 가리키는 말로 사용되며, 넓은 의미의 가치는 "모든 종류의 옮음, 의무, 미덕, 아름다움, 진실, 성스러움"을 가리키는 말로 사용된다(Frankena, 1967: 229-230). 또한 미국의 인류학자 클럭혼(Clyde Kluckhohn, 1905~1960)은 가치를 "행동의 목적 · 수단 · 양식의 선택에 영향을 미치는 '바람직함'에 관한 관념(conception)"으로 규정했다(Kluckhohn, 1962: 395).

가치의 개념을 좀 더 명료하게 이해하기 위해서는 가치-사실 관계를 살펴 볼 필요가 있으며, 가치-사실 관계를 이해하기 위해서는 또한 무어(George Edward Moore, 1873~1985)가 지적한 '자연주의적 오류(naturalistic fallacy)'의 개념을 살펴볼 필요가 있다. 종래의 윤리학설을 형이상학적 윤리설(metaphysical ethics), 자연주의적 윤리설(naturalistic ethics) 및 직각론적 윤리설(intuitional ethics)로 범주화한 무어는, 가치어(value terms)를 비가치어(non-value terms)로 정의하려는 시도 또는 가치 판단을 사실 판단으로 번역하려는 시도 안에 깃든 논리적 난점을, '자연주의적 오류(naturalistic fallacy)'라고 불렀다(Moore, 1956: 10, 18-20). 무어는 비록 사실-가치의 관계를 명확히 가르는 자연주의적 오류라는 개념을 제시했으나, 자연주의 윤리설과 형이상학적 윤리설은, 가치의 세계와 사실의 세계가 연결되어 있음을 나타낸다고 하겠다(김태길, 1986: 31-33, 171).

가치의 세계는 주관적이라 검증가능성을 중시하는 과학적 연구에서 배제되어야 한다는 행태주의의 신조는 오늘날 보편적으로 받아들여지고 있다, 그러나 현실 세계는 사실 판단과 가치 판단이 뒤섞여 있다. 공무원들도 가치와 사실이 혼재된 세계에서 일한다. 호지킨슨(Christopher Hodgkinson)이 지적하듯이, 우리는 두 개의 세계, 즉 가치와 사실이 중복되는 세계에서 생활하고 있는 것이다. 따라서 가치와 사실, 그리고 과학적 개념의 가설은 서로 결합되며 동시에 공존한다. 그는 세계를 사실의 세계와 가치의 세계 둘로 나눠, 사실의 세계는 주어진 것(given)이고 가치의 세계는 만들어지는 것(made)이라는 구분이 엄밀한 의미에서 참(眞)은 아니라 할지라도, 우리는 이러한 전통을 따를 수 있을 것이라고 말한다(Hodgkinson, 1978: 104).

호지킨슨은 가치가 주관적이며 가치 소유자의 마음속에서만 존재할 수 있는 의식의 함수로, 결코 진위(眞僞)의 대상이 아니라는 점을 인정한다. 그러나 그는 가치를 특수한 종류의 사실(special kinds of facts)로 생각한다. 호지킨슨은 가치가 언어로 표현되거나 관찰의 대상이 되면 '사실적(factual)'이 된다고 한다.

마무리하자면, '가치(value)'는 "사람이나 물건 · 아이디어 · 행동 · 현상 등의 대상에 부여하는 욕구 · 태도 · 선호 등"을 의미한다. 가치 판단은 인간 행위의 옳고 그름(right or wrong)에 대한 평가를 반영하는 바, 그 바탕에는 판단자의 이해관계(interest)가 놓여 있다고 할 것이다.

2 윤리와 도덕, 그리고 법

윤리(ethic or ethics)는 "한 개인 또는 집단의 행위를 규율하는 행위 원칙(principles of conduct)"을 의미한다. 이러한 윤리는 "인간 행위의 옳고 그름을 구분하는 분별감"을 뜻하는 도덕(morality)과 상호 교호적으로 사용된다. 다른 말로 얘기하자면 윤리란 인간의 어떤 행위가 도덕적으로 선하고 옳으며 어떤 행위가 악하고 나쁜 것인가를 판단하는 기준이라고 할 수 있다.

윤리의 어원은 그리스어의 'ethos(습속)'인 바, 원래 윤리란 환경에 순응하면서 사회의 한 구성원으로서 살아온 인간 생활 방식과 관습에서 형성되어 온 것이다. 즉, 인간들이 공존(共存) · 공생(共生)을 위해 집단의 질서와 규범을 정하고 그것을 엄격하게 지켜나간 데서 윤리와 도덕이 형성되어 온 것으로 볼 수 있다. 동양 사회에서 윤리는 "사람과 사람 사이의 관계, 즉 인간관계의 이법(理法)"을 가리키는 말로 사용되었다.

인간 생활에서 도덕과 윤리가 필요한 이유는 인간이 사회적 존재라는 점에서 찾을 수 있다. 한 개인 또는 집단이 다른 사람이나 집단에 대해 직접적 또는 간접적으로 해를 끼치지 않도록 스스로 행동을 규제하기 위해 윤리적 생활이 필요하다. 인간은 다른 사람과 더불어 살아가도록 되어 있고, 생존뿐만 아니라 삶의 의미나 행복도 그들과의 관계에서 찾는다.

이와 같은 관점에서 '도덕'과 '윤리'의 개념을 정의해 보자면, "한 사회의 고유한 전통에 근거하고 사회의 주요 제도에 의해 뒷받침되는 권위 있는 규범의 총체(a body of norms inherent in the traditions and supportive of or presupposed by major institutions of the society)"로 규정될 수 있을 것이다(Clor, 1996: 13). 이러한 도덕은 사회 구성원들의 행동을 규율하는 기준으로 작용하게 된다.

이와 같이 사회적 규범으로서의 도덕 가운데 중요한 일부 교의(tenets)는 법률의 형태를 띠게 된다. 즉, 개인의 내적(內的) 규제로서의 도덕 가운데 사회적으로 중요한 일부 규범은 외적(外的) 규제로서의 법률로 분화하게 된 것이다. 이와 같은 관점에서 보자면 도덕과 법은 같은 근원에서 나온 것이라 할 수 있다. 다만, 사회적 규제로서의 법이 국가 권력 작용의 중요한 수단이 된다면, 내적 · 자율적 규제로서의 도덕은 보편적 윤리 원칙을 지배하게 된다. 다시 말하면, 도덕과 윤리는 개인이 자신의 행동을 스스로 점검하고 규율하도록 하는 것이고, 법령과 규칙은 외재적 힘과 강제를 통해 타율적 · 외재적으로 인간의 행동을 규제하는 제도다.

현실적으로 비강제적 수단에 의존할 수밖에 없는 도덕적 규범은 한계를 지닌다. 다시 말하면, 윤리와 도덕은 사회적 규제력이 약하기에, 개인의 권리를 보호하고 사회 질서를 유지하는 데 충분하지 못하다. 물론 종교집단과 같은 특수 영역에서는 규범적 제재가 법적 제재 못지않은 큰 효과를 발휘하기도 한다. 법률적 제재는 그러나 그 직접적 효과가 크지만, 자율성을 핵심으로 하는 인간의 존엄성을 훼손하고, 인간관계를 경직시키며, 그 유지에 많은 사회적 비용을 필요로 한다는 한계를 지닌다. 따라서 사회적 상황에 따라 특정한 도덕의 영역을 법의 영역으로 편입시키자는 요구가 강하게 제기되는 시기가 있는가 하면, 반대로 법적 제재보다는 사회 구성원 개개인의 자율의 폭을 넓히자는 요구가 제기되기도 한다. 어떻든 선진 사회로 갈수록 개인의 자율 영역은 넓어진다.

윤리적 규범은 법적 뒷받침에 의해 효과적으로 확보될 수 있다. 법은 그러나 일정한 한계를 지니고 있다. 그것이 아무리 가치 있다 하더라도, 사회의 지배적인 신념에 기반하지 않은 윤리 규범은 법제화에 한계가 있다. 결국 법적 질서는 사회의 지배적 규범을 반영할 수밖에 없다.

3 가치어의 본질과 구조

가치어 및 가치 언명의 바탕에는 스피노자(Benedict de Spinoza, 1632~1677)의 이른 바 '자기 보존 욕구(conatus)'가 자리하고 있다고 볼 수 있다. 이를 다른 관점에서 보면 화자(話者)의 '이해관계(interest)'가 반영되어 있다고 하겠다.

윤리와 가치의 기본 개념은 '좋음(good)'과 '옳음(right)'으로 구성되어 있다. 고대 그리스 시대 이래 윤리학자들은 선(善)을 '쾌락', '생명의 증가 혹은 진화', '자아의 실현', '순수 의지를 따르는 것' 등으로 제시했다. 예를 들어, 고전적 윤리설의 큰 줄기를 이루는 쾌락주의(hedonism)는 "사람은 누구나 쾌락을 원하고 고통을 싫어한다"는 심리설에 근거해 "옳은 행위란 쾌락을 최대한 확보하는 것"이라고 주장한다. 공리주의가 기본 개념으로 삼는 '효용(utility)'도 다름 아닌 '쾌락(pleasure)'을 의미한다고 밀(John Stuart Mill, 1806~1873)은 주장한다(Mill, 1863: 10).

인간이 욕구하는 바가 선(善)이라고 단정한 스피노자는 인간의 여러 가지 욕구가 결국은 '자기 보존'[1]이라는 기본 욕구의 다양한 표현이라고 봤다. 스피노자의 심리학적 이기설은 곧장 윤리학적 이기주의로 그를 이끌었다. 인간은 누구나 자아를 위해 살기 마련이며, 따라서 자아의 본질을 유감없이 지켜감이 가장 보람 있는 삶이라고 스피노자는 믿었던 것이다(Spinoza, 1677; 김태길, 1986: 61). 인간 행위의 바탕에는 자기 보존 본능이 놓여 있다는 스피노자의 관점에 대해서는 홉스(Thomas Hobbes, 1588~1679)와 돌바흐(Paul-Henri Thiry, Baron d'Holbach, 1723~1789)도 견해를 같이한다. 스피노자는 결국 인간의 모든 행동과 가치, 그리고 사회적 질서의 근본 바탕을 이루는 것은 인간의 '이해관계'라고 보는 것이다.

'좋음'은 선호를 가리킨다. '좋음'에 대한 판단은 충동(impulse) 또는 직접적 내관으로부터 자동적으로 나온다. 그리고 그것은 우리가 다른 동물과 공통으로 가지고 있는 일종의 가치 경험이다. 이것은 타고난 것이거나 생화학적, 유전적, 또는 다른 학습된, 프로그램화된, 조건화된 것이다. 이것은 우리들의 생물학적 구조의 부분으로, 즐거움을 추구하고 고통을 피하려는 기본 심리에 요약된, 쾌락주의다(Hodgkinson, 1978: 110).

'좋다(good)'는 말은 수단적 선(instrumental good)의 뜻으로 쓰일 경우와 본래적 선

---

1) 스피노자는 '자기 보존'을 생물학적 개념으로 사용한 것이 아니라, "만물의 자기동일성을 유지하려는 형이상학적 내지 물리학적 경향"의 뜻으로 쓴 것이었다(김태길, 1986: 70).

(intrinsic good)의 뜻으로 쓰일 경우로 나눠 고찰할 수 있다. '인류 사회의 보편적 가치' 등의 의미로 사용될 때는 본래적 선을 가리키는 경우가 많으나, '수단적 선'의 의미로 사용되는 경우는 특정한 목적을 달성하기 위한 수단으로서의 유용성을 가리킨다. 일상적 행정 행위의 적절성, 합리성 등을 따질 때는 수단적 선을 가리키는 의미로 사용된다.

'옳음'은 알맞은 것, 바람직한 것, 도덕적인 것을 가리킨다. '좋음'을 개인 또는 작은 집단 차원의 욕구와 관련된 것으로 볼 수 있다면. '옳음'은 사회 구성원 대다수에 의해 조정되고, 승화된 욕구와 관련된 것으로 볼 수 있다. 뒤르켐(David Émile Durkheim, 1858~1917), 레비 브루얼(Lucien Lévy-Brühl, 1857~1939) 등으로 대표되는 사회학적 견해는, '옳은 행위'란 사회, 국가, 부족 등의 요구에 배치됨이 없는 행위다. 이는 '옳음'의 기준이 시대와 사회에 따라 변한다는 상대주의 윤리설을 전제하고 있다.

한편 로스(William David Ross, 1877~1971)는 '옳음(right)'과 '착함(morally good)'을 구분하면서, '착한 행위'는 좋은 동기에서 나온 행위를 말하는 것이나 '옳은 행위'는 행위의 내면적 동기보다는 그 외면적인 적합성이 초점이 된다고 주장한다. 그는 '옳음'은 정의할 수 없는 궁극적인 관념이라고 주장하면서, 어떤 행동을 옳은 행동으로 만드는 것은 적합성(suitability or fitness)과 유용성(utility)이라고 주장한다(Ross, 1930; 김태길, 1986: 179~182). 이러한 의미의 '옳음'은, 앞서 살펴본 '수단적 선' 또는 사이먼(Herbert A. Simon, 1916-2001)의 이른바 '실질적 합리성(substantive rationality)[2]의 의미와 맥락을 같이한다고 볼 수 있다.

흄(David Hume, 1711~1776)은 본래 개인 차원의 이해관계(利害關係)와 관련된 쾌·불쾌의 느낌을 바탕으로 삼는 도덕 감정이 단순한 이기주의에 빠지지 않고 보편타당한 도덕 판단의 기초가 될 수 있는 것은 동정심 또는 자선심의 덕분이라고 주장했다. 그는 주관성의 영향 아래 있는 동정심 내지 자선심이 도덕 원리의 보편적 표준의 기초가 될 수 있는 것은 동정심을 교정(矯正)함으로써 가능해진다고 한다. 흄은 '동정심의 교정(correction of sympathy)'을 '인간 생활의 사회성'이라는 각도에서 설명한다. 즉, 그는 인간은 본질적으로 사회적 존재이며, 타인에 대한 적극적 관심이 사람들로 하여

2) 사이먼은 합리성을 실질적 합리성과 절차적 합리성으로 나눠, 실질적 합리성은 목표에 비춰 적합한 행동이 선택되는 정도를 의미하고, 절차적 합리성은 결정 과정이 이성적 사유(reasoning)에 따라 이뤄졌을 때 존재한다고 했다.

금 상호 관계를 맺게 하는 바, 이 상호 관계 안에서 사람들의 감정이 왕래하며, 이 감정의 왕래가 …… 사람들로 하여금 인격과 행위의 평가를 위한 보편적이고 궁극적인 표준을 형성하게 된다는 것이다(Hume, 1751; 김태길, 1986: 86-87).

한편 '옳음(rightness)'과 '그름(wrongness)'이 윤리학에서 가장 기본적인 가치 개념이라고 주장한 프라이스(Richard Price, 1723~1791)는 다른 가치 개념들은 모두 저것들의 동의어이거나 또는 저것들을 바탕으로 삼아 파생된 개념이라고 주장한다. 예를 들어, '의무(obligation)'와 '마땅함(fitness)'은 그것들이 도덕적인 뜻으로 쓰이는 한 '옳음'과 같은 의미를 갖는다는 것이다. 그는 즉, '옳음'과 '의무'가 정의(定義)를 허락지 않는 궁극적이고 단순한 관념이라고 주장하면서, "행위의 옳음과 행위에 대한 의무는 분명히 일치하고 동일한 내용의 것"이라고 말한다(Price, 1758: 16; 김태길, 1986: 115-118). 즉, 그에게 어떤 행위가 옳다 함은 곧 그 행위를 수행할 의무가 있다는 뜻을 포함한다.

인간의 사회생활은 곧 공동생활이며 인간은 공동생활을 통해 공동선(common good) 또는 공공선(public good)을 추구한다. 공동선을 추구하기 위해서는 공동생활의 질서에 관한 합의가 필요하며, 이러한 사회적 합의가 '사회적 덕성'이며 '사회적 가치'인 것이다. 사회적 가치 규범은 결국 공동체 생활의 기본 규칙을 정한 기본 규범으로 그 본질은 여러 사회적 가치의 배분 원리에 관한 것으로 볼 수 있다. 즉, 정의, 평등, 자유, 형평, 공익 등 여러 사상가가 제시한 다양한 사회적 규범은 이 같은 공동체 사회의 질서와 관련된 것이며, 이러한 사회 질서는 근본적으로 사회 구성원의 '이해관계의 조정'과 관련되어 있다고 할 수 있다(이종수, 1988: 34-35).

다음에서는 가치어의 구조에 대해 살펴보자. 언어는 상징적(symbolic) 기능과 정의적(情意的, emotive) 기능의 두 기능을 지닌다. 상징적 기능은 인식적 진술을 통해 사실 문제를 기술하는 것이며, 정의적 기능은 인식적 진술을 하는 것이 아니라, 감정을 표현하는 기능이다(이종수, 1988: 30). 상징적 기능은 '사실'의 판단과 관련되며, 정의적 기능은 '가치'의 판단과 관련된다. 일반적으로 사실 판단에는 서술적 의미(descriptive meaning)만이 있으며, 가치 판단은 '사실'에 관해서는 아무것도 알려 주는 바가 없이 오직 발언자의 감정을 나타낼 뿐이라고 주장된다.

그러나 논자에 따라서는 가치 판단에는 서술적 의미와 아울러 이른바 처방적 의미(prescriptive meaning)도 포함된다고 주장된다. 여기서 말한 처방적 의미는 논리실증주의자들이 말하는 정의적 의미(emotive meaning)와 대동소이한 개념이다. 예를 들어,

절충적 정의주의자로 알려진 스티븐슨(Charles Leslis Stevenson, 1908~1979)은 도덕 판단에서 중요한 것은 정의적 의미이지만, 서술적 의미도 들어 있음은 의심의 여지가 없다고 주장한다(Stevenson, 1952; 김태길, 1986: 230).

이상의 논의를 통해 볼 때 우리는 가치어 및 가치 언명을 비가치어 및 비가치 언명으로 고쳐 기술하는 것이 엄밀하게는 불가능하다고 할 수 있겠으나, 현실적인 가치 언명 속에는 정의적 의미 이외에 사실과 연관되는 서술적 의미가 동시에 들어 있다는 사실을 알 수 있다. 또한 가치어도 정의적 요소(emotive component)와 아울러 서술적 요소(descriptive component)를 지닌다고 하겠다. 다만, 가치어 가운데는 선(善), 정의(正義) 등과 같이 거의 정의적 요소로만 구성된 개념들이 있는가 하면, '능률성', '투명성' 등과 같이 서술적 요소를 더 많이 포함한 가치어도 있다. 결론적으로 말해 가치어 및 가치 언명은 기본적으로 정의적(情意的) 의미를 지니나, 정의적 의미와 함께 서술적 의미도 동시에 지닌다고 하겠다. 가치 언명이 지니는 서술적 요소로 인해 가치 언명도 분석 가능하게 된다. 또한 가치 언명이 지니는 이러한 서술적 요소로 인해, 이른바 자연주의적 오류(naturalistic fallacy)와 관련된 무성한 논의들이 전개된다고 하겠다.

제2절 윤리적 논의와 관련된 쟁점들

1 상대주의 윤리설과 도덕의 진화

윤리설은 여러 기준에 의해 분류해 볼 수 있다. 고전적 윤리설은 우선 목적주의 윤리설(teleological ethics)과 법칙주의 윤리설(deontological ethics)로 크게 나뉜다. 목적주의 윤리설은 인생 또는 우주 전체에 우리가 그 실현을 위해 진력해야 할 객관적인 목적이 있다는 신념을 그 출발점으로 삼는다. 특정 행위의 옳고 그름은 그 행위가 인생의 궁극 목적 달성에 어느 정도 기여하느냐가 기준이 된다. 목적주의 윤리설은 상대론적이다. 목적론자들은 특정한 행동이 바람직한 결과를 가져오는 경향이 있으면 옳은 것으로 받아들인다. 특정한 행동이 많은 사람에게 즐거움을 준다면 그것은 옳은 행동이라고 판단하는 공리주의 윤리설이 전형적인 목적주의 윤리설에 해당된다.

생각해 보기

'결과주의' 관련 '생각해 보기' 과제

뇌사자의 장기 적출 허용 법안이 확정되자 사망 기준에 대한 논란이 다시 뜨거워지고 있다. 사망의 정의에 대해서는 법조계, 종교계, 의료계의 목소리가 제각각이다. 시대의 흐름에 따라 변해 온 문제이기도 하다. 호흡이 멎은 시간이 기준이었다가 인공호흡법이 알려지면서 심장이 멎었을 때를 사망으로 보았다. 전기 쇼크로 심장 활동의 재개가 가능해지면서 현대 의학에서는 회생할 수 없는 뇌사의 순간을 삶과 죽음의 경계로 삼아 왔다.

뇌사허용법은 이식에 필요한 장기의 공급량 확보에 큰 목적이 있다. 2주일이면 끝날 생명, 장기라도 건지기 위해 인위적으로 생존 기간을 단축하자는 것은 공리주의적 발상이다. 그러나 더 많은 사람에게 새 생명을 준다는 차원에서는 인도주의적 결실을 낳는다. 뇌사를 인정한다 하더라도 판단 오류나 판단 남용의 문제는 남는다. 이 위험을 완벽하게 피할 수 없는 게 인간의 한계다.

출처: 뇌사 문제와 인간의 존엄성(http://blog.naver.com/yulri/220555212844)

이에 반해 법칙주의 윤리설은 인생이 힘써 도달해야 할 목적이 주어져 있다는 것을 믿지 않는 대신, 옳은 행위와 그른 행위를 분간해 줄 표준의 구실을 할 수 있는 '도덕의 법칙'이 주어져 있다고 믿으며, 그 법칙은 어느 시대 어느 곳에서나 타당한 절대적 권위를 가진다고 믿는다. 법칙주의 윤리설은 특정 행위의 옳고 그름은 선험적 법칙과 이성에 의해 결정된다고 본다. 이들 법칙주의자에 의하면, 어느 행위의 옳고 그름은 도덕률을 적용함으로써 간단히 판별된다.

목적주의 윤리설의 난점은 "인생의 궁극 목적이 무엇이냐"라는 것이며, 법칙주의 윤리설의 난점은 "시대와 지역의 차이를 초월해서 타당한 행위의 법칙, 즉 도덕률이 무엇이냐" 하는 점이다. 그러나 현실적으로 목적주의와 결과주의의 대립은 심각한 것이 아니다. 목적주의자가 제시하는 인생의 길과 '이성의 법칙'에 따라 처신하라는 법칙주의자의 처방이 크게 다르지 않은 것이 현실이다(김태길, 1986: 25-26).

윤리설은 또한 결과주의와 동기주의로 나눠 볼 수 있다. 결과주의 윤리설은 특정한 행동의 옳고 그름은 그 행동의 결과에 의존한다는 이론을 말하며,[3] 동기주의 윤리

3) 결과주의(consequentialism)란 행위를 도덕적으로 판단하는 경우 그 행위로부터 발생하는 결과(귀

설은 어떤 행동의 옳고 그름은 그 행동의 결과가 아니라 그 행동의 내재적 성질과 행위자의 의도 등에 의존한다는 이론이다. 동기주의 윤리설의 대표적 학자로는 칸트(Immanuel Kant, 1724~1804)를 들 수 있다.

칸트는 "결과가 행위를 정당화한다"는 말과 같이 결과에 의해 특정 행위의 옳고 그름을 따질 수는 없다고 생각한다. 언제, 어디서나, 누구에게나 보편적으로 옳다고 인정되는 윤리의 보편적 기준을 제시하려 노력했던 칸트에게, 결과에 의해 특정 행위에 대한 도덕적 판단을 내리게 된다면 보편타당한 윤리 기준을 세울 수 없기 때문이다. 오직 선의지(善意志, der gute Wille)[4]만이 독자적이요 무제약적으로 선한 것이라고 생각한 칸트는 모든 목적 관념을 물리치고 오직 의무를 위한 의무[5]의 수행만이 순수히 도덕적이라고 봤다. 그러한 면에서 칸트는 철저한 동기주의자다.

칸트의 이러한 견해에 정면으로 배치되는 사상이 벤담(Jeremy Bentham, 1748~1832), 밀(John Stuart Mill, 1806~1873) 등으로 대표되는 공리주의 윤리관이다. 칸트에 의하면 살인이 나쁜 이유는 그것이 보편적 윤리 기준에 어긋나기 때문이다. 의무론적 윤리관에 의하면 살인은 언제, 어디서나, 누구에 의한 것이든 나쁜 짓이지만, 공리주의자들에 의하면 만약 사회 전체에 큰 선(善)을 가져다준다면 그러한 살인은 도덕적으로 장려해야 할 행위인 것이다. 이러한 측면에서 공리주의는 결과주의의 한 유형으로 분류될 수 있다.

그러나 보통 사람들의 윤리적 태도는 결과주의보다는 동기주의에 가깝다. 특정한

결)를 고려하는 입장을 가리킨다. 공리주의는 결과주의의 여러 입장 가운데 하나다. 결과주의라는 용어는 앤스콤(Gertrude E. M. Anscombe, 1919~2001)이 그의 1958년 논문 '근대의 도덕철학'에서 사용한 조어(造語)다. 그 후 결과주의라는 용어는 영어권의 도덕이론에서 일반적으로 사용되기 시작했다. 결과주의의 역사적 기원은 공리주의에 있지만, 결과주의가 등장하기 이전의 공리주의에서도 '행위의 결과'가 윤리적 적절성의 기준으로 간주되었다. 이와 같은 역사적인 이유 때문에 양자는 구분이 모호해지기도 한다. 공리주의는 모든 결과주의 이론의 중요한 형식적 성격, 즉 행위의 귀결에 초점을 맞추는 입장으로 이해되기도 한다.

4) '선의지'란 옳은 행동을, 오로지 그것이 옳다는 이유에서 항상 택하는 의지를 말한다. 그것은 행위의 '결과'를 고려하는 마음이나 또는 자연적인 경향을 따라 옳은 행동에로 쏠리는 의지가 아니라, 단순히 어떤 행위가 옳다는 바로 그 이유로 말미암아 그 행위를 택하는 의지인 것이다. '결과'에 대한 고려에 좌우되었을 경우에는, 비록 외면적으로는 옳은 행위를 택한 의지일지라도, 참된 선의지라 부를 수는 없다. 즉, 선의지란 객관적 실천의 법칙을 순수한 '동기'에서 따르는 능력이다(김태길, 1986: 129).

5) 절대적인 도덕 원칙은 어떤 상황에서도 지켜야 할 의무가 있다는 윤리설을 의무론적 윤리설이라 한다.

행위가 비록 바람직하지 못한 결과를 낳았다 하더라도 그것이 좋은 동기에서 비롯된 것이라면 결과를 불문에 부치거나, 제재를 가한다고 하더라도 그 정도를 약화하는 것이 일반적인 윤리적 태도인 것이다. 벤담과 밀에 따르면, 이러한 동기주의적 태도는 일반적으로 좋은 동기가 좋은 결과를 낳은 경우가 많기 때문에 우리가 습관적으로 좋은 동기에 대해 호감을 갖는 것일 뿐, 근본적으로 동기 자체의 선악이 고려 대상이 될 수 없다는 것이다. 어떤 측면에서 보면 행위 동기는 모두 선하기 때문이다.

그러나 미리 얘기하자면, 결과주의와 동기주의의 두 견해 가운데 어느 쪽이 옳은지는 일의적으로 판단할 수 없는 문제다.

윤리설은, 다른 한편에서는 결과주의와 의무주의를 대립시키기도 한다. 어떻든 결과주의 윤리설은 목적주의 윤리설, 상대주의 윤리설, 공리주의 윤리설 등과 한 진영을 이루며, 동기주의 윤리설은 법칙주의 윤리설, 절대주의 윤리설, 칸트 등의 의무론적 윤리설과 맥락을 같이한다. 그러나 이와 같은 윤리설의 대립이 반드시 일치하는 것은 아니다. 예를 들면, 목적주의가 결과주의와 결합되기 쉬운 반면에 법칙주의는 동기주의와 악수하기 쉬우나, 목적주의 윤리설과 법칙주의 윤리설의 대립은 결과주의와 동기주의의 대립과 반드시 일치하는 것은 아니다. 그리고 목적주의와 법칙주의의 대립은 결과주의와 동기주의의 대립처럼 심각한 것은 아니다(김태길, 1986: 26).

윤리설은 다른 한편 절대주의 윤리설과 상대주의 윤리설로 나눠 볼 수 있다. 절대주의 윤리설(ethical absolutism)은 윤리란 사회적 또는 시대적 상황에 따라 달라지지 않는 절대적인 것이라고 주장하는 학설이다. 절대주의 윤리설은 형이상학적 세계관 등에 바탕해 보편타당한 인생의 목적 또는 행위의 법칙이 선험적으로 주어져 있다고 보는 윤리설이다. 플라톤, 아리스토텔레스(Aristoteles, BC 384~BC 322), 칸트 등의 윤리설이 이 범주에 속한다.

이에 반해 상대주의 윤리설(ethical relativism)은 절대적인 도덕 원칙은 없다고 주장한다. 그 대신 시대적 필요나, 관습 등에 의해 도덕 원칙이 세워진다고 생각한다. 따라서 상대주의 윤리설은 인간 사회의 도덕 원칙은 쉽게 바뀔 수 있다고 본다. 상대주의자들은 '올바른 행위(right behavior)'에 대한 합의된 정의(定意)는 없다고 주장하면서, 특정 행위의 옳고 그름은 특수한 신념 체계(belief systems)와 사회·역사적 맥락(socio-historical contexts)에 기반해서 판단될 수 있다고 주장한다.

오늘날의 많은 윤리학자는 상대주의적 윤리관을 대체적으로 수용하고 있다. 현대

도덕의 발전 과정은 사회문화적 진화(sociocultural evolution)와 밀접하게 연관되어 있다. 일부 진화주의 생물학자, 특히 사회생물학자들(sociobiologists)은 '도덕'이 사회적 진화의 산물이라고 믿는다. 그들 가운데 일부는, 도덕을 형성하는 일련의 행위는 사회적 생존 또는 재생적 편익(survival and/or reproductive benefits) 때문에 진화하게 된다고 주장한다. 모르몬교와 이슬람교의 일부다처제(一夫多妻制)나 농경 사회의 재가 금지(再嫁禁止) 규범을 예로 들 수 있다. 이와 같은 관점에서 보자면 도덕은 절대적이 아닌, 상대적인 것으로 생각될 수 있다.

이 책의 중심 주제인 행정 윤리도 이와 같이 '도덕적 시대정신(moral Zeitgeist)'이라는 관점에서 이해될 수 있을 것이다.

2 마키아벨리즘과 공직자의 '더러운 손'

바람직한 목적을 지닌 정책은 '거짓 수단(lying means)'에 의해 정당화될 수 있을 것인가? 좀 더 크고 선한 정치적 목적을 달성하기 위해서는 악(惡)한 행동도 받아들여질 수 있는가? 이것이 이른바 공직자가 부닥치는 '더러운 손의 딜레마(dirty hands dilemma)'다. 공직자들은 공동선(common good)의 증진을 위해 그릇된 것으로 간주되는, 즉 일반 윤리를 벗어난 행동을 하지 않을 수 없을 때 '더러운 손'의 딜레마 상황에 놓이게 된다. 공직자들은 이때 선한 것으로 인식되는 행정 목적의 달성을 위해 기꺼이 '그릇된 행동(wrongdoing)'을 저지를 것인지를 결정해야 한다. 물론 일반적인 통례에 따른다면 그것이 아무리 선한 목적을 지녔다 하더라도 '그릇된 행동'을 저질러서는 아니 된다. '더러운 손'의 딜레마는 결국 지각된 전문직업적 의무(perceived professional obligations)와 일상적인 도덕적 의무 사이의 길항(拮抗)의 산물이라 하겠다(Shafritz et al., 2007: 188).

마키아벨리(Niccolò di Bernardo dei Machiavelli, 1469~1527)는 그러나 이것을 전혀 문제로 보지 않는다. 그는 공직자가 공동선을 증진하기 위해 전문직업적 역할과 책임을 수행할 때는, 일상적 도덕 원칙이 적용되어서는 안 된다고 주장한다. 마키아벨리는 그것을 "행동이 비난받을 때, 결과가 변명한다(When the act accuses, the result excuses)"고 표현했다. 이것은 전형적인 결과주의(consequentism) 윤리설이다. 마키아벨리 사상에서 고전적으로 정식화된 '더러운 손'의 문제는 두 개의 도덕, 즉 일

생각해 보기

'더러운 손' 관련 '생각해 보기' 과제

(1) 공직자의 '스스로의 처벌'

공직자들이 스스로 정한 도덕 원칙을 어겼을 때, 선택하는 행동 방식과 관련해서는 밴스(Cyrus Vance, 1917~2002) 전 미국 국무장관의 예를 생각해 볼 수 있다. 밴스 장관은 1980년 봄 이란에 억류되어 있던 미국인 인질들을 구출하기 위한 군사적 급습 작전이 실패한 후 장관직 사임을 발표했다. 그는 임무가 시작되기 전에 이미 결과에 관계없이 정부를 떠나겠다는 뜻을 카터(Jimmy Carter) 대통령에게 표명했었다.

그가 사임한 이유는 군사 작전을 펼치겠다는 카터의 계획에 동의하지 않았기 때문일 뿐만 아니라(이 점은 밴스 자신이 공식적으로 확인한 사실이 없기에, 관련 인사들이 추정한 사실에 불과한 것임), 어떻든 그가 유럽의 동맹국들을 기만했기 때문이다. 미군이 군사적 급습을 준비하는 2개월 동안 밴스는 유럽 동맹국의 공직자들에게, 이란에 대한 경제적 제재에 협조한다면 미국도 군사적 행동을 하지 않겠다고 약속했던 것이다.

미국의 공직자들은 그러한 속임수를 통해 이란의 공직자들이 미국의 군사적 행위가 임박하지 않았다고 믿게 함으로써, 급습의 성공 확률을 높이고자 했던 것이다. 만약 밴스가 동맹국을 기만하는 것을 거절함으로써 그의 손을 더럽히려고 하지 않았다면, 구출 작전에 손상을 입혀, 결과적으로 다른 미국인의 생명에 대한 위험을 증대시키게 되었을 것이다.

비록 미국의 군사 작전은 실패로 돌아갔지만, 밴스는 그에게 맡겨진 공직 임무를 훌륭히 수행한 셈이다. 그는 구출 작전을 수포로 만들지 않고도 사임할 수 있는 상황이 되자 공직을 떠남으로써, 그에 대한 '스스로의 처벌'을 수용한 것이다 밴스의 이러한 행동은, 어떤 면에서는 손을 더럽힌 공직자가 어떻게 행동해야 하는지를 보여 준 전형적인 모델이라고 할 수 있다(이종수, 2012: 200).

⇒ 더 큰 공공선을 위해 불가피하게 손을 더럽히지 않을 수 없는 공직자들이 선택할 수 있는 행동 방식에 대해 생각해 봅시다.

(2) "기밀 문건, 이라크전 진실 보여 줘"

미군이 이라크에서 민간인을 무분별하게 사살하고 고문을 은폐했다는 기밀문서를 폭로한 내부고발 전문 웹사이트인 위키리크스 창립자 줄리언 어산지(Julian Paul Assange, 1971~)는 23일 "이번 문건들은 이라크 전쟁의 진실에 관한 것"이라고 말했다.

그는 이날 영국 런던에서 가진 기자회견에서 "이라크전쟁 이전과 전쟁 기간 심지어 전쟁이 공식적으로 종료된 이후까지 이어지고 있는 진실에 대한 왜곡을 바로잡기를 희망한다"면서 문건 공개 배경을 설명했다.

어산지는 이어 "한 사건에서 한두 명의 희생자들이 쌓여 이러한 엄청난 규모의 살상이 밝혀졌다"면서 "문서 공개를 통해 정치적인 충격을 최대화하는 데 접근해 가고 있다"고 강조했다.

앞서 위키리크스는 2004년부터 2009년까지 미군 기밀문서 39만 1천 82건을 공개해 이라크전에서 민간인 6만 6천 명을 포함해 10만 9천 명이 숨졌고, 이 중 1만 5천 명은 공개되지 않았던 것이라고 폭로했다.

위키리스크는 특히 이들 민간인의 희생이나 이라크 수용소에서 자행된 고문 등에 대해 조지 부시(George W. Bush) 전 미국 행정부가 실상을 은폐하거나 묵인했다고 주장했다(연합뉴스, 2010.10.23).

⇒ 국익을 위한다는 명분으로 전시의 민간인 고문 · 학살 사실 등을 은폐하는 정부의 태도에 대해 생각해 봅시다(채원호, 2017: 110).

상적 삶에 적합한 도덕과 공직자의 삶에 적합한 도덕 사이에 일정한 갈등과 간극이 있음을 전제하고 있다.

마키아벨리의 군주론은 공직자의 도덕 원칙과 관련해 두 가지 모순된 도덕 기준을 제시하는 것으로 해석될 수 있다. 첫 번째의 해석은, 군주의 덕은 '악덕과 유사한 것'을 요구한다는 일원론적 관점에서의 해석이다. 그는 국가의 복리, 즉 군주의 덕은 "악덕과 유사한 것"을 요구하는 바, "일상적 도덕과 유사한 것"은 국가를 파멸시킬 수도 있다는 극단적 주장을 펴기도 한다. 이러한 관점에서, 공직자의 윤리는 국가의 목적을 보장하기 위해서는 명백한 부도덕성을 충분히 정당화할 수 있는 것으로 해석된다. 이러한 도덕 원칙이 과연 현실 세계에서 논란 없이 받아들여질 수 있는지는 별개의 문제다.

마키아벨리 사상에 대한 두 번째 해석적 관점은, 군주의 악덕과 잔혹함은 그것이 아무리 필요하다고 해도, 그 '자체로 악덕'이라는 관점이다. 이 관점은 공적 생활에서의 도덕 원칙과 사적 생활에서의 도덕 원칙 사이에는 근본적인 부정합성이 존재하며, 공적인 도덕 원칙이 비록 변명될 수는 있다 해도 결코 정당화될 수 없다는 주장을 담고 있다. 더 극단적 주장을 펴는 사람들은, 군주의 도덕 원칙들을 국방·외교와 같은 특정 영역에 국한시키거나, 국익과 같은 더 고차적 원칙에 호소한다고 해서, 공직자의 비도덕적 행위가 결코 정당화될 수 없다는 주장을 편다. 다시 말하면, 군주가 국익을 위해 그렇게 한다 해도, 거짓말을 일삼고, 심지어 살인까지 저지르는 행동들은 결코 정당화될 수 없다는 것이다. 잔혹함은, 그것이 아무리 국익을 위해 필요하다고 해도 "그 자체로 악덕"이라는 것이다.

마키아벨리가 암묵적으로 밝힌 이러한 역설은, 더러운 손의 문제를 진지하게 받아들인 현대 철학자들에게서 더욱 명시적으로 나타난다. 샌델(Michael J. Sandel, 1953~)과 같이 공동체주의자로 분류되는 왈저(Michael Walzer, 1935~)는 정치의 영역에서 "결과가 좋으면 된다"는 결과주의적 행위가 필요하다는 점을 인정한다. 그러나 그는 "필요한 것은 정당화된다"는 결과주의적 가정에는 분명하게 반대하는 입장을 표명한다. 그는 나아가 일반적 도덕률을 어긴 공직자들은 "우리의 행위가 비록 그 상황에서는 최선의 것이었다고 자위할지라도, 무언가 잘못된 행위를 했다"는 고통스러운 죄의식을 떨칠 수 없다고 주장한다. 왈저는 또한 공직자가 죄의식을 느끼지 못한다면, 사회는 그를 더욱 혹독하게 심판하고 처벌해야 한다는 결론을 내린다. 그는 설령 해당 공직자가 죄의식을 느낀다 하더라도, 여전히 그의 처벌을 강변할 수 있다고 주장한다. 왈저는 도덕률을 위반한 사람에게는 처벌이 뒤따른다는 사실을 알 수 있게 하기 위해, 죄의식이 사회적으로 표현되어야 하기 때문에, 처벌하지 않을 수 없다고 주장하는 것이다.

공직자들이 저지르게 되는 악덕에 대해서는 다음과 같은 변론을 할 수도 있다. 즉, 공직자들이 행한 악은, 시민을 위해 행한 것일 뿐만 아니라, 민주 사회에서는, 적어도 논리적으로는 시민의 동의를 얻어 행한 것이라고 주장할 수 있을 것이다. 이런 경우에는 시민들이 공직자의 악행을 처벌할 근거를 찾을 수 없게 된다. 반드시 처벌해야 할 필요를, 논리적으로 설득할 수 없게 되는 것이다.

그러나 현실적으로는 일반적 도덕 규범을 어긴 공직자들의 행위는 어떤 형태로든 처벌받게 마련이다. 아니면 공직자가 스스로를 처벌하는 방식이 동원되기도 한다. 가장 친숙한 사회적 표현 방식은 공직에서 스스로 사퇴하는 것이다.

우리는 흔히 공적 임무를 수행하는 특수한 상황에서는 선악의 일상적 기준을 적용해서는 안 된다고 주장한다. 더 큰 '공익'을 위해서는, '좋은 목적'을 위해서는 불가피하게 나쁜 수단도 사용할 수 있다는 이러한 관점은 전형적인 결과주의 윤리설에 속한다. 그렇다고 조직 속의 특정한 직위를, 기본적 도덕으로부터 면제받는 명분으로 활용해서는 안 된다. 맥락이 어떻게 되었건 간에 잘못된 행동은 잘못된 것이다. 공직자들은, 비록 특정한 행위가 공동선의 이름으로 행해졌다 하더라도, 자신들의 비윤리적 행동에 대해서는 책임을 져야 한다.

행정에서 '더러운 손의 딜레마'는 통상 '거짓'의 형태를 띠게 된다. '거짓'은 다양한 형태로 나타난다. 직접적인 거짓말(direct falsehoods)일 수도 있고, 과장, 누락, 얼버무림, 사기(詐欺), 표리부동 등 다양한 형태로 나타날 수 있다(Shafritz et al., 2007: 188).

공직자들은 진실만을 말해야 하는 특별한 의무를 지니는가? 공직자들의 직무는 '진실 말하기(truth telling)'로부터 이탈할 수 있는 특별한 명분을 허용하는가? 민주 사회에서 국민은 특정한 공공 이슈에 대해 알 권리, '생득적인 권리'를 지닌다. 공직자들이 특정 공공 이슈에 대해 그들의 손을 더럽히기로 결정했을 때, 그것은 국민들의 알 권리를 침해하는 것이 된다. 공직자들은 따라서 민주주의의 본래적 필요에 기초해 진실을 말해야 하는 특수한 책무를 지고 있다.

다른 한편 민주 사회의 공직자들은 때때로 진실을 말해야 하는 일반적 의무로부터 면제될 수도 있다. 외교를 담당하는 공직자들이나 군인들이 국가 안보를 위해 거짓말을 해야 할 상황에 놓일 수도 있다. 이러한 상황에서 공직자들에게는, 공동선(common good)을 위해 시민들을 속이는 것이 허용될 수도 있다. 공직자들은 취임할 때, 국민의 생존과 안전을 위해 모든 권한을 행사할 것을 선서한다. 공직자들은 공공선(public good)을 지켜야 할 책무를 지니기에, 공공선을 위해서라면 국민을 속이는 것도 용서된다는 논리가 성립된다는 것이다. 특히 전시와 같은 국가 위기 상황에서 공직자들은 때때로 국민들에게 속임수를 쓰게 된다. 이때 공직자들은 자신이 속한 '조직'에 대해서만 책임을 지게 된다.

정치의 세계와 공직의 세계에서는, 국민 전체의 복리를 위해서는 시민의 자유와 인권을 침해하고, 무고한 사람들의 삶을 희생시키라고 요구받을 수도 있다. 상황에 따라서는 공공선을 위해서라는 명분으로, 폭력적 수단의 사용이 허용되기도 할 뿐만 아니라, 권장되기도 한다. 특히 전시와 같은 특수한 상황에서는 그러한 상황이 발생하는 빈도가 높을 수밖에 없다. 그러한 상황에 놓인 공직자들은 윤리적 딜레마에 부딪치게 된다. 그러나 공직자들이 항상 염두에 둬야 하는 것은, 공직자들은 자신들의 행동이 모든 시민에게 밝혀진다는, 밝혀질 수 있다는, 공지성(公知性, publicity)의 원칙에 따라 행동해야 한다는 점이다. 특히 민주 사회에서는 더욱 그러하다.

정치나 공직의 세계는 분명히 보통 사람들의 일상 도덕으로 평가하기 어려운 측면을 지니고 있다. 즉, 공직의 세계에는 통상적인 도덕적 삶을 적용하기 어려운, 윤리적 딜레마에 빠질 수 있는 상황이 일상적으로 발생할 수 있다. 그러나 거기에도 엄연히 공직의 윤리가 있어야 한다. 공직자가 특수한 상황에서 '더러운 손'과 같은 비윤리적 수단에 호소할 수밖에 없을지라도 이는 반드시 좀 더 큰 명분에 의해 정당화될 수 있어야 하고, 더 큰 도덕 원칙에 근거해야 한다.

공공선을 위한 공직자들의 거짓이 윤리적으로 정당화될 수 있는지를 둘러싼 논쟁은 그 역사가 오래되었다. 최초의 사례는 플라톤의 『공화국(*Republic*)』에서 찾아볼 수 있다. 이 책에서 '공공선을 위한 거짓'은 '군주의 거짓말(royal lie)'로 표현되고 있다.

일상의 행정 사례를 보면, 공직자들은 공공선을 위한다는 명분으로 자신이나 자신이 속한 집단의 부분이익(예를 들면, 정권 유지를 위한 수단 등)을 위해 거짓을 일삼는 경우도 적지 않다. 이러한 경우에는 칸트의 의무론적 윤리설에 따라 '행위자의 동기'에 의해 행위의 옳고 그름을 따질 필요가 있을 것이다. 그러나 일상 행정에서 '행위자의 동기'를 식별해 내는 일은 결코 쉬운 일이 아니다.

3 자유의지와 윤리

우리는 앞에서 "행정 윤리는 성립 가능한가?"라는 물음을 제기하면서, 행정 윤리는 행정조직 속의 개인이 자율적으로 도덕적 판단을 내릴 수 있다는 가정에 기반하고 있는 바, '자유의지(free-will)'가 전제되지 않는다면 행위 당사자에게 도덕적 책임을 추궁할 근거가 없어지며 따라서 행정 윤리라는 개념 그 자체가 애초부터 성립되지 않을 수 있다는 문제 제기를 한 바 있다.

전통적 윤리학자들은, 만약 의지의 자유가 없다면 인간 행위의 도덕적 책임을 추궁할 근거가 없어지며, 도덕 그 자체의 성립이 위협받게 될 것으로 본다. 즉, 자유의지가 전제되어야 윤리가 성립하고, 그에 따른 책임을 물을 수 있다는 것이다. 예를 들어, 모친 살해의 패륜을 저지른 것으로 지탄받는 로마 황제 네로가 만약 자유의지가 없는 가운데 피치 못할 필연의 결과로 모친을 살해했다면 그를 극악무도한 죄인으로 비난하는 것이 불합리한 것이 된다.

인간이 자유의지를 지니고 있다는 것은, 주어진 필연에 따라 행동하지 않음을 뜻한다. 전시에 병사가 자신의 생명을 위협하는 상관의 명령에 따라, 무장하지 않은 양민을 학살하는 범죄를 저질렀을 경우, 비록 처벌을 받는다 하더라도 가벼운 처벌을 받게 되는 이유가 여기에 있다. 만약 인간의 행위가 무뢰배의 겁박과 같은 다른 원인에 의해 결정된다면 그 행위에 대한 도덕적·법률적 책임을 물을 수 없게 된다. 이러한 연유로 대다수의 도덕학자와 법률가는 의지자유론을 지지한다.

법률적 다툼에서는 '고의적 행위(voluntary acts)'와 '고의적이지 않은 행위(involuntary acts)'를 가린다. 이때 '고의적 행위'는 '자유의지에 의한 행위'와 동일한 의미로 이해되며, '고의적이지 않은 행위'는 '피할 수 없는(unavoidable) 행위'와 동일한 의미로 이해된다. 일반인의 절도 행위에 대해서는 자유의지에 따른 '고의적 행위'라는 이유로 법적인 책임이 추궁되나, 도벽증 환자(kleptomania)에게는 법적 제재를 가하기보다는 치료를 위해 정신병원에 입원시키는 것도 이와 같은 이유에서다.

그런데 공사(公私) 조직을 막론하고 관료제 속의 구성원들은, 도덕적 판단력이 거세된(castrated), 윤리적으로 중립적인(ethically neutered) 인간으로 묘사된다. 상명하복의 엄격한 관료제 질서 속의 구성원을, 베버(Max Weber)가 '영혼 없는 전문가(specialists without spirit)'로 부른 이유가 여기에 있다.

행정인이 특정한 행정 행위를 할 때 재량의 여지가 없는데도 불구하고 그에게 법적·도덕적 책임을 지우는 것은 불합리한 것이 된다.

재량이란 의지의 자유와 마찬가지로 여러 대안 가운데 특정한 것을 선택할 수 있는 자유를 의미한다. 현실 행정에서 행정인은 많은 재량권을 행사한다. 행정인이 자유재량의 영역을 갖게 되면 그만큼 행정책임이 따르게 된다.

도이치(Karl W. Deutsch, 1912~1992)도 행정 관료들은 많은 재량권을 지닌다고 하면서, 비록 관료들에게 다른 사람들이 결정한 바를 집행하도록 공식적으로 요구된다 할지라도 그들은 현실적으로 많은 결정 사항을 제한하고 집행하며, 다른 사람들이 관료들에게 실천에 옮기도록 하기 위해 선택하거나 결정한 것들을 관료들은 지연시킬 수도 있고, 전혀 행동으로 옮기지 않을 수도 있다고 한다(Deutsch, 1974: 217). 워윅(Donald P. Warwick, 1934~1997) 또한 행정 관료들이 상당한 재량권을 행사함을 다음과 같이 묘사한다. 그에 의하면 관료들은 많은 정책 영역에서 이니셔티브를 취하고 법률안의 기안에 기여하는 등 정책의 형성 단계에서부터 직・간접적 역할을 행한다고 한다. 관료들은 또한 정책 집행 단계에서 법규나 정책으로부터 발생하게 되는 모호성이 있는 영역 및 갈등적・선택적 영역에서 재량권 또는 선택권을 갖게 된다고 한다. 즉, 정책 집행의 속도・우선순위・집행 방법 등에서 적극적인 역할을 하고 정책 집행을 중단하거나 연기하거나 또는 집행을 하지 않는다거나 집행을 뒤엎는 등 부정적인 역할을 행할 수도 있으며, 정책 평가에서도 평가 방법이나 평가 기준의 선택, 평가자의 선택과 평가 결과에 대해서도 크게 영향을 미칠 수 있다는 것이다(Warwick, 1981: 96-100; 이광종, 2005: 68).

행정법에서는 기속(羈束) 행위와 재량(裁量) 행위를 구분한다. 행정 행위를 할 때 법규에서 하나의 행위만 적법하게 행하는 것이 허용되고, 그와 다른 행위를 하게 되면 위법(違法)이 되는 경우 이러한 행위는 기속 행위가 된다. 그에 비해 경직된 기속을 하지 않고 일정한 요건 아래서 선택 가능한 여러 행위를 할 수 있는 여지를 부여하는 경우 재량 행위라 한다. 즉, 재량 행위라고 하는 것은 법규의 요건이 다의적, 불확정적 개념으로 표현되어 무엇이 법인가에 관해 행정공무원의 재량에 의한 판단이 필요한 행위를 말한다(서원우, 1983: 376).

이러한 재량 행위는 행정 내적 통제의 수단인 행정 심판의 대상은 될 수 있지만, 사법 심사의 대상은 되지 않는다. 즉, 재량 행위에 대해서는 재량의 행사에 하자가 없는 한 적법한 행위가 된다. 다시 말하면, 자유재량 행위의 잘못에 대해서는 법적 책임의 부과가 어렵다. 그렇다고 해서 모든 책임이 면제되는 것은 아니다. 재량이라는 것은 프리드리히(Carl J. Friedrich, 1901~1984)가 지적한 바와 같이 몇 가지 대안 중에서 선택하는 것이지만 자의적이거나 근거 없이 선택하는 것이 아니고 상황에 따라 합리적으로 선택해야 한다는 관념을 내포하고 있다(Friedrich, 1973: 177).

재량 행위가 비록 자유로운 선택의 영역에 속하는 것이라 할지라도 명백한 선택의 잘못에는 책임이 따른다. 다만, 책임의 유형은 법적 책임보다는 주로 윤리적 책임이 될 것이며, 정책 결정에 참여하는 고위 관료들의 경우에는 정치적 책임까지 져야 할 것이다(김영종, 1995: 279-280).

종래 우리나라의 통설은 기속 행위와 재량 행위를 구별한 뒤, 다시 재량 행위를 기속 재량(법규재량)과 자유재량(편의재량)으로 구분해 왔다. 그러나 현행의 우리나라 법제 하에서는 모든 행정 행위가 정도의 차이가 있을지언정 법의 구속을 받기 때문에, 법의 구속으로부터 자유롭다는 의미에서의 자유재량은 인정되지 않는다(서원우, 1979: 381-382).

구체적 행정 행위를 할 때 관료들은 현실적으로 많은 재량권을 행사하는 바, 재량권이 확대될수록 그에 비례해서 행정책임은 커진다고 하겠다.

CHAPTER

03 행정 윤리의 중요성

제1절 행정 윤리, 공직 윤리, 그리고 직업 윤리

1 행정 윤리와 공직 윤리

행정 윤리(行政倫理, administrative ethics)는 정부조직에 종사하는 공무원들이 지켜야 할 행동 규범(code of conduct)을 의미한다. 즉, 행정 윤리란 "공무원이 행정 업무를 수행함에 있어 국민 전체에 대한 봉사자로서 행정이 추구하고자 하는 공공 목적을 달성하는 데 이바지할 수 있도록 전문적 능력을 최대한 발휘해 준수해야 할 행동 규범을 의미한다(이종수, 2009a).

행정 윤리는, 즉 공직자라는 특수한 전문직업 집단에게 요구되는 규범적 행동 기준으로, 공공 업무의 수행과 관련된 윤리 규범을 말한다. 공무원들은 그가 담당하고 있는 공공 업무를 수행할 때 행정이 추구하고자 하는 공공 목적을 달성하는 데 이바지할 수 있도록 그의 전문적 능력을 최대한 발휘해야 한다.

행정 윤리와 유사한 용어로 공직 윤리, 정부 윤리, 공공 윤리 등의 개념이 사용된다. 가장 좁은 의미의 행정 윤리는 '행정부' 소속 공무원에 한정된 윤리 규범을 말한다. 그러나 그 적용 범위를 '행정부' 소속 공무원에 한정하지 않고 '정부조직'에 종사하는 모든 공무원이 지켜야 할 행동 규범으로 폭넓게 정의할 경우, 이런 의미의 행정 윤리는 공직 윤리의 의미와 동일하다고 하겠다.

행정 윤리와 유사한 용어로는 또한 공공 윤리(public ethics, public morality)가 사용된다. 좁은 의미의 공공 윤리는 공공 업무에 종사하는 공직자들이 지켜야 할 행동 규범을 의미하나, 그보다 넓은 의미에서의 공공 윤리는 사회공동체 구성원 전체가 지켜야 할 행동 규범을 의미하기도 한다. 클로르(Clor, 1996: 9)는 공공 윤리(public morality)를, "구성원의 복지가 그것에 의존할 것으로 가정되는, 따라서 공익과 관련되는, 공동사회의 윤리(communal ethic)"로 정의한다.

공공 윤리는 개인 차원의 윤리가 아닌 사회적 윤리다. 왈도(Waldo, 1974: 269-270)는 공공 윤리를 자신이나, 가족, 붕당, 또는 부족보다 '광범한 주민(more inclusive populations)'의 이익에 봉사하는 것으로 정의한다. 그에 의하면 공공 비윤리(public immorality)는 '많은 주민보다 적은 수의 주민'의 이익에 봉사함으로써 더 많은 수의 주민을 위해 행동해야 한다는 원칙을 위배하는 것이다(이종수, 2010a: 94).

이 책에서는 '행정 윤리', '공직 윤리', '공공 윤리'의 개념을 엄격하게 구분하지 않고 상호 교호적으로 사용하고자 한다. '행정 윤리'는 좁은 의미에서는 공직자가 지켜야 할 행동 규범으로서의 '공직 윤리'와 같은 의미로 사용된다. 그러나 넓은 의미에서는 사회 구성원 전체의 이익, 즉 공익(public interest)의 개념이 바탕을 이루고 있는 '공공 윤리'의 개념과 상통한다고 하겠다.

위와 같은 행정 윤리의 정의에는 다음과 같은 특징이 내포되어 있다.

첫째, 행정 윤리는 행정 업무와 관련된 윤리를 의미한다. 사람이 지켜야 할 도리로서의 윤리는 사적인 일과 관련된 차원에서 논의될 수도 있고, 공적 업무 수행과 관련되는 차원에서 논의될 수도 있다. 행정 윤리는 공무원의 신분을 가진 사람이, 그의 공적인 행정 업무와 관련되어 지켜야 할 가치 기준을 의미한다.

둘째, 공무원은 국민 일부에 대한 봉사자가 아니라 국민 전체에 대한 봉사자로서 공익을 추구해야 한다. 공권력에 기초한 공무원의 역할은 사회 구성원들 간의 가치 배분에 절대적인 영향을 미치기 때문에 공무원에게는 일반 시민과는 다른 엄격하고 높은 수준의 윤리 의식이 요구된다.

셋째, 행정 윤리는 협의로는 공무원의 부정부패와 관련되어 소극적으로 이해되기도 한다. 그러나 행정 윤리의 개념 속에는 반부패와 같은 소극적 의미 이외에, 적극적으로 행정이 추구하고자 하는 바람직한 가치까지 포함하는 개념이다. 행정 윤리의 개념을 적극적으로 이해할 경우에는 공익성과 봉사 정신이 강조된다.

넷째, 행정 윤리의 개념은 공무원이 마땅히 지켜야 할 공무원으로서의 직업 윤리는 물론 공무원이 입안하고 집행하는 정책 내용이 윤리적이어야 한다는 의미도 내포한다. 따라서 공무원이 지켜야 할 행동 규범 속에는 헌법의 준수뿐만 아니라, 업무 수행 시 전문적 지식의 함양을 통해 행정의 질을 높여야 한다는 요청도 내포되어 있다. 따라서 공무원이 행정 윤리를 제대로 구현하기 위해서는 법령 등 법적 의무의 준수뿐만 아니라 업무 수행과 관련된 전문 지식의 확보라는 기능적 의무도 동시에 준수해야 한다(이종수 외, 2012: 184-185).

행정공무원들에게는 일반 시민이나 회사원의 경우보다 더 높은 윤리 기준이 요구된다. 행정 윤리는 조직의 구성원들에게 요구되는 일종의 직업 윤리이나, 공공 업무를 수행하는 공무원들에게는 그들에게 특별히 요구되는 행동 규범이 있다. 민주 국가에서 공무원들은 국민 전체의 봉사자로서 공익을 추구해야 한다. 공무원들은 또한 국민 생활에 지대한 영향을 미치는 행정 권력을 행사하기에 국민은 공무원의 높은 직업 윤리를 기대하게 된다.

공무원들에게는 일반 조직의 구성원들에게 요구되는 보편적인 의무로서의 성실 의무, 복종 의무, 직장 이탈 금지 의무 외에 수행 업무의 특성상 모든 국민에게 공정해야 하고, 공익을 수호·증진해야 하며, 인권을 존중해야 하고, 정당한 법절차(due process)를 준수해야 하는 등의 추가적인 윤리 기준이 요구된다.

2 직업 윤리

직업은 한 사람이 성인이 되면서 경제적으로 사회적으로 가정적으로 안정된 삶을 보장해 주는 인간 활동이라고 정의할 수 있다. 특정한 직종에 종사하는 직업인에게는 직업 윤리가 있어야 한다. 현대 사회에는 자신의 직업에 만족하는 만족형과 자신의 직업에 불만족하는 불만족형이 있다. 만족형이 되기 위해서는 다음과 같은 조건이 주어져야 한다(추정훈, 2003: 180).

첫째, 경제적 보상이 주어져야 한다. 반드시 금전적으로 보상받지 않는다 하더라도 어떤 형태로든 조직 또는 사회로부터 보상을 받게 된다.

둘째, 계속적으로 행해지는 일이어야 한다.

셋째, 사회적 효용성이 있어야 한다. 직업은 나름대로 사회에 기여해 삶의 질을 높이는 데 의의가 있다.

넷째, 일정 연령 이상의 사람이 하는 일이다. 근로기준법에서는 13세 미만자는 근로자로 사용하지 못하며(제51조), 여자와 18세 미만자는 도덕상 또는 보건상 유해, 위험한 사업에 사용하지 못하도록(제51조) 되어 있다.

다섯째, 자신의 자발적 의사에 따라 직업을 선택해야 한다.

여섯째, 인간의 노력이 필요한 일이다.

그리고 만족형 직업을 가지기 위해서는 평생 직업은 아니지만 일정 기간 동안 생업으로 삼을 수 있는 직업을 택해야 한다. 한 사람은 성장 과정을 통해 자신이 하고자 하는 일, 자신의 능력, 일의 가치, 비전 등에 대해 생각하게 되고, 자기 만족형 직업을 선택하고자 한다.

행정 윤리도 다른 측면에서 보면 일종의 직업 윤리라 할 수 있다.

제2절 행정 윤리의 중요성과 윤리적 판단이 요구되는 상황

1 행정 윤리의 중요성

관료제 속의 공직자들은 잘 정해진 업무 영역과 체계적인 권위 구조 내에서 행동할 것으로 기대된다. 그러나 관료들은 정부 외적인 요인에서 비롯된 중첩적 '쟁점의 그물망' 속에서 업무를 처리하는 바, 정책 과정에서 상당한 재량권을 행사한다. 이러한 재량의 영역으로부터 공직자의 윤리를 논할 공간이 마련된다.

오늘날의 행정국가에서 행정 기능이 양적으로 확대되고 질적으로 전문화됨에 따라 공무원들의 자유재량의 범위가 크게 확대되어 그들의 결정이 집단 및 개인의 사회경제적 지위에 지대한 영향을 미치고 있다. 따라서 행정의 양적 증대와 재량권의 확대에 상응해서 행정 윤리의 중요성이 증대된다고 할 수 있다.

민주 사회에서 공공 부문 종사자들의 도덕적 고결성은 특히 중요하다. 이들 공공 부문 종사자들은 사회 구성원들의 사회경제적 지위에 지대한 영향을 미치는 가치 배분과 관련된 업무를 다루기 때문이다. 선출직 공무원들은, 그들의 공공적 가치 기준과 실제적 행태가 어떠하든, 시민들의 손에 의해 대표로 선출된다는 점 그 자체가 의미를 지닌다. 그러나 상당한 재량권을 갖고 국민들의 일상생활에 중요한 영향을 미치는 행정권을 행사하나, 국민들의 손에 의해 직접 선출되지 않는 비선출직 공무원들의 경우에는 다르다. 이들 임명직 공무원에 의한 공공 권력의 행사가 자의적으로 이뤄지지 않도록 하기 위해서는 엄격한 윤리적 기준이 필요하다.

공직 사회에 부패가 만연하고 근대적인 행정 윤리가 확립되지 않을 경우, 행정의 능률성과 형평성을 기대할 수 없다. 또한 공공 부문의 부패의 만연은 정부 행정에 대한 불신을 초래할 뿐만 아니라 사회 전반에 걸쳐 신뢰성의 위기를 초래하게 됨으로써 일체의 확립된 제도와 질서를 송두리째 허물어 버릴 우려가 있다. 공직 사회의 부패는 나아가 건전한 사회 규범을 와해하고 사회 전반의 생산 의욕을 떨어뜨림으로써 국가 사회의 정체와 퇴보를 초래하게 될 것이다.

최근 많은 국가가 '신뢰 적자(confidence deficit)'의 문제에 직면하고 있다. 이것은 정부의 정당성, 정부조직, 나아가서 정책에 대한 불신까지 포함한다. 신뢰 적자는 특히 고위 공직자의 부패행위 등에 의해 증폭되고 있다. 이것의 해소 방안으로서 윤리기반(ethics infra) 혹은 이를 기초로 하는 윤리적 정부(ethical government)가 부각되고 있다.

우리나라와 같이 정부 주도의 경제 발전 과정을 거친 나라에서는 산업화 과정을 통해 구조화된 정경 유착과 관료 부패 행태가 근절되지 않고는 선진국의 문턱을 넘기 힘들다. 또한 봉사 정신에 기반한 근대적인 공직 윤리가 정착되지 않고는 건전한 시민 사회의 도래를 기대할 수 없다.

공직자들은 정책 수행 과정에서 업무를 올바르게 처리할 것이 기대된다. 그러나 상황에 따라 공직자들은 무엇이 올바른 행위인지 판단하는 데 어려움을 겪기도 하며, 상관의 역할 기대와 시민의 기대가 상충될 때 딜레마를 겪기도 한다. 행정 윤리는 그러나 특정한 행정 행위에 관한 개별적 판단 지침이나 규칙을 제공해 주지 않는다. 그것보다는 윤리적 판단의 일반적 원칙을 제시해 주는 바, 행정 윤리는 곧 개별자에 대해 '범례적 타당성(exemplary validity)'을 제공하는 것으로 볼 수 있다.

2 윤리적 판단이 요구되는 상황

공직자들은 공적 업무를 수행하는 과정마다 윤리적 판단을 요구받는다. 공직자들은 먼저 정책을 형성하는 과정에서 특정한 정책의 결정이 공정하고 옳은 결정인가에 대한 판단을 해야 한다. 법률안을 마련하고 시행령과 지침을 만드는 준입법(quasi-legislation) 과정에서도 윤리적 판단이 요구된다. 또한 법률 및 정책의 해석과 집행 과정에서도 도덕적 판단이 요구된다.

공직자들은 또한 행정적 재량권(administrative discretion)의 행사와 관련해서도 윤리적 판단을 해야 한다. 공직자들은 법규나 관습이 침묵을 할 때도 가치 판단을 해야 하며, 또한 어떤 행동이 올바르고 그른지 판단이 잘 서지 않는 도덕적 회색 지역(grey areas)에서도 윤리적 판단을 해야 한다.

공직자들은, 그리고 도덕적 딜레마나 갈등 상황에서도 도덕적 추론(moral reasoning)을 해야 한다. 즉, 윤리적 갈등 상황에서 도덕적으로 적합한 가치와 규범이 무엇인지를 판단해야 한다. 그리고 희소한 자원의 배분과 관련해 그 우선순위를 정할 때도 윤리적 판단이 뒤따른다.

공직자들은 상관의 명령과 자신의 윤리 기준이 서로 부딪칠 때, 즉 양심이 불복종을 요구할 때 도덕적 갈등 상황에 놓인다. 1973년 미국의 워터게이트 사건 당시 특별검사 콕스(Archibald Cox)를 해임하라는 닉슨(Richard Nixon) 대통령의 지시에 직면해, 특별검사를 해임하기보다 그 스스로 항의 사직(resignation in protest)을 한 리처드슨(Elliot Lee Richardson) 법무장관이 직면한 윤리적 갈등 상황이 이러한 상황에 해당된다. 공직자들은 이러한 도덕적 갈등 상황에 놓일 때, 도덕적 판단을 해야 한다.

공직자들은 또한 뇌물 등 의심스러운 거래(questionable transactions)에 직면해서도 윤리적 판단을 하지 않을 수 없다. 여기서 도덕적 판단이 요구되는 공직자의 상황을 망라적으로 열거할 수는 없다. 공직자들은 정책이 형성되고 집행되는 모든 과정에서 윤리적 판단을 해야 한다. 공직 수행 과정에서 공직자들의 윤리적 기준이 중요시되어야 할 이유가 여기에 있다.

제3절 행정 윤리의 계서 구조와 규범적 기준

1 행정 윤리의 계서 구조

민주 사회에서 공무원에게 요구되는 규범적 기준은, 상대주의 윤리설을 굳이 거론하지 않더라도, 그 사회가 처한 환경적 상황에 따라 다르다. 특히 오늘날과 같이 역동적이고 다양한 사회 속에서는 공공 도덕(public morality)에 대한 사회적 합의가 존재할 수 없다. 매킨타이어(Alasdair C. MacIntyre, 1929~)와 같은 철학자는 오늘날의 자유주의 사회에서는 사회적 선(善)에 대한 어떠한 중요한 합의도 갖고 있지 않으며, 또한 요구할 수도 없다고 주장한다(MacIntyre, 1984: 6). 그러나 오늘날 민주 사회에서 공직자들은 국민의 의사를 존중하고 공익을 수호하고 증진해야 할 책무를 지니고 있다. 구체적 법규범과 관련해 얘기하자면 공직자들은 헌법 정신과 법규정을 준수해야 할 의무(Rohr, 1989)를 지니고 있다.

행정 윤리는 하나의 계서 구조를 이루고 있다. 그것은 다음과 같이 동심원으로 표현될 수 있다. 바깥쪽 가장 자리에는 일반 사회의 윤리(social ethics)가 자리하고 있다. 그리고 그 안쪽에 일반적인 조직 윤리(organizational ethics)와 공직자로서의 전문직업 윤리(professional ethics)가 놓여 있다.

사회적 윤리는 공식적으로는 각종 법규 속에 들어 있으며, 비공식적으로는 사회적 양심(social conscience)의 형태로 사회 구성원 개개인의 윤리 기준을 이루고 있다. 특정 사회의 사회적 관습과 풍토, 종교적 신념, 개인적 경험 등이 사회적 선악 판단의 기준을 이룬다.

조직의 윤리에 대해 얘기하자면, 모든 조직은 조직 문화(organizational culture)라 불리는 공식적·비공식적 윤리 기준을 지닌다. 훌륭한 팀 플레이어(team player)가 되어야 한다거나, 상관의 명령에 복종해야 한다는 등의 규범을 일반적인 조직 윤리로 볼 수 있다. 그리고 전문직업 윤리는 의약 부문 종사자, 법조 부문 종사자, 공공 부문 종사자 등 특수 직역에 종사하는 구성원들에게 요구되는 특수한 규범을 말한다. 행정 윤리는 이러한 관점에서 볼 때 공직자들에게 요구되는 전문직업 윤리라고 할 수 있다.

동심원의 가장 안쪽에는 공직자 개개인의 도덕(personal morality) 기준이 놓여 있다. 이와 같이 계서 구조를 이루는 윤리의 원칙들이 공직자들의 행위를 내외적으로 규율한다.

2 행정 윤리의 규범적 기준

앞서 밝혔듯이, 행정 윤리는 일반 사회의 도덕적 기준과, 구체적 법규범 속에서 찾을 수 있다. 일반 사회의 도덕 기준은 그 범위가 넓어 여기서 그것을 세세하게 논하는 것은 의미가 없다. 다만, 일반적 도덕 기준 가운데서도 인명과 인권의 존중, 정직, 약속 준수 등과 같은 규범은 공직자들에게도 중요성을 지니는 도덕 기준이 된다.

전문직업 윤리로서의 행위 규범(conduct codes)은 대부분 헌법과 국가공무원법, 공직자윤리법, 공무원 복무규정 등의 법규 속에 자리하고 있다. 공적 윤리 규범 가운데 사회적으로 중요한 것은 법률로 제정되어야 하는 바, 윤리 규범이 효과적으로 확보되기 위해서는 법규에 의해 규율되어야 하기 때문이다. 법적 규범은 사회공동체가 어떠한 가치를 지향해야 하는지를 권위 있게 정의하고 선언하는 것을 의미한다. 법률은 윤리적 기준의 형성자(formulator)이자 선언자(enunciator)이며, 도덕적 교육 장치(moral educator)로 기능을 수행한다. 그런데 윤리가 지니고 있는 일반성과 추상성 때문에 윤리의 내용이 모두 법규의 형태로 규정되는 것은 한계가 있으며, 부분적으로 제시될 수밖에 없다.

행정 윤리와 관련된 법규의 형태는 크게 세 범주로 나눌 수 있다. 첫 번째는 민주사회에서 국민 의사의 존중, 기본권의 존중, 삼권분립의 원칙 등 중요한 헌정 원칙(cardinal constitutional principle)에 관한 규정을 들 수 있다. 이러한 주요 원칙들은 대부분 헌법에 규정되어 있다. 두 번째는 구체적인 법적 제재와 관련된 것으로 뇌물 금지, 이해 충돌(conflict of interest) 방지, 회계 책임 등 소극적 윤리를 규정한 공직자윤리법과 회계관련법의 해당 규정이 이에 해당된다. 마지막 하나는 공무원 취임 선서와 복무 선서 및 공무원의 윤리헌장과 신조 등에 들어 있는 적극적 윤리로, 공무원의 봉사와 충성, 그리고 창의성과 책임성 등을 강조한다.

이와 같이 행정 윤리의 규범적 기준은 사회 일반의 도덕적 기준과, 다양한 법규범 속에서 찾을 수 있다.

3 공직자들이 준수해야 할 핵심 가치들

공직자들이 준수해야 할 핵심 가치들(core values)은 최고 법규범으로서의 헌법과 다양한 개별 법령 속에 규정되어 있다. 국가공무원법, 공직자윤리법, 국회법, 국회사무처법, 국회도서관법, 국회예산정책처법, 법원조직법, 대법원 공직자윤리위원회의 권한에 관한 규칙, 공직자윤리법의 시행에 관한 대법원 규칙 등이 그러한 규범들을 담고 있다.

공직자들이 지켜야 할 법규범들을 여기서 망라적으로 제시할 수는 없겠으나, 그 핵심적 가치들은 다음과 같이 얘기할 수 있다. 즉, 민주적 이념과 거기에서 도출되는 기본 가치를 받아들여야 할 것이다. 거기에는 공익 추구, 민주성, 대응성(responsiveness), 책임성, 형평성, 능률성, 개방성과 투명성, 정직과 청렴(honesty and integrity), 불편부당성, 법규의 존중, 인권의 존중, 근면 등의 가치가 포함될 수 있다. 그리고 기피해야 할 부정적 행태로는 부정직, 불공정성과 편파성, 비밀주의, 정실주의, 약속의 불이행 및 기타 범죄적 행위 등을 들 수 있다.

민주 국가에서 공무원들은 기본적으로 공익을 추구해야 한다. 공무원들은 국민 전체의 이익과 더 많은 국민이 선호하는 공공선을 추구해야 한다. 그리고 공무원들은 국민 모두에게 공평한 봉사를 해야 한다. 민주 국가에서 공무원들은 또한 국민의 의사를 존중해야 한다. 국민의 의사가 표출되고 수렴되는 대의 과정을 존중해야 한다.

공무원의 행동 규범 가운데 핵심적인 것은 법제화되어 있다. 행동 규범의 법제화란 윤리 규범을 법규범화하는 것을 뜻한다. 국가는 공무원의 행동 규범이 자율적으로 준수되도록 촉진하고 지원하는 데 그치지 않고 중요한 윤리 규범은 이를 법규범으로 규정해 의무화하고 있다. 기본적인 윤리 규범을 법제화하는 경우는 법과 윤리의 여러 관계 가운데서 양자가 부합되는 관계로 봐야 한다. 한국에서 공무원의 행동 규범은 엄격하게 법제화되어 있다.

여러 법규범 가운데 으뜸가는 행정 가치들은 헌법에 규정되어 있다. 민주 국가의 헌법에 규정된 헌법적 가치들을 예시하자면 인권, 자유(freedom), 법 앞의 평등, 행복

추구권(the pursuit of happiness), 사유재산권(property), 적법 절차 등을 들 수 있다. 대한민국 헌법은 전문(前文) 등에 자유민주적 기본 질서, 기회 균등, 국민 생활의 균등한 향상, 행복추구권, 법 앞의 평등, 재산권, 신체의 자유, 적법 절차, 참정권, 직업 선택의 자유, 사생활과 비밀의 보호, 양심의 자유, 종교의 자유, 언론・출판의 자유와 집회・결사의 자유, 학문과 예술의 자유, 균등하게 교육받을 권리, 교육의 자주성・전문성・정치적 중립성 및 대학의 자율성, 노동3권, 인간다운 생활을 할 권리, 사회보장・사회복지, 건강하고 쾌적한 환경에서 생활할 권리 등을 규정하고 있다.[1)]

이러한 헌법적 가치들은 정부의 다양한 활동에 정당성(legitimacy)을 부여하고, 다른 한편에서는 그것을 규율한다. 정부 활동에서 정당성은 피치자들의 자발적 순응(voluntary compliance)을 이끌어 낼 수 있다는 점에서 중요성을 지닌다. 쿠데타 정권과 같이 민주적 정당성을 결여한 정부는 물리적 폭력과 같은 강제적 절차에 의존해 피치자들의 동의를 강제하지 않을 수 없다는 점에서 한계를 노출한다. 헌법에 규정된 기본 가치들은 이와 같이 정부 활동에 정당성을 부여한다는 점에서 중요성을 지닌다. 오늘날의 관료제는 합리적・법적 권위에 의존하는 체제다. 그만큼 법규범에 충실한 행정을 펼쳐야 한다.

국가공무원법과 공직자윤리법 등에 규정되어 있는 공무원의 행동 규범을 보면 다음과 같다.

① **성실 의무**: 모든 공무원은 법령을 준수하며 성실히 직무를 수행하여야 한다. 직무를 민주적이고 능률적으로 수행하기 위해서는 창의와 성실로써 맡은 바 책임을 완수하여야 한다. 성실의 의무는 조직이 맡겨 준 역할을 충실히 수행하되 민주성・능

---

1) 우리나라 헌법은 경제 질서와 관련해 제119조 제1항에서 "대한민국의 경제 질서는 개인과 기업의 경제상의 자유와 창의를 존중함을 기본으로 한다"고 규정한 뒤, 제2항에서는 "국가는 균형 있는 국민경제의 성장 및 안정과 적정한 소득의 분배를 유지하고, 시장의 지배와 경제력의 남용을 방지하며, 경제 주체 간의 조화를 통한 경제의 민주화를 위하여 경제에 관한 규제와 조정을 할 수 있다"고 규정하고 있다.

이와 관련된 헌법재판소의 판례를 보면 다음과 같다. 〈헌법재판소 1995년 7월 21일 선고, 94헌마125〉: "헌법 제119조 제2항 규정이 대한민국의 경제 질서가 개인과 기업의 창의를 존중함을 기본으로 하고 있으나, 그것이 자유방임적 시장경제 질서를 의미하는 것이 아님은 물론이다." 〈헌법재판소 2001년 6월 28일 선고, 2001헌마132〉: 우리 헌법의 경제 질서는 사유재산제를 바탕으로 하고 자유 경쟁을 존중하는 자유시장 경제 질서를 기본으로 하면서도 이에 수반되는 갖가지 모순을 제거하고 사회복지・사회 정의를 실현하기 위해 국가적 규제와 조정을 용인하는 사회적 시장경제 질서로서의 성격을 띠고 있다고 판시.

률성 · 창의성 등의 가치 기준을 존중하라는 규범으로 이해된다.

② **복종 의무**: 모든 공무원은 직무를 수행함에 있어서 소속 상관의 직무상의 명령에 복종해야 한다. 상관의 명령이 공무원의 개인적 윤리 기준과 부딪칠 때 해당 공무원은 갈등을 겪게 된다. 어느 조직이든 조직 내의 질서를 유지하고 업무를 능률적으로 처리하기 위해 조직은 계서제 구조를 채택하고, 부하 직원들에게 복종의 의무를 부과한다. 앞서 지적했듯이, 공무원이 상관의 정당한 명령에 따르기만 한다면 그 결과가 어떠하든 윤리적 책임을 벗어날 수 있을 것인가 하는 공직 윤리의 근본 문제가 이 복종의 의무로부터 야기된다고 하겠다.

③ **직장 이탈 금지**: 공무원은 소속 상관의 허가 또는 정당한 이유 없이 직장을 이탈하지 못한다. 현행범이 아닌 공무원을 수사기관이 구속하고자 할 때에는 사전에 그 소속 기관의 장에게 통보하여야 한다. 직장 이탈을 금지하는 규범은 직무를 충실히 수행하고 직장 내의 질서를 유지해야 한다는 규범을 보완하는 것으로 이해된다.

④ **친절 · 공정의 의무**: 공무원은 국민 전체의 봉사자로서 친절 공정하게 집무하여야 한다. 공무원은 공사(公私)를 분별하고 국민의 인격을 존중하며, 친절 · 공정하고 신속 · 정확하게 업무를 처리하여야 한다. 이 행동 규범은 공익 추구 · 공평성 유지 · 능률성 확보 · 국민 의사 존중 등의 가치 기준을 표현한 것으로 생각된다.

⑤ **종교 중립의 의무**: 공무원은 종교에 따른 차별 없이 직무를 수행하여야 한다 [본조 신설 2009.2.6].

⑥ **비밀 엄수의 의무**: 공무원은 재직 중은 물론 퇴직 후에도 직무상 지득한 비밀을 엄수하여야 한다. 민주 국가에서는 비밀 엄수의 의무가 행정상의 다른 가치들과 부딪치는 일이 자주 일어난다. 예를 들면, 비밀 엄수의 의무는 민주성의 요구와 서로 부딪칠 수 있다. 국가와 국민 전체의 안위를 위해 혹은 조직 내의 질서 유지, 고객의 이익과 인권의 옹호 등을 위해서 비밀 유지의 필요가 있다. 그러나 국민의 알 권리와 언론 자유, 그리고 국민에 의한 행정통제의 요청 등 상충되는 요구가 있다. 구체적인 상황의 행동 기준을 정할 때에는 이와 같이 상충되는 요청들을 적정하게 절충시켜야 할 것이다. 공무원들이 '비밀 엄수의 의무'를 무기 삼아, 국민의 대표기관인 국회에 대해서까지 공공 정보의 공개를 가로 막는 행태는 하루빨리 불식되어야 할 것이다.

⑦ **청렴의 의무**: 공무원은 직무와 관련하여 직접 또는 간접을 불문하고 사례 · 증여 또는 향응을 접수할 수 없으며, 직무상의 관계 여하를 불문하고 그 소속 상관에

증여하거나 소속 공무원으로부터 증여를 받아서는 아니 된다. 청렴의 의무는 부패 방지를 위한 규범이다.

⑧ **외국 정부의 영예 등의 수령 규제**: 공무원이 외국 정부로부터 영예 또는 증여를 받을 경우에는 대통령의 허가를 얻어야 한다.

⑨ **품위 유지의 의무**: 공무원은 직무의 내외를 불문하고 그 품위를 손상하는 행위를 해서는 아니 된다. 공무원이기 때문에 직장에서뿐만 아니라 직장 밖의 사회생활에서도 공무원의 신분에 걸맞은 품위를 유지해야 한다. 구체적인 품위의 내용은 정부조직의 규범과 사회 통념에 의해 규정된다.

⑩ **영리 업무 및 겸직 금지**: 공무원은 공무 이외의 영리를 목적으로 하는 업무에 종사하지 못하며 소속 기관의 장의 허가 없이 다른 직무를 겸할 수 없다. 이러한 조항은 충실한 직무 수행을 보장하고 이른바 '이해 충돌'로 인한 공익 침해를 막기 위한 규범으로 이해된다. 공무원이 공무 이외의 영리 업무에 종사하게 되면 직무 수행의 능률이 저하되고, 공익과 상반되는 이득을 취득함으로써 정부에 대한 신뢰감을 저하시킬 위험이 있으므로 영리 업무에 종사하는 것을 금지한다.

⑪ **정치운동의 금지**: 공무원은 정당 기타 정치단체의 결성에 관여하거나 이에 가입할 수 없다. 또한 공무원은 선거에서 특정 정당 또는 특정인의 지지나 반대를 하기 위한 권유운동 등을 하여서는 아니 된다. 정치운동 금지 규범은 공무원의 정치적 중립성을 보장하기 위한 데 있다.

⑫ **집단행위의 금지**: 공무원은 노동운동이나 그 밖에 공무 외의 일을 위한 집단행위를 하여서는 아니 된다. 다만, 사실상 노무에 종사하는 공무원은 예외로 한다. 이러한 집단행위 금지 규범은 정치운동 금지 규정과 함께 정부의 목적을 위해 공무원의 시민적 권리와 자유를 현저히 제약하게 된다.

그리고 1981년 제정된 공직자윤리법에서는 부정부패를 방지하기 위해 공무원이 지켜야 할 행동 규범을 다음과 같이 규정하고 있다.

① **재산 등록 및 공개**: 재산 등록 대상 공무원은 기본적으로 일반직 4급 이상 공무원이다. 즉, 4급 이상의 공무원과 법관, 검사, 대령 이상의 장교 등은 등록 의무자가 된 날부터 1개월 이내에 재산을 등록하여야 한다(공직자윤리법 제3조). 그리고 부패 상황에 노출되기 쉬운 특정 분야의 공무원은 7급 이상 공무원이 재산등록 의무자가 된

다. 즉, 경사 이상의 경찰공무원과 소방장 이상의 소방공무원, 국세청 및 관세청 소속 공무원 가운데 7급 이상의 일반직 공무원 및 이에 상당하는 별정직 공무원, 7급 이상의 검찰사무직 공무원 및 마약수사직 공무원, 7급 이상의 감사원 소속 일반직 공무원 및 이에 상당하는 별정직 공무원, 건축・토목・환경・식품위생 분야의 대민 관련 인・허가, 승인, 검사・감독, 지도단속 업무를 담당하는 부서에 근무하는 7급 이상의 일반직 공무원, 지방자치단체 소속 공무원 중 조세의 부과・징수・조사 및 심사에 관계되는 업무를 담당하는 부서에 근무하는 7급 이상의 일반직 공무원과 이에 상당하는 별정직 공무원 및 그 상급 감독자, 정부투자기관의 임원 등 특정 분야의 공무원과 공직 유관 단체의 직원도 재산을 등록하여야 한다(공직자윤리법 시행령 제3조).

또한 국가공무원법의 공무원 취임 선서와 공무원의 복무 선서에는 공무원의 봉사자로서의 책임과 법령 준수 및 명령 복종, 그리고 창의와 성실을 강조하고 있다. 그리고 1980년 12월 제정된 공무원 윤리헌장은 충성과 봉사, 그리고 창의를 강조하는 행동 규범을 천명하고 있다.

우리나라 공무원에 대한 법적 행동 규범의 성향을 보면, 공익 추구와 대국민 봉사, 그리고 대내 질서를 위한 기강 확립 등이 현저히 강조되고 있는 반면, 공무원의 인간적 존엄성이나 조직의 인간화, 그리고 조직 생활의 민주화 등은 소홀히 다뤄지고 있음을 알 수 있다. 요약하면, 멸사봉공(滅私奉公)의 고전적 규범을 강조하는 규범 체계라 할 수 있다.

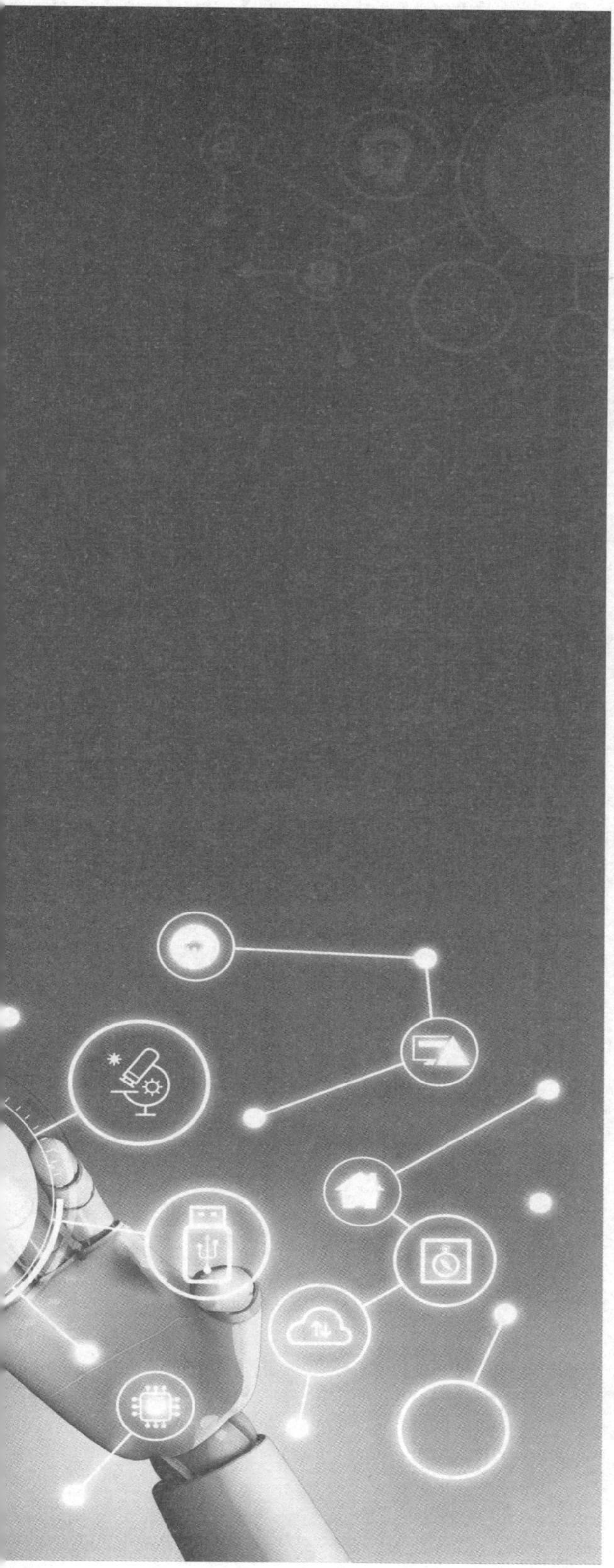

PART 2

행정윤리론

행정의 기저 사상과 행정이 추구하는 가치

CHAPTER 04

동서양의 사상가들이 그린 공직자 상(像)

제1절 플라톤이 그린 이상사회와 공직자 상

유사 이래 정치사상이 체계적으로 제시된 것은 고대 그리스의 플라톤(Platon, BC 427~BC 347)에 의해서였다. 플라톤의 정치사상은 그의 저서 『공화국(πολιτεία, *The Republic*)』 및 『정치가론(*Politicos, The Statesman*)』 등에 잘 드러나 있다. 그는 이상국가(理想國家)의 구현을 위해, 진리와 선(善)을 아는 소수의 철인(哲人)이 운영하는 정치를 주창했다.

플라톤은 『공화국』에서 이상국가는 "정의(正義)가 구현되는 사회"로 규정했다. 고대 그리스에서 정의는 '옳음(righteousness)' 그 자체였다(Arthur & Shaw, 1978: 2). 즉, 정의(正義, justice)의 개념은 플라톤 시대에는, 오늘날의 분석철학자들이 그렇게 해석하듯이, '옳다'는 정의적(情意的) 의미(emotive meaning)만을 담고 있는 것으로 받아들여졌다. 플라톤에게 정의는 각자에게 '그의 몫'을 부여하는 것이었다. '각자의 몫'이 구체적으로 무엇을 가리키는지에 대해서는 학자들의 의견이 서로 갈린다. 그러나 플라톤

이래 서구 사상사에서는 '각자의 몫'이 어떠한 원칙에 의해 규정되든, 좀 더 평등하게 분배되는 것이 정의로운 사회로 인식되었다.

즉, 플라톤 사상에서 정의의 지배적인 관념은 평등으로 해석된다. 그러한 관점에서 오늘날의 일부 식자들은 플라톤의 사상을 공산주의 사상과 결부시키기도 한다. 플라톤은 실제로 『공화국』 제8권에서 "완전한 통치 체제를 달성하려는 나라에서 부인과 어린이들은 공유(共有)되어야 하며, 모든 교육은 공통적이어야 한다"고 '공유'의 가치를 강조하고 있다. "모든 것은 공동의 것이다"라고 선언한 플라톤의 이상적 공동체(koinonia)는 다른 말로 하면, 그 속의 구성원들이 일체의 사(私)적인 것을 아무것도 갖지 않는(nothing private〈idion〉) 공동체를 말한다. 귀족 출신[1]이었던 플라톤에게는 실제로 아내도, 자식도 없었다. 사유재산 제도를 부정한 플라톤이 철저한 공산주의자로 오해받는 이유가 여기에 있다.

플라톤은 정치적 측면에서 민주정치와 자유를 부정적으로 인식한 것으로 알려지고 있다. 그는 자유가 넘칠 경우 무정부 상태를 거쳐 참주정치[2]로 이어질 것으로 생각했다. 플라톤의 이상국가 구상에는, 비현실적 요소들이 들어 있는 것이 사실이나, 그의 정책 제안 가운데는 오늘날의 현대 사회에서도 도외시해 버릴 수 없는 귀중한 정치·경제 사상들이 포함되어 있음에 틀림없다.

플라톤은 공직을 원하는 젊은이들이 공익(公益)을 소홀히 하지 않도록 하기 위해 집·토지·금전 등을 소유할 수 없도록 해야 한다는 극단적 생각을 지녔다. 그 대신 공직자들의 삶의 비용은 국가가 전적으로 부담해야 한다고 생각했다. 즉, 플라톤은 공직자들이 물질적 유혹을 떨치지 못하면 국가 운영에 부패가 만연하게 된다는 차원에서 공직자들은 성직자와 같은 금욕주의적 삶을 살아야 한다고 생각한 것이다. 앞서 밝혔듯이 플라톤이 그린 이상사회 속의 구성원들은 일체의 사(私)적인 것을 아무것도 갖지 않는 공동체였기에, 플라톤 자신은 심지어 아내도 자식도 갖지 않았다.

---

1) 플라톤은 코도로스 왕의 후예인 아버지 아리스톤(Aristōn)과, 솔론의 가계를 이어받은 어머니 페리크티오네(Periktionē)의 아들로 아테네에서 탄생했다(하기락, 1987: 50).

2) 고대 그리스에서 '억압받는 민중을 위한다는 명목으로 권력을 탈취'하는 등 불법적으로 정권을 장악한 뒤 독재 정치를 펴는 지배자, 즉 참주(僭主, tyrannos)들이 펴는 독재 체제를 말한다.

제2절 고대 중국에서 그린 이상사회와 공직자 상

중국의 유토피아 사상은 고대부터 내려온 대동(大同)사상3)에서 찾아볼 수 있다. 대동사상은, 시대와 학파에 따라 그 주장하는 내용에 다소의 차이가 있으나 대체적으로 학정과 압제가 없고, 토지공유제에 기초를 둔 생산 및 분배상의 평균주의에 의해 재화(財貨)를 사적(私的)으로 저장할 필요가 없으며, 노인이 편안한 여생을 보낼 수 있고 과부와 홀아비, 그리고 병든 자도 모두 부양을 받는 복지사회 건설을 지향한다는 공통점을 지닌다.

『예기(禮記)』의 예운편(禮運篇)에 묘사된 대동사회는 다음과 같다. 즉, "대도(大道)가 행해지면 천하에 공의(公義)가 구현된다. 현자를 뽑고 능력 있는 사람에게 (관직을) 수여하며 신의와 화목을 가르친다. …… 노인으로 하여금 (편안한) 여생을 보내게 하며 장년(壯年)에게는 일할 여건이 보장되고 어린이는 길러 주는 사람이 있으며, 과부와 홀아비를 돌보며 병든 자도 모두 부양받는다. …… 재화(財貨)가 땅에 버려지는 것을 싫어하지만 반드시 자신이 (사적으로) 저장할 필요가 없다. …… 이런 상태를 대동(大同)이라 한다(大道之行也 天下爲公 選賢與能 講信 修睦 故人不獨親其親 不獨子其子 使老有所終 壯有所用 幼有所長 矜寡孤獨廢疾者皆有所養 男有分 女有歸 貨惡其弃於地也不必藏於己 力惡己不出於身也 不必爲己 是枯謀閉而不興 盜竊亂賊而不作 故外戶而不閉 是謂大同)." 오늘날 모든 사회가 추구하는 복지사회의 이상형이 대동사회에서 그려진 것이다.

서방 세계에서는 오늘날 중국의 대동사상을 공산주의 사상에 다름 아닌 것으로 단순화시킨다. 그러나 중화인민공화국에서는 좀 더 정치(精緻)하게 대동사상을 과학적 사회주의와 결합시켜 중국 특유의 사회주의 건설 운동으로 승화시키고 있다.

선진(先秦) 시대 이후 다양한 경로로 발전해 온 대동사상은 한(漢)나라 이후, 무위(無爲), 무욕(無慾), 무사(無私)를 강조하는 도가(道家) 사상 계열과, 인정(仁政)과 정전제(井田制)를 중심으로 왕도정치(王道政治)를 강조하는 유가(儒家) 사상 계열로 종합·절충되는 경향을 보인다(陳正炎·林其錟, 1985: 20). 대동사상은 유파별로 상당한 차이

3) 중국에서는 '유토피아'를 가리키는 말로 '유토피아'와 음과 의미가 유사한 오탁방(烏托邦, 존재하지 않은 나라)이라는 용어가 흔히 사용되고 있지만, 『예기』 '예운편'에 등장하는 '대동'이란 어휘로 '유토피아'의 개념을 표기하는 것이 더 일반적이다.

를 보이고 있지만, 진(秦)나라로 상징되는 학정과 압제에 대한 대안임을 강조하는 점에서 공통점을 보인다.

대동사회는 소강사회(小康社會)와 대비된다. '대동사회'와 대비되는 '소강사회'의 특징은 다음과 같다. "지금 대도(大道)가 숨고 천하는 (개인의) 가(家)가 되었다. 사람들은 각기 자신의 어버이만 어버이로 여기고 자신의 자식만 자식으로 여기며, 재화와 노동을 자기만을 위해 사용한다. …… 이런 상태를 소강이라고 한다"(陳正炎・林其錟, 1985: 122-123).

소강사회와 대동사회는 사유제(私有制)에 기반한 자본주의 사회와, 공유제(共有制)를 바탕으로 하는 사회주의 사회에 비유될 수 있다. 오늘날의 경제・사회 체제에서 양 극단에 위치한 자유자본주의 체제와 공산주의 체제의 특징이 그와 유사하다고 하겠다.

대동사회에서는 모든 재화와 부(富)가 사회 구성원 모두에게 공유되기에 "재화를 반드시 (사적으로) 저장할 필요가 없으며," 사회 구성원 모두는 사회의 '공동 이익'을 위해 노동한다. 이에 반해 사유제에 기초해 '천하를 가(家)로 삼는' 소강사회에서는 착취자와 피착취자 간의 계급적 분화와 대립이 필연적으로 발생하기에 착취자에 대한 증오와 반항으로 태업이 발생하게 된다. 결론적으로 말하면 대동사상은 경제적 측면에서 재산공유제를 지향하는 특징을 지닌다.

대동사상가들은 전체주의적 통제와 억압에 반대하며, 오리(汚吏)의 착취와 악정에 반대한다는 공통점을 지녔다. 그러나 대동사상에는 주권재민(主權在民) 사상이 없다는 측면에서, 오늘날의 자유민주주의 사상과는 본질적 차이가 있다고 하겠다. 비록 일부 극단적 주창자들이 군주도 관리도 없는 일종의 무정부 사회를 이상으로 제시하고 무군론(無君論)・허군론(虛君論)을 통해 관료기구에 자율적 행정권을 부여할 것 등을 주장하기도 하나, 대부분의 대동사상은 군주를 정점으로 한 신분적 계층구조를 이상사회로 상정하고 있다는 점에서(陳正炎・林其錟, 1985: 24), 오늘날의 민주정치 체제와 근본적 차이를 나타낸다고 하겠다.

고대 중국의 사상가들도 플라톤 등과 마찬가지로 무사적(無私的) 공복자 상(公僕者像)을 강조했다. 즉, 일단의 대동사상가들은 대부분의 사회적・정치적 갈등과 분쟁이 권력과 부의 특권적 배분 장치에서 비롯되는 것으로 생각해, 심지어 군주(君主)의 자리조차 '특권이 없는' 공복(公僕)의 자리로 만들어야 한다고 주장했다.

대부분의 대동사상가가, 관료조직이 권력과 부의 특권적 배분 장치로 기능하는 것을 방지하는 데 깊은 관심을 가졌다는 점은 오늘의 정치사회에도 많은 시사점을 준다.[4] 그러나 현실에서 권력을 장악한 엘리트 집단에게 이러한 무사적(無私的) 공복상(公僕像)을 기대하는 것은 환상일지도 모른다.

제3절 중세의 토머스 모어가 그린 유토피아의 공직자 상

토머스 모어(Thomas More, 1477~1535)가 쓴 『유토피아(*Utopia*)』(1516)를 올바로 이해하기 위해서는 우선 그가 살아온 시대적 배경을 살펴볼 필요가 있다. 모어가 살던 15~16세기의 영국 사회는 울타리치기(enclosure)[5] 운동으로 인해, 그동안 농민들이 공동으로 이용해 왔던 공유지(共有地, common land)에서 쫓겨나 유랑민 신세로 전락, 하층민의 빈곤이 만연했던 사회였다. 이러한 사회상을 유토피아에서는 "양이 사람을 잡아먹는다"고 묘사하고 있다. 모어는 이러한 부조리에 맞서 서민과 약자의 편에서 사회적·법적 정의를 구현코자 치열한 삶을 살아오다 반역죄로 처형된 인물이다.

이 같은 사회적 환경 속에서 살아온 모어가 '사유재산 제도의 폐지'를 주창한 것은 당연하다고 하겠다. 모어가 그린 유토피아는 사유재산이 없고 모든 것이 공동체 구성원 모두의 소유인 사회로 묘사되고 있다. 유토피아의 주민들은 자신들이 필요로 하는 물건을 각자 시장에 가서 필요한 만큼 가져다 쓰면 된다. 그곳에서는 모든 것이 공평하게 분배되기에 빈부 격차 자체가 발생하지 않는다. 따라서 구성원 개개인은 아무것도 소유하지 않으면서도 부자이며, 자신은 물론 후손들까지 의식주를 포함한 생활의 전반을 걱정하지 않아도 되는 사회다. 이와 같이 모어가 그린 유토피아는 개인의 현재와 미래를 국가가 모두 책임져 주는 진정한 복지사회로 묘사되고 있다. 모어

---

4) 정부의 역할을 둘러싸고 정부와 관료들이 기본적으로 지배집단(ruling class)의 이익에 봉사한다는 마르크스 류의 이론과, 때에 따라 '중립적 심판자(neutral referee)' 역할을 하기도 한다는 다원론자들의 주장이 갈린다.

5) 엔클로저 운동은 모직물에 대한 수요가 늘어나자 영국의 지주들이 양치는 목장의 확보를 위해 미개간지·공유지 등 공동 이용이 가능한 토지에 울타리를 쳐 사유화한 것을 말한다. 이로 인해 농지에서 쫓겨난 농민들의 실업과 이농(離農), 농가의 황폐화, 빈곤의 증대가 만연하게 되었다.

의 '유토피아'가 '사회주의적' 이상사회로 이해된 이유가 여기에 있다. 19세기 이래 전 세계적으로 확산된 이상적 사회주의 운동('utopian socialist' movement)은 모두 그 사상적 뿌리를 모어의 '유토피아'에 두고 있다고 얘기할 수 있다.

그러나 일부 후대의 사상가들은 모어의 다음 글을 인용하면서, 그가 공산주의 경제 체제를 부정하고 있다는 점을 강조한다. "내 생각에는 모든 것이 공유되는 곳(where all things are in common)에서는 사람들이 잘살 수가 없다. 모두가 일하기를 멈추는 곳에서 어떻게 물자가 풍부할 수 있겠는가? 이득(gain)의 희망이 없으면 사람들은 자극을 받지 못하고, 다른 사람들에게 의지하려 하며, 게을러질 것이다"(Adams, 2010: 29).

중세의 모어도 플라톤과 마찬가지로, 공직자들이 그 자신과 친지들의 이익을 고려하거나 재산에 대해 가치를 둬서는 안 된다고 강조하면서 공직자는 재산을 포기해야 한다고 주장했다.

제4절 정치 · 행정학의 고전 문헌에 묘사된 공직자 상

호지킨슨(Christopher Hodgkinson)은 고대 그리스에서 마키아벨리에 이르기까지 서양 고전에서 공직자 상이 비관적(pessimistic)으로 그려지고 있다고 지적한다. 그는 공직자들이 고전에서 권력 추구적(power-seeking)이고, 성공 지향적(success-oriented)이며, 잔혹하고(ruthless), 공격적이며(aggressive), 부도덕하다(amoral)는 등의 수식어로 묘사되고 있다고 주장한다. 특히 플라톤의 『공화국(*Republic*)』에서 '돋보이기는 하나 잔솜씨로 처리한 것뿐인 기술(tour de force)'로 묘사된 것은 '압도적인 냉소(overriding cynicism)'의 증거라고 지적한다.

호지킨슨은 그러나 근대 문헌에서는 공직자에 대한 이러한 회의적(scepticism) · 부정적(negativity) 시각이 사라졌다고 주장한다. 특히 신공공관리론(new public administration) · 신공공서비스론(new public service) 등의 이론이 널리 확산된 최근 수십 년 동안에는 공공봉사자로서의 '공복자 상'이 크게 강조되고 있다.

호지킨슨은 그의 연구 결과물을 실은 저서 『행정철학을 향하여(*Towards a Philosophy*

of Administration)』에서 행정관의 성격적 특징을 다음과 같이 소개하고 있다(Hodgkinson, 1978: 19).

높은 출세지향성(highly mobile)을 지닌 사람−아주 강한 개인적 야망을 가진 사람−은 권력 있는 지위(positions of power)에 마음이 끌린다. 높은 성공의 계층 사다리에 오르기 위해서는 냉혈적인 행동을 하거나 결정을 내릴 필요가 있다. 그는 '꼭 필요한 사람(right people)'과의 오찬을 위해 반드시 가야 할 때도 있을 것이다. 때로는 친구라도 지나쳐 버려야 한다. 경우에 따라서는 직무 수행이 불량한 사람을 해고시켜야 할 때도 있을 것이다. 무능한 사람의 갈망과 열망은 흔히 무시되어야 한다. 강한 개인적 야망을 갖거나 유별나게 목표에 강한 집착을 가진 사람을 제외한 대부분의 사람은 이러한 유형의 행동에 어려움을 느낀다. 결과적으로 높은 출세지향성을 가진 많은 사람은 자기 선택에 의해 조직 사다리의 상층부로 올라간다(Simon, Smithburg, & Thomson, 1950: 395).

CHAPTER 05

행정의 기저 사상

이윤(利潤)이라는 명확한 판단 기준이 있는 사영역(私領域)의 일과는 달리 공공 부문의 일은 그 성격과 추구하는 가치가 상대적으로 덜 명확하다. 미시적 차원에서 가치 증진 여부를 '측정'하고자 할 때는 그 어려움이 더해진다.

공직의 기저 사상은 공공 부문을 통해 증진하고자 하는 기본 가치와 관련된 사상적 뿌리로 규정할 수 있다. 공직의 기저 사상은 다양하게 분류될 수 있을 것이다. 여기서는 공직의 기저 사상을 공리주의, 자유주의, 평등주의, 그리고 공동체주의로 나눠 살펴보고자 한다.

제1절 공리주의

1 공리주의 개관

공리주의(功利主義, utilitarianism)는 일체의 가치 판단 기준을 효용(utility)에 두는 철학 사상을 말한다. 즉, 특정한 행위의 옳고 그름은 그 행위의 영향을 받는 사람들의 행복을 늘리는 데 얼마나 기여하는가 하는 효용성에 따라 결정된다고 보는 윤리학설을 말한다. 공리란 관련된 사람들에게 쾌락과 행복을 발생시키거나 고통과 불행을 제거하는 사물의 성질을 말한다. 이러한 공리주의의 원칙은 개인의 행위뿐만 아니라 정부 시책의 평가 시에도 적용된다. 즉, 공리주의는 개인적인 행복주의를 토대로 해서 사회는 무엇보다도 개인적 쾌락의 증대에 기여해야 하며, 인간에 관한 것은 무엇이든 공리의 원리를 바탕으로 해서 평가되어야 한다는 것이다.

생각해 보기

'공리주의' 관련 '생각해 보기' 과제

(1) '우는 아이 딜레마(crying baby's dilemma)'

공직의 기저 가치 가운데 하나인 공리주의와 관련된 토론 과제로는 널리 알려진 '우는 아이 딜레마'를 들 수 있다.

'우는 아이 딜레마'는 전시 상황을 맞아 적군이 진격해 오자 한 마을 주민 다수가 동굴로 피신해 있는 상황에서 한 갓난아기가 갑자기 울음을 터뜨려 피난민 전체가 위험에 빠지게 된다는 상황을 가설적으로 설정한다. 논점을 좀 더 뚜렷하게 하기 위해 갓난아기의 입을 막아 질식사시키는 방법 이외는 다른 해결책이 없다는 가혹한 조건을 덧붙이기도 한다. 이때 마을 주민의 안전을 책임진 공직자가 취할 수 있는 선택지는, 공리주의적 판단 이외에는 달리 없어 보인다.

'우는 아이 딜레마'의 논쟁 구조는 더 많은 수의 사회 구성원을 구하기 위해 한 사람 또는 소수의 (무고한) 사람을 희생시켜도 좋은가 하는 철학적 논점으로 단순화될 수 있다. 일반적인 사회 구성원들 다수는 공리주의적 판단에 의거해 단순하게 철학적·심리적 갈등을 해소하고자 한다. 공리주의적 판단 구조로 훈련된 공공 부문 종사자들은 더더욱 그러하다. 그러나 잘사는 다수(well-being of many)를 위해 소수의 권리를 희생시키는 것이 정의로운가 하는 질문으로 바꿔 생각한다면 그렇게 간단한 문제가 아니게 된다.

(2) '폭주하는 트롤리(runaway trolley)' 사례도 공리주의의 관점에서 접근할 수 있다. 내리막길을 마구 달려 내려오는 트롤리에 한 사람이 타고 있는데 트롤리의 방향을 틀지 않으면 그 앞에 있는 다섯 사람이 치여 죽게 될 상황에 놓여 있다고 가정하자. 트롤리를 길 옆 낭떠러지로 밀어 버리거나 강 밑으로 떨어지게 만들어 다섯 사람의 목숨을 구할 수 있다면, (무고한) 한 사람을 희생시켜 다섯 명의 목숨을 구하는 것이 도덕적으로 허용될 수 있는 행위인가? 공리주의적 판단에 근거하는 대부분의 현실적인 사람들은 "예"라고 답할 것이다.

(3) '테러리스트 아들의 고문' 사례 또한 공리주의적 관점에서 접근할 수 있을 것이다.

한 테러리스트가 수만 명이 운집한 공설운동장에 시한폭탄을 설치했는데, 수사 당국이 테러리스트로부터 관련 정보를 획득하기 위해 그의 미성년자 아들을 데려와 '고문'을 하거나 고문의 위협을 가하는 것이 윤리적으로 정당한가 하는 문제가 그것이다. 현실성이 떨어지는 가설적 상황의 논쟁에서는 책임감이 실리지 않은 의견이 쉽게 개진될 수도 있을 것이나, 이러한 가설적 상황은 현실 세계에서 언제든 일어날 수 있다.

2014년 12월, 파인스타인(Dianne Goldman Berman Feinstein, 1933~2023) 미국 상원 정보위원장은 미국 중앙정보국(CIA)의 고문에 관한 미국 상원 정보위원회 보고서(Committee Study of the Central Intelligence Agency's Detention and Interrogation Program), 약칭 CIA 고문 보고서(CIA Torture Report)를 발표했다. 6,000페이지에 달하는 이 보고서는 2001~2006년 사이 유럽과 아시아의 비밀 시설 등에 수감된 알카에다 대원 등에게 자행된 CIA의 고문 실태를 구체적으로 담고 있다. 이 보고서는 주로 CIA에서 나온 문서, 전보, 이메일, 기타 자료 6백만 페이지에 기초해 만들어졌다.

당초 이 보고서와 관련된 상황은 2007년 12월 『뉴욕타임스』의 한 기사로부터 비롯되었다. 이 신문은 당시 미 중앙정보국이 알카에다 소속 테러 용의자 2명에게 고문을 가하는 장면을 담은 비디오테이프를 2005년께 파괴해 증거 인멸을 기도했다고 폭로했다. 미국 상원 정보위원회는 곧바로 중앙정보국과 조지 부시 행정부에 관련 자료의 공개를 요구했으나 거절당했다.

상황은 버락 오바마(Barack Hussein Obama, Jr.) 행정부가 출범한 2009년 초부터 바뀌기 시작했다. 오바마 대통령은 취임 첫날 중앙정보국의 국외 비밀수용소 폐쇄와 고문 금지를 명하는 행정명령(Executive Order)에 서명했다. 그렇지만 오바마 행정부는 9·11 테러 이후 불법 구금·고문 실태에 대한 전반적인 조사에 나서는 데는 주저했다. 오바마 대통령은 그러나 자신이 보고서 작성을 주도하지는 않았지만, 보고서 공개에는 반대하지 않았다. 그는 보고서 발표에 즈음한 성명에서 즉각 보고서 공개를 환영하고 고문 금지를 약속했다. 오바마 대통령은 이날 성명에서 "CIA의 가혹한 심문 기법은 미국과 미국민의 가치에 반하는 것"이라며 "그게 내가 취임하자마자 고문을 금지한 이유이고, 이런 방법이 발붙이지 못하도록 대통령으로서의 권한을 지속적으로 행사할 것"이라고 강조했다.

이 보고서의 발표는 미국 정가에 적지 않은 갈등을 불러일으켰다. 당장 전임 부시 전 대통령은 CNN 인터뷰에서 "CIA 직원들은 애국자들"이라며 CIA를 옹호했고, 딕 체니 전 부통령도 10년 전 이뤄진 CIA의 행위에 대해 "완전히 전적으로 '정당화'될 수 있다"고 강조했다. 또한 CIA는 상원 정보위 보고서에 맞서 자신들의 '정당성'을 입증하는 내용을 담은 별도 보고서 공개를 준비하는 것으로 알려졌다.

당장 존 브래넌 CIA 국장은 과거 실수를 인정했지만, 이 같은 고문이 없었다면 오사마 빈 라덴의 은신처를 찾지 못했을 것이라고 하면서 "자체 검토한 바로는 혹독한 조사를 통해 실제 테러 계획을 좌절시키고 테러리스트를 체포해 미국민의 생명을 구하는 데 실질적 도움이 되는 정보를 생산했다"고 주장했다. 그러나 『뉴욕타임스』는 "보고서는 은신처 발견에 결정적인 역할을 한 빈 라덴의 연락책 아부 아흐메드 알 쿠웨이티에 대한 대다수의 첩보가 CIA의 고문과는 무관한 다른 정보 채널로부터 습득한 것이라고 지적했다"고 반박했다.

오바마 대통령은 이 보고서 처리와 관련해, 고문 관련 책임자들의 처벌까지는 검토하고 있지 않다고 하면서 보고서에 관한 판단을 역사에 맡기자고 함으로써 결국 갈등이 잦아들게 되었다.

(4) 또한 전쟁이라는 급박한 상황에서 발생한 사건이긴 하나, 영국 해군의 프랑스 함대 침몰 사건과 링컨 대통령의 도시 초토화 명령 사례도 공리주의의 입장에서 접근할 수 있을 것이다.

제2차 세계대전 당시 프랑스가 나치 독일에 굴복했을 때 처칠(Wiston S. Churchil)은 프랑스 함대가 독일군에 넘어가지 못하도록 침몰시키라고 영국 해군에 명령했다. 처칠의 결정은 불과 10분 만에 1,297명의 (무고한) 프랑스 군인들을 죽인 정치적 살인 행위였다. 그러나 드골(Charles de Gaulle)은 독일의 해군력 증강을 막기 위한 처칠의 명령을 이해했고 그를 비판하지 않았다.

한편 위대한 정치지도자로 칭송받는 미국의 링컨 대통령도 남북전쟁 중 남부의 저항의지를 꺾을 목적으로 셔먼 장군이 조지아 주를 대대적으로 공격하도록 허락했다(이종수, 2017b). 처칠의 프랑스 함대 침몰 명령 및 링컨의 도시초토화 명령과 같은 사례도 공직의 기저 가치인 공리주의와 관련된 주제로 이해할 수 있을 것이다.

공리주의는 가지 각색의 대상이 인간에게 주는 기쁨을 동일한 기준으로 환원할 수 있다고 하는 전제에 입각하고 있다. 예컨대, 시와 빵은 본래적으로 이질적인 기쁨을 준다. 어느 쪽이 공리가 큰가는 기준에 따라 다르다. 그러나 공리주의는 그것을 잴 수 있다고 생각하는 것이며 나아가서 모든 인간이 같은 기준에 따라서 생각하는 것이다. 이것은 상품 경제를 그대로 윤리화한 것이다.

자본주의 사회에서는 시나 빵도 일정한 가격으로 팔린다. 사람들은 그 가격에 의해서 그것이 인간에 대하여 갖는 가치를 측정하는 것이다. 이렇게 보아서 공리주의란 실은 가격을 쾌락과 고통이라고 하는 인간적인 기준으로 대체한 것에 불과한 것이다. 그러나 쾌락과 고통이 문제로 되는 한에 있어서는 공리를 감득(感得)하는 주체는 더욱 명확해진다. 공산주의 이론가인 마르크스는 최대 다수의 최대 행복이라는 공리주의적 인간관 관점을 지지했지만, 공리주의가 내포한 자본주의 원칙에 대해선 비판했다.

마르크스는 자본주의 시장 사회에서 자유롭게 이뤄지는 거래에서 '쾌락'을 찾는 것은 어리석다고 판단했다. 거래의 속성을 전제로 하고 거래에 대해서 연역적으로 추론해볼 때, 거래에 참가한 사람은 서로 상대적인 쾌락을 느꼈지만, 그것은 한정된 쾌락이고, 절대적이고 무한한 쾌락은 결국 노동으로 인해 파급된 상품의 양, 그리고 그것을 사용할 수 있는 능력에 따라 주어진다. 그러나 자본주의 사회에선 다수의 노동자가 자신이 노동한 만큼 상품의 양(또는 재화)을 분배받지 못하며, 잉여가치를 뽑아내는 용도로 착취당한다. 이러한 상태가 계속되면 쾌락은 하나의 개인에게 쏠리게 되어 있다.

사회 전체로 볼 때, 이러한 잉여가치 착취 행위가 생산물의 양을 더 많이 뽑아낼 수 있는 '무기'와 같다고 추론한다면 생산물들을 단순히 더 많이 파급시키는 자본주의가 공리주의적 인간관 실현에 맞는 체제라고 주장할 수 있지만, '생산품의 총량' 그 자체는 인류의 쾌락 증진에 도움을 주지 못한다. 이것이 분배되어서 사용을 할 때라야 비로소 쾌락이 증진되는 것이다. 자본주의 사회에서 고질적으로 나타나는 잉여가치 독식에 대해 이해를 하지 않고 오직 자본주의적 경제 구조를 '쾌락 증진을 극대화할 수 있는 체제'라고 믿는 것은 이러한 점에서 치명적인 오류를 갖는 것이다. 마르크스는 '공리주의'는 최대 다수의 행복을 주장하면서, 자본주의 법칙을 절대화하는 결함을 갖고 있다고 판단했다.

공리주의는 벤담(Jeremy Bentham, 1748~1832)에 의해 창시된 것으로 알려지고 있다. 그러나 공리주의 사상의 뿌리는 벤담 이전의 홉스(Thomas Hobbes, 1588~1679)와 흄(David Hume, 1711~1776)까지 거슬러 올라간다. 공리주의의 원리는 특히 흄에 의해 최초로 명백해졌고, 이를 바탕으로 영국의 철학적 급진주의(philosophical radicalism)[1]가 구축되었다. 흄은 인간이 추구하는 목적은 이성(理性)이 아니라 효용(效用)에 의해 결정된다고 봤다. 그는 즉, 인간은 쾌락을 추구하고 고통을 회피하려고 하는 바, 이 원리는 모든 사람에게 적용된다고 본다.

공리주의에 의하면 도덕적으로 가장 옳은 행위는 공리를 최대화하는 행위다. 근세 영국에서 발달한 공리주의는 사회 전체의 공중적 쾌락과 효용성을 강조한 사회사상이라는 점에서, 개인 차원에서의 인생의 궁극 목적을 행복 또는 쾌락에서 찾은 그리스의 쾌락주의(epicurianism)와 다르다. 즉, 고대 그리스의 쾌락주의자들은 개개인의 쾌락을 목적으로 삼은 데 반해, 근세 영국에서 발전한 공리주의는 '사회 전체의 쾌락'을 강조했다는 점에서 다르다. 따라서 근대 영국에서 벤담 등에 의해 주창된 공리주의는 영국의 전통적인 경험주의 기반 위에 18세기의 합리주의 사상이 결합되어 탄생된 근대적 쾌락주의라 할 수 있다(김항규, 2009: 271).

벤담의 본래 의도는 입법의 기준을 연구하는 데 있었다. 그는 법률은 "최대 다수의 최대 행복"이란 기준에 부합되도록 제정되어야 하며, 그것은 국민이 선출한 입법의회에 의해 제정되어야 한다고 봤다. 그의 "최대 다수의 최대 행복" 원칙에서 '자유방임'의 원칙이 도출된다. 사회 구성원 각자는 자신의 이익에 대한 최선의 판단자인 바, 행복의 추구는 각자의 판단에 맡겨야 한다고 벤담은 생각했다.

이 점에서 벤담의 생각은 스미스(Adam Smith, 1729~1790)의 그것과 일치한다. 정치사상 체계의 기초를 공리주의에 둔 벤담은, '최대 행복의 원리'를 주창하는 입법가의 사명은 개인이나 사익을 초월한 공정한 입장에서 국가 전체의 목적을 실현하도록 법을 제정하는 것이라고 믿었다. 즉, 그는 인간을 이기적 존재로 파악하고 있으나, 개인

1) 철학적 급진주의는 19세기 영국에서 벤담과 제임스 밀(James Mill, 1773~1836) 등의 사상에서 영향을 받아 사회개혁을 추구한 사람들의 신조와 운동을 가리키는 용어다. 벤담이 살았던 18세기 영국 사회는 평민 대 귀족, 선거권자와 비선거권자 간에 온갖 형태의 독점, 불평등 등이 만연했던 시기였다. 이때 공리주의가 내세운 '최대 다수의 최대 행복(the greatest happiness of the greatest number)'이란 표어 속에는 날카로운 비수가 감춰져 있는 무서운 혁명적 사상이었다. 공리주의가 철학적 급진파로서 특히 당시의 특권층에 의해 적대시되었던 것은 이 때문이다. 벤담의 이 표어는 '평등'을 앞세우지 않고도 평등이 실현될 수 있는 근거를 제공함으로써 인류의 진보에 위대한 공헌을 한 것으로 평가될 수 있다(하기락, 1987: 275).

의 이기적 심성이 국가 전체의 안녕질서를 깨뜨려 공익을 해치지 않도록 하는 것이 입법의 기본 목표라고 생각했다(김태길, 1986: 98).

이기적인 개인의 조화가 인위적인 실정법을 통해 가능하다고 본 벤담의 사상은 『도덕 및 입법에 관한 원리 서설(*Introduction to the Principles of Morals and Legislation*)』(1789)에서와 같이 당초 민주주의를 지향하는 것은 아니었다. 즉, 인민의 자유를 확대하려고 의도한 것은 아니었다.

벤담은 '최소한의 정부'를 요구한다. 정부의 공직자가 국민에 대해 명령하고 간섭하게 되면 모든 일을 망치게 된다고 그는 생각했는데, 벤담의 이러한 생각이 초기 자유방임주의의 싹을 틔우게 된 것이다.

그러나 벤담이, 공리의 원리 자체가 정부 권력을 제한하는 것을 내포하고 있고, 정부가 책임적이기 위해서는 정권이 주기적으로 평화롭게 교체되어야 한다고 본 점에서는 민주 지향성을 지닌 것으로 볼 수 있다. 벤담은 국가가 그 존립 목적인 '최대 다수의 최대 행복(the greatest happiness of the greatest number)'보다 권력자 스스로의 행복을 추구하는 데 급급하고 있다는 측면에서 정치개혁의 필요성을 강조하면서, 공리주의의 실현은 정치 개혁에 의해서만 가능하다고 봤다(정인흥, 1985: 327-329).

최선의 정치는 지배자의 이해와 피지배자의 이해가 일치하는 데 있다.

2 밀의 진화된 공리주의

고전적 공리주의를 집대성한 존 스튜어트 밀(John Stuart Mill, 1806~1873)은 공리주의가 기본 개념으로 삼는 '효용성(utility)'이 다름 아닌 '쾌락(pleasure)'을 의미한다는 것을 강조한 다음, "쾌락 및 고통으로부터의 해방이 바람직한 유일한 목적"이라고 밝힌다(Mill, 1957: 10). 따라서 어떤 행위가 옳으냐 그르냐 하는 문제는 그 행위가 쾌락 또는 고통을 어느 정도 조장하는가에 의해 결정된다는 것이다.

밀은 선악(善惡)의 척도로서 쾌락이 개인적인 것이 아니라 사회 전체의 그것이라는 벤담의 생각에 동의한다. 고대 그리스의 쾌락주의가 개인의 쾌락을 목적으로 삼은 이기적 쾌락설이었던 데 비해, 근세 영국의 공리주의자들은 사회 전체의 공중(公衆)적 쾌락을 역설했다는 점에서 큰 차이를 지닌다. 그러나 벤담은 사람들이 그 자신의 희생을 무릅쓰고 사회 전체의 쾌락을 추구하는 본능적 경향이 인간에게 일반적으로 있다는 점을 논증하지 못했을 뿐 아니라 벤담 자신도 믿지 않았다.

물론 밀도 사람들이 각자의 이익을 추구하지 않고 전체의 이익을 도모해야 할 이유 또는 의무가 어디 있느냐 하는 문제와 관련해서 논리적으로 만족스러운 답을 주지 못한다. 밀은 그의 『공리주의(*Utilitarianism*)』(1957) 제3장에서 인간이 사회적 동물이라는 점과, 인간이 사회적 동물이라는 사실에서 파생된 인간의 감정-'양심' 또는 '인간애'로 부를 수 있는 감정-두 가지를 인간적인 특색으로 지적한다(김태길, 1986: 96-105). 다시 말해, 밀은 사람들이 최대 다수의 최대 행복이란 원리에 따라 공중(公衆)의 행복을 도모하는 것은 순전히 자신의 이익만을 추구하는 동기에서 나오는 행위가 아니라 선행을 하라는 내면으로부터의 명령에 따르기 때문이라는 것이다.

밀은 인간이 천성적으로 사회적 존재임을 강조하면서, 그 사회성은 "인류가 야만의 상태로부터 멀어질수록 점점 더 강화된다"고 주장한다(Mill, 1957: 40). 밀은 이어 인간이 사회적 존재인 까닭에 서로 협조하고 모든 사람의 이익을 존중하는 기풍 위에서만 번영할 수 있다고 주장하면서 "동등한 사람들의 사회는 오직 모든 사람의 권익이 균등하게 존중되어야 한다는 이해의 기반 위에서만 존속할 수 있다"고 기술하고 있다(Mill, 1957: 40; 김태길, 1986: 105-106). 이 점에서 밀의 공리설은 벤담의 그것보다 논리적으로 한 걸음 더 나아갔다고 하겠다.

밀의 공리주의는 또한 쾌락에 질적 차이가 있다고 주장한 점에서 벤담의 그것보다 더 진화했다. 벤담은 쾌락은 모두 양적으로 계산이 가능하다고 보고, 선악의 시비를 오직 쾌락의 분량에 따라 판정하려 했다. 벤담에게 사회는 공리를 원칙으로 하는 개인의 산술적인 총화(總和)에 지나지 않는 것이었다. 개인은 그에게 원자적인 것이며, 사회는 하나의 의제적 통일체(擬制的 統一體, fictitious body)인 것이었다(정인흥, 1985: 326-327).

벤담의 이러한 논리 구조 속에는 그러나 쾌락의 분량을 측정하기가 쉽지 않다는 점과, 쾌락의 질적 차이를 무시한 윤리설이 사람들의 일반적인 가치 의식과 잘 조화되지 않는다는 난점이 남아 있다. 밀은 이러한 난점을 해소하기 위해 무엇보다 먼저 쾌락에 질적으로 높은 것과 낮은 것이 있다는 점을 강조한다. 다른 말로 하면 벤담은 모든 종류의 쾌락은 양적으로 계산 가능하다고 본 데 비해, 밀은 어떤 종류의 쾌락은 다른 종류의 쾌락과 다르기 때문에 같은 비율의 분량으로 환원해 계산될 수 없는 것이라고 벤담의 공리설을 수정한 것이다. 이리하여 밀은 쾌락이란 개념을 단순한 감각적 쾌락에서 정신적 쾌락으로까지 확대했다. 밀은 그의 『공리주의』에서 쾌락을 구하는 자연적 충동 외에 우리의 내면에 잠재하는 도덕적 의무감을 인정하고 있다. 그는 즉, 인간이 이기적 동기에 의해서만 움직이는 것이 아니라 그 내면에 도덕적 명령이 있다는 것을 인정한 것이다.

밀은 어떠한 쾌락이 질적으로 높은 것인지에 대해 다음과 같이 기술하고 있다. "두 가지의 쾌락 가운데서 그 두 가지를 모두 경험한 대부분의 사람이, 어떤 도덕적 의무감에서가 아니라 그 중 하나를 단연 선택한다면, 그것은 좀 더 바람직한(more desirable) 쾌락이다." 밀은 또한 그의 저서에서 "만족한 돼지가 되기보다 불만족한 인간이 되는 편이 낫다: 바보로 만족하기보다 소크라테스로 불만족함이 낫다"고 기술하고 있다(Mill, 1957: 12-14). 밀은 쾌락의 질적 차이를 주장함으로써 벤담의 공리설에 포함된 몇 가지 난점을 완화하는 데 성공한 것이다.

제2절 자유주의

자유주의(自由主義, liberalism)는 개인의 인격의 존엄성을 인정하며 타인에게 피해를 주지 않는 범위 내에서 개인의 경제적, 사회적 활동의 자유를 보장하려는 정치적 사상을 말한다. 즉, 자유를 최상의 정치 · 사회적 가치로 삼는 사회철학적 이념을 말한다. 자유주의는 서구의 계몽주의 시대에 기원을 두고 있지만, 용어는 시대와 지역마다, 사용되는 맥락에 따라 다른 의미로 사용된다. 역사적으로 자유주의는 자유를 보장하는 수단으로서 의회 · 행정부의 권력 분립을 점진적으로 도입 · 발전시키면서 민주주의를 채택했고, 권력 분립을 통한 자유의 지속적 신장을 목표로 하는 운동에 영향을 주었다.

미국 정치에 있어서 자유주의(liberalism)이라는 용어는 사회자유주의 및 이와 연관된 사상만을 특칭하는 용어로 쓰이는 경우가 많으며, 이 경우 고전적 자유주의는 자유지상주의(libertarianism)라는 표현으로 구분하기도 한다.

그 특징을 살펴보면 자유주의는 개인의 권리를 강조한다. 모든 사람은 존엄하고 평등하다는 인권, 성문법에 의하지 않고는 자유를 제한받지 않을 법의 지배, 견제와 균형이라는 권력분립을 통한 권력통제, 자유로운 경제 활동이 보장되는 시장경제 등을 특징으로 한다. 오늘날 자유주의자는 자유롭고 공정한 선거, 법에 의한 모든 시민들의 동등한 권리와 기회가 보장되는 민주주의를 지지하며 오늘날 민주주의가 도입된 상당한 나라에서 자유주의를 표방하고 있다.

고전적 자유주의 입장에 따르면 시장에서의 독과점 상태를 두고 시장에서 해소될 수 있는 것으로 인지하며 완전히 평등하고 자유롭게 경쟁할 수 있는 경제 체제를 목표로 한다. 이러한 경제 체제 안에서 추가적인 정부의 간섭을 부정하고 기업가의 자유로운 경제 활동과 개인의 재산권을 강조하며 경제를 자유로운 시장질서에 맡겨야 한다고 주장한다. 반면 사회적 자유주의 입장에 따르면 적극적 우대 조치, 공공 서비스, 대중교육, 고율의 누진세제 등으로 정부가 시장에 상당한 개입을 해야 한다고 말하고 정부가 실업자에게는 실업수당을, 무주거자들에게는 주택을, 아픈 사람들에게는 의료적 혜택을 주는 방식 등으로 충분한 복지를 제공하여야 한다고 주장한다. 이 주장은 북유럽 복지국가의 탄생에 큰 역할을 하였다. 한편 정부실패와 복지국가가 갖는 큰 정부로서의 비효율성을 비판하는 신자유주의 입장에 따르면 고전적 자유주의 입장과는 달리 정부의 규제를 최소화하고 시장에 더 큰 역할을 맡길 것을 주장한다.

자유주의라는 용어는 자유민주주의라는 맥락 속에서 더 널리 사용되는데, 이 단어의 의미상 정부의 권한은 일부 제한되고 시민의 권리는 법적으로 분명히 규정하는 민주주의를 가리킨다. 이것은 거의 대부분 서구의 민주주의에 적용되고 있고, 그렇기 때문에 자유주의 정당에만 관계를 맺고 있는 개념이라고 할 수 없다. 이것은 거의 대부분 서구의 민주주의에 적용되고 있고, 그렇기 때문에 자유주의 정당으로부터 폭넓게 확산되어 가는 개념이다.

러시아 출신의 아나키스트이자 혁명가인 바쿠닌(Mikhail Aleksandrovich Bakunin, 1814~1876)은 '자유의 본질'에 대해 다음과 같이 말한다. "자유, 자기 행동에 대해 제 자신의 양심 이외에는 아무것에 의해서도 재가(裁可)를 받지 아니함, 자기의 의지 이외의 아무것에 의해서도 자기의 행동을 결정하지 아니함, 따라서 자기의 행동에 대한 책임은 자기 스스로가 진다는 것, 이것은 인간으로서의 각 개인의 절대적 권리다"(하기락, 1987: 438).

자유주의는 각 영역에서 다양한 양상으로 발전해왔으며, 자유주의들마다 초점을 맞추는 영역에 따라 정치적 자유주의, 경제적 자유주의, 사회적 자유주의 및 문화적 자유주의 등으로 발전해 왔다.

정치적 자유주의는 개인이 사회의 기초가 된다는 사상으로 사회제도는 개인들을 위하여 존재해야 한다고 규정된다. 1215년 마그나 카르타는 국왕의 권리보다도 개인의 자유가 우선한다고 선언한 문서로, 정치적 자유주의가 발현된 대표적 사례다. 정치적 자유주의는 시민들이 직접 만들고 동의한 법을 바탕으로 한 사회계약을 강조한다. 이는 개인들에게 최선이 무엇인지를 가장 잘 아는 자는 바로 개인 그 자신이라는 믿음에 기초하고 있다. 정치적 자유주의는 성별, 인종, 경제적 지위와 무관하게 모든 시민에게 참정권을 주어야 한다는 내용을 담고 있다. 그리고 법의 지배와 자유민주주의를 강조한다. 오늘날 자유민주주의 국가인 대한민국은 사상과 언론의 자유를 적극 지지, 옹호하는 입장이다.

경제적 자유주의는 개인이 갖는 재산권과 계약의 자유를 강조한다. 무역의 장벽을 철폐하고 정부의 보조금 지원과 독점사업이 인정되지 않는 자유방임 자본주의를 지지한다. 경제적 자유주의자들은 시장에 대한 정부의 규제에 기본적으로 반대한다. 이들은 독점과 카르텔의 형성 원인은 정부 활동에 있다고 주장한다. 경제적 자유주의는 자유경쟁의 결과로 인한 결과의 불평등을 인정한다. 오늘날 세계화 논쟁의 한가운데에 있는 신자유주의는 경제적 자유주의의 한 형태로 분류할 수 있다.

사회적 자유주의는 19세기 말에 생겨난 사상으로 존 스튜어트 밀의 공리주의의 영향을 받았다. 이들은 사회주의의 일부 성과를 수용하여 정부가 사회적 문제 해결을 위한 권한을 사용하여야 한다고 말한다. 존 듀이(John Dewey, 1859~1952)나 모티머 애들러(Mortimer J. Adler, 1902~2001) 등의 설명에 의하면, 개인은 사회의 근본이므로 모든 개인은 교육, 경제적 기회, 거시적 위험으로부터의 보호와 같은 기본적인 인프라를 제공받아야 한다고 한다. 이러한 보장을 개인의 권리로 파악하는 것으로, 고전적 자유주의의 소극적 자유와 구별하여 적극적 자유로 파악한다. 학교, 도서관, 박물관, 미술관 등은 정부의 세금에 의하여 지원되어야 한다고 본다. 이러한 자유주의자들은 최저임금제, 반독점법 등과 같이, 시장에서의 경쟁 완화를 조금 인정한다. 또한 정부가 기본적인 복지를 시민들에게 보장하는 복지국가를 주창한다.

또한 문화적 자유주의는 자신의 양심과 생활방식에 따라 살아가는 개인의 권리라는 측면에 초점을 맞춘다. 성적인 자유, 종교의 자유, 사상의 자유, 정부로부터 사생활을 침해받지 않을 자유 등이 그 예이다. 문화적 자유주의는 일반적으로 문학, 예술,

학문, 도박, 성, 성매매, 동성애, 낙태, 피임, 술, 마약, 안락사, 담배 등에 대한 정부의 규제를 반대한다. 존 스튜어트 밀은 『자유론』에서 다음과 같이 자유를 규정하고 있다. "인간 사회에서 누구든–개인이든 집단이든–다른 사람의 행동의 자유를 침해할 수 있는 경우는 오직 한 가지, 자기 보호를 위해 필요할 때 뿐이다. 다른 사람에게 해를 끼치는 것을 막기 위한 목적이라면, 당사자의 의지에 반해 권력이 사용되는 것도 정당하다고 할 수 있다. 이 유일한 경우를 제외하고는, 문명사회에서 구성원의 자유를 침해하는 그 어떤 권력의 행사도 정당화될 수 없다."

생각해 보기

'자유주의' 관련 '생각해 보기' 과제

(1) [사설] 다보스 포럼에서 제기된 자본주의의 위기

21세기 들어 지구촌은 정치와 경제 양 측면에서 혁명적인 변화를 맞고 있다. 여전히 각국을 지배하고 있는 20세기형 정치, 경제 시스템이 21세기의 급격한 사회, 문화적 변화를 반영하지 못하고 있기 때문이다. 변화의 징표들은 정치 쪽에서 먼저 나타나기 시작되었다. 대부분의 나라에서 정치 지도자들은 리더십을 잃어가고 있다. 무슬림 지역에서도 '재스민 혁명'으로 일컬어지는 정치 체제의 변화가 나타나고 있다. 국민의 목소리가 반영되는 민주주의의 확산이 21세기 정치 시스템 변화의 중요한 방향이 될 것으로 보인다.

글로벌 경제 시스템의 변화는 현재 스위스 다보스에서 개최 중인 세계경제포럼에서 상징적으로 나타나고 있다. 세계 각국의 정치, 경제 지도자들이 참가하는 다보스 포럼의 올해 첫 토론 주제는 '20세기 자본주의는 21세기 사회에서 실패하고 있는가'였다. 미국 월스트리트의 탐욕에서 촉발된 글로벌 금융 위기, 이에 따른 유럽 등의 재정 위기, 그리고 각국에서 팽배한 극심한 빈부 격차 등 20세기형 신자유주의 체제에서 나타나는 이상 징후들을 국제 사회가 더 이상 외면할 수 없는 상황에 이른 것이다.

자본주의에 위기가 왔다고 해서 그 자체를 부정할 수는 없을 것이다. 21세기에 맞는 자본주의적 대안을 모색하는 것이 현실성 있는 일이다. 다보스 포럼의 창립자인 클라우스 슈바브(Klaus Schwab) 회장은 "나는 자유시장경제 체제의 신봉자이지만, 자유시장경제 체제는 사회를 위해 봉사해야 한다"고 강조했다. 무한경쟁 체제의 낙오자들을 적절하게 돌보지 못한 데서 위기가 왔다는 진단이다. 따라서 낙오자와 약자를 포용하는 것이

21세기형 자본주의의 중요한 방향이 될 것이다. 그런 체제를 우리 식으로 말하면 바로 복지 정책이다. 현재 정치권에서 벌어지는 복지 논쟁도 이 같은 맥락에서 이해할 수 있다. 그러나 정치적 논쟁만으로는 충분하지 않다. 자본주의 체제의 선봉에 서 있는 기업들의 인식과 역할이 중요하다. 빵, 커피, 떡볶이 등 골목 상권에까지 진출해 서민경제를 어지럽히는 한국 대기업의 행태가 21세기의 자본주의 시스템에 맞게 바뀌어야 하는 것이다(서울신문, 2012.1.27).

⇒ 다보스 포럼(Davos Forum: World Economic Forum)의 2012년도 회의에서 대부분의 참석자들은 승자독식의 시장자본주의(market capitalism)적 분배 방식은 그 역사적 수명을 다했다고 지적하면서 '경제적 공정성(economic fairness)'의 확립을 위해 정부가 더 적극적인 역할을 떠맡아야 한다고 주장했다. 이러한 주장을 '정부와 시장의 관계에 대한 관점의 전환'이라는 시각에서 생각해 봅시다.

(2) 친기업 정책과 친시장 정책

이명박 전 대통령은 취임 초부터 친기업(probusiness) 경제 정책을 표방했다. 후보 시절부터 기업하기 좋은 나라를 만들기 위해 당시 25% 수준이던 법인세율을 20%로 인하하고, 투자세액공제 제도[2]를 연장하며, 교통유발부담금 등 각종 준조세 항목을 정비하겠다는 공약을 내세웠다. 또한 출자총액제한 제도[3]를 폐지하고 공정거래법을 '경쟁촉진법'으로 전환할 방침임을 밝혔다.

우리는 여기서 친기업 정책과 친시장(pro-market) 정책은 구분할 필요가 있다. 친기업 정책은 자칫하면 정부와 기업의 유착 관계에 기반을 두는 특혜 경제 구조로 이어질 수 있다. 그러나 '공정 경쟁'을 핵심으로 하는 친시장 정책은 기술과 관리 능력이 뛰어난, 경쟁력 있는 기업의 생존 여건을 확보해 주는, 다른 말로 하면 경쟁이 작동하는 건강한 시장 환경을 만들어 주는 정책이라고 할 수 있다.

자본주의 경제 체제는 '경쟁' 메커니즘을 기반으로 한다. 생물진화론자들이 이종(異種) 및 동종(同種) 간 경쟁을 생물 진화(進化)의 주된 추동력으로 간주했듯이, 사회진화론자(social Darwinist)들도 '경쟁'을 사회 진화의 메커니즘으로 인식한다. 물론 진화론의 초기 다윈은 맬더스(Thomas Robert Malthus, 1766~1834)의 『인구론(*An Essay on the Principle of Population*)』에서 아이디어를 채용, '경쟁'을 진화의 주된 메커니즘으로 이해했으나, 그의 동시대인들 가운데는 '경쟁'이 아닌 '협력'을 진화의 메커니즘으로 본 학자들도 없지 않았다.

한 생명체나 특정 집단의 환경 적응력이 뛰어날수록 오래 살아남는다는 의미를 지닌 적자생존설은 그 뒤 사회공학자들에 의해 '사회적 제도' 설계의 한 원칙으로 차용되었다. 즉, 자연계 진화의 핵심 원리를 '경쟁'에서 찾은 사회공학자들은 이와 같은 생물종 진화

메커니즘을 사회 발전에 적용시키고자 한 것이다.

'경쟁'은 자연 세계에서뿐만 아니라 사회 체제에서도 종(種)의 발전에 긍정적 영향을 미친다. 경쟁은 인간 사회에 해로운 영향을 끼치기도 하나, 적응과 혁신의 계기를 마련해 준다. 20세기 초 미국에서 발전해 온 독점금지법(우리나라의 공정거래법)은 생물종의 진화・발전을 가져온 '경쟁'의 원리를 기업 생태계에 적용하고자 한 것이다.

자유 자본주의 사회에서는 정부가 민간 부문의 경제 활동에 대해 간섭하지 않을수록 '보이지 않는 손(invisible hand)'에 의해 경제가 지속적으로 발전할 것이라는 가정 하에 자유주의, 즉 정부의 불간섭 정책(nonintervention policy)이 주창된다. 특히 고전적 자유주의 경제학자들은 사익을 추구하는 개인과 기업들이 자유시장에서 자유롭게 경제 활동을 하게 되면 사회 전체의 이익이 최대한 증진된다고 주장한다. 이들은 자유시장경제가 원활하게 작동되도록 하자면 국가가 시장에 간섭을 해서는 아니 되며, 각 경제 주체가 시장에서 치열한 경쟁을 거치도록 내버려둬야 한다고 생각한 것이다.

공정거래 제도가 뒷받침되지 않고는 시장의 공정한 경쟁이 제대로 유지될 수 없다. 19세기까지만 해도 자유주의 경제학자들은 대기업에 의한 '독점'을 적자생존의 원리에 따른 '자연스러운 시장의 진화 과정'으로 이해했다. 그러나 오늘날 대부분의 경제학자들은 경제 사회의 건강한 발전을 위해 '독점'을 법적으로 규제, 경쟁을 촉진할 것을 주창한다.

물론 지나친 경쟁은 생태계뿐만 아니라 사회 체계에서도 적지 않은 부작용을 초래한다. 인간 사회에서의 과도한 경쟁은 공동체의 규범을 파괴하고 생산성을 떨어뜨리는 부작용을 초래한다. 소규모 단위 사회에서는 경쟁이 불필요할 뿐만 아니라 비효일적일 경우도 있다. 경쟁은 특히 경제 사회에서 자원과 노력의 낭비와 중복을 초래하기도 한다. 경쟁이 체제에 파괴적으로 작용하지 않도록 하기 위한 장치 가운데 하나가 공정 경쟁 제도다. 공정 경쟁은 한 공동체의 구성원들이 심리적 연대감을 유지하기 위해 필요불가결한 전제 조건이기도 하지만, 체제의 건전한 발전을 위한 진화의 기제(機制)로 작용하기도 한다(이종수, 2013a). 과도한 경쟁의 부작용을 내세워 경쟁의 제한을 주창하는 것은 명백하게 본말(本末)이 전도된 주장이다.

---

2) 투자세액공제 제도는 기업이 신기술 개발, 생산성 향상 등 특별히 투자를 촉진할 필요가 있는 사업 분야에 투자할 경우, 일정 비율의 금액을 산출세액에서 공제해 주는 제도다.

3) 출자총액제한 제도는 대규모 기업집단에 속한 회사는 순자산의 25% 이상을 다른 국내 회사에 출자할 수 없도록 규정한 제도를 말한다. 대기업의 계열사 확장을 통한 경제력 집중을 억제하고, 업종 전문화를 유도하며, 순환출자와 같은 간접적인 상호출자를 억제하기 위해 마련되었다. 1987년 이 제도의 도입 당시에는 순자산의 40%를 상한선으로 뒀다가 1998년 25%로 낮췄으며, IMF 구제금융 직후인 1998년 2월에는 규제 자체를 철폐했다. 그러나 제도 폐지 이후 부작용이 나타나자 1999년 다시 도입했다. 2007년 대규모 기업집단의 자산 규모를 6조 원에서 10조 원으로 늘리고 출자한도는 예전처럼 40%로 늘렸으나 2009년 3월 이명박 행정부가 들어서면서 다시 폐지되었다.

경제 사회의 건전한 발전을 위해서는 정부의 경제정책이 '친기업'이 아닌, '친시장'·'친경쟁'을 지향해야 한다. 걸핏하면 '친시장'·'자유주의 경제 체제'를 앞에 내세우는 우리나라 대기업들의 실제 행태는 '경쟁'을 제한하는 '독점'을 지향한다. 이들 대기업은 '국제경쟁력'을 앞세워, 시도 때도 없이 신규 진입을 막고 경쟁을 제한해 줄 것을 정부에 대해 노골적으로 요구한다. 이러한 행태는 '친기업적'일망정, 친시장·친자본주의적인 것은 결코 아니다. 시장에서의 경쟁의 제한과 특혜의 고착화는 대기업 등 소수 기득권층에 풍요로움을 가져다줄지언정 적지 않은 사회적 비용(significant social cost)을 발생함으로써 사회 전반에 부정적 영향을 미칠 수 있다.

마무리하면 한국 경제가 한 단계 더 성숙·발전하자면 경제정책의 기조가 '친기업'이 아닌 '친시장 '쪽으로 확고하게 자리잡아야 한다. '친시장' 정책의 핵심은 '경쟁'의 촉진에 있다.

(3) '민자 유치' 사업의 본 모습: 시정연 '우면산터널 교통량 예측' 04~11년 2배 차이

서울시가 지하철 9호선과 함께 또 다른 민자사업인 서초구 우면산터널에 대해 맥쿼리한국인프라투융자회사(맥쿼리인프라) 측과 2005년 실시협약을 갱신하기에 앞서, 시 산하 연구기관인 시정개발연구원(시정연)이 최소운영수입보장(MRG) 금액의 산출 근거인 예상 통행량을 지나치게 부풀렸음을 뒷받침하는 자료가 나왔다. 이명박 대통령이 서울시장이던 당시 시정연 원장은 백용호 현 대통령 정책실장이었고, 통행량 예측 연구 책임자는 황기연 당시 시정연 청계천복원지원연구단장으로서, 이 대통령의 서울시장 때 인맥인 이른바 '에스(S)라인' 인사들이다.

22일 시정연이 2004년 1월과 지난해 10월 두 차례에 걸쳐 분석했던 '우면산터널 통행량 추정' 결과를 비교하면, 2004년 보고서는 올해(2012년) 교통량을 6만 2,788대로 예상했으나, 지난해 보고서는 그 절반도 안 되는 2만 7,738대로 예측했다. 최소운영수입 보장이 끝나는 2025년 통행량은, 2004년 보고서는 7만 6,000대로 추정했으나 지난해 보고서의 예측은 3만 4,643대에 그쳤다. 2004년 보고서가 △2000년대 이후 인구 감소 추세, △2014년 강남순환도시고속도로 개통 등 주변 도로망 개선계획 등을 제대로 반영하지 못했다고 지난해 보고서는 분석했다.

두 자료를 분석한 강희용 서울시의원(민주통합당)은 "같은 연구기관이 같은 우면산터널을 조사한 통행량 추정치가 2배가량 차이가 나는 것은 2004년 보고서가 통행량을 과다하게 추정했다는 객관적 증거"라고 지적했다.

서울시가 맥쿼리인프라와 협약을 갱신하기 직전 해인 2004년 실제 교통량은 하루 평균 1만 3,886대에 불과했는데도, 2004년 보고서는 그해 예상 통행량을 이보다 4배가량이나 많은 5만 2,866대로 잡았다. 이는 맥쿼리인프라가 최대 주주(36%)인 우면산인프라웨이(주)와 협약을 갱신하는 근거가 되었다.

이에 따라 서울시가 '최소운영수입을 보장한 가운데 예상 통행량을 부풀리는 방법으로 맥쿼리인프라 등의 이익을 챙겨줬다'는 비판이 나온다. 통행료 수입이 예상 수입에 못 미치면 부족분을 보전해야 하는 최소운영수입 보장 조항 때문에, 서울시는 2005년 105억 원 등 지금까지 517억 원을 우면산인프라웨이에 건네야 했다(한겨레신문, 2012.4.23).

1 벤담 · 스미스 등에 의해 주창된 철학적 급진주의와 '자유방임주의'

자유주의(liberalism) 또는 자유지상주의(libertarianism)는 개인의 자유와 권리를 주요 정치적 · 사회적 · 경제적 가치로 삼는 정치철학적 관점을 말한다. 자유주의는 지난 4세기 동안 서구 문명을 이끌어온 대표적 사조(思潮)다. 17~18세기 로크(John Locke, 1632~1704)와 스미스(Adam Smith, 1723~1790) 등에 의해 정치적 자유주의와 경제적 자유주의로 발전해 온 고전적 자유주의는 오늘날 대부분의 선진 자본주의 국가에서 정치 · 경제적 제도의 이념적 바탕을 이루고 있다.

오늘날의 자유주의의 뿌리는 벤담 및 스미스까지 거슬러 올라간다. 앞에서 살펴봤듯이, 정부를 '필요악'으로 간주, '최소의 정부'를 '최선의 정부'로 생각한 벤담은 정부가 국민에 대해 일일이 명령하고 간섭하게 되면 모든 일을 망치게 된다고 주장한다. 벤담의 이러한 생각이 특히 정치적 자유주의의 싹을 틔우게 된 것이다.

자유주의가 영국의 새로운 정치철학으로서의 위치를 굳힌 것은 철학적 급진주의, 특히 벤담의 공리주의에 의해서였다. 초기 자유주의[4]로서의 철학적 급진주의는 시민적 정치이론으로서 시민의 정치 권력을 위한 정치이론이었다(Sabine, 1937: 620).

벤담은 젊은 시절 프리스틀리(Joseph Priestley, 1733~1804)의 『정부론(*Essay on Government*)』에서 "정치적 자유와 시민적 자유가 극대화된 그런 국가가 좋은 국가다. 왜냐하면 그러한 경우에 그 구성원 대다수의 이익과 행복이 보장되기 때문이다"라는 글귀에서 깊은 감명을 받고, 거기서 "최대 다수의 최대 행복"이라는 공리주의의 원리를 세우게 되었다(하기락, 1987: 272). 벤담은 이와 같은 관점에서, 존 스튜어트 밀(John

4) 초기 자유주의는 시대적으로 1870년대까지로 대체로 규정된다. 1870년대 이후의 후기자유주의는 이전 시대의 자유주의를 계승하면서도 그 의의를 수정하고 확대한 자유주의를 말한다.

Stuart Mill, 1806~1873) 및 18세기 프랑스 중농주의(physiocracy)[5]자들과 같이 자유방임주의(laissez~faire) 정부관을 갖게 되었다. 이것이 스미스의 경제이론과 더불어 초기 자유주의를 구축하게 된다.

벤담과 밀 등에 의해 대변되는 고전적 '자유주의'는 본질적으로 개인의 자유를 위협할 소지가 있는 정부의 권한 강화에 반대하는 반국가주의(antistatism) 교의를 지지하며, 역동성과 창의성의 발휘를 가능케 하는 자유시장을 선호한다. 자유주의 사상은 특히 정부가 민간 부문의 경제 활동에 대해 파괴적 간섭(destructive interference)을 하는 것을 체질적으로 반대한다. 고전적 자유주의는 정치적으로는 인권, 법의 지배, 권력 분립을 통한 권력 통제를 선호하며, 경제적으로는 민간 부문의 자유로운 경제 활동이 보장되는 시장경제 체제를 선호한다(이종수, 2013a: 177).

벤담은 정부에 대해 단순히 "입을 다물라(Be quiet)"고 충고한다. 정부 그 자체를 하나의 거대한 악(All government is itself one vast evil)으로 인식한 벤담은 국민의 부력(富力)을 증대시키기 위해서는, 특별한 이유가 없는 한, 정부에 의해 시켜지지 않고 계획되지 않는 것이 일반적 원칙이 되어야 한다고 생각했다(하기락, 1987: 273).

공리주의자들은 효용성을 도덕적 판단의 기준으로 삼는 '공리의 원리(principle of utility)'가 입법과 정치 등 모든 사회적 행위를 규율해야 한다고 주장한다. 공리주의는 쾌락과 행복을 추구하는 개인의 이기심을 전제하기에 일반적으로 경제적 자유주의를 뒷받침하는 것으로 이해되었다. 그러나 공리주의적 관점은 사회적 공리의 증대에 도움이 된다면 정부의 간섭과 부의 재분배를 위한 사회적 입법도 정당화될 수 있으며, 가부장적이고 강력한 중앙집권적 국가가 최대 다수에게 최대 행복을 가져다준다면 광범한 권력을 행사하는 독재적 국가도 수용될 수 있다고 본다는 점에서 반드시 자유주의 정치철학과 맥을 같이한다고 볼 수는 없다. 따라서 사회철학으로서의 공리주의 그 자체가 본질적으로 자유주의적이거나 반자유적인 것으로 볼 수는 없다.

공리주의가 자유주의적 성격을 갖게 된 것은 당시 널리 퍼진 자유방임주의적 시장경제 옹호론과 영향을 주고받았기 때문이다. 고전적 자유주의 경제학자들은 사익을 추구하는 개인들이 자유시장에서 자유롭게 경제 활동을 하게 되면 개인의 이익뿐만

---

5) 중농주의(physiocracy: 그리스어로는 'government of nature'를 의미함)는 18세기 후반 프랑스의 케네(François Quesnay, 1694~1774) 및 그의 제자들에 의해 형성된 경제학파를 말한다. 이 학설의 주창자들은 국가의 부(富)는 오로지 '토지 경작', 즉 농업 생산에서만 발생한다고 믿는다.

아니라 사회 전체의 이익도 최대한 증진된다고 주장했다. 애덤 스미스는 국가가 담당해야 할 임무를 외국으로부터의 침략의 방어, 국내 치안의 유지, 공익사업 등에 국한하고 그 외의 모든 일은 자유방임에 맡겨둬야 한다고 주장했다. 이들 자유주의자들은, 즉 시장경제가 원활하게 육성되도록 하자면 국가는 시장에 쓸데없는 간섭을 하지 않아야 한다고 생각해 제한정부(limited government)를 적극 옹호했다. 자유주의 경제학자들의 영향을 받은 벤담은 따라서 강력한 중앙집권적 정부를 지지하지 않았으며, 그의 철학은 민주주의적 자유주의를 지지하는 것으로 해석되었다(이종은, 2010: 121-122).

요약하면, 벤담도 스미스와 같이 경제 분야에서 정치 권력의 관여 없이 개인이 그들의 이익을 자유로이 추구하는 경우에 일반적 이익이 가장 잘 실현된다고 봤다. 벤담과 스미스의 이와 같은 관점들이 자유방임주의 사상의 뿌리를 형성하게 된 것이다.

벤담이 공리주의를 주창한 18세기 말 영국은 산업국가화란 커다란 사회적 변혁을 겪고 있었다. 정치적 영향력까지 확대하고자 한 산업적 시민의 요구는 그러나 지주계급에 가로막혀 있었다. 당시 영국의 대의제 정치 체제에서 제한선거(restricted suffrage) 제도[6]와 부패선거구(rotten borough)는 지주 계급으로 하여금 정치 권력을 독점하게끔 했다. 지주 계급은 귀족원(貴族院, House of Lords), 즉 상원뿐만 아니라, 오늘의 하원에 해당되는 서민원(庶民院, House of Commons of the United Kingdom)까지 지배하는 지배적 세력이었다. 서민원은 형식적으로는 평민 계급을 대표하고 있었으나, 실질적으로 시민적 이익을 대표하고 있지 않았다. 당시 지주 계급은 신흥 세력으로 떠오르는 전투적인 시민 계급에 맞서 정치 체제의 변동에 완강하게 저항한 바, 벤담 등의 사상을 철학적 급진주의로 위험시한 이유가 여기에 있다.

자유주의적 정치 체제와 경제 체제를 열망했던 초기의 자유주의는 다른 한편 예기치 않은 현실적 상황에 봉착했다. 그 하나는 경제적 측면에서, 자유경쟁이 사회적 선(善)을 반드시 가져다줄 것을 기대할 수 없게 되었다는 점이다. 자유경쟁을 통한 산업주의의 발전 과정은 적지 않은 사회경제적 폐해와 부정을 초래하게 되었다. 경제활동을 정치 권력이 가능한 한 제한하지 않는다는 정치적 자유주의는 산업노동자들의 참상을 방치하는 것을 의미했다. 다른 하나는, 정치적 측면에서 선거권의 확대와

6) 제한선거 제도란 종교, 성별, 학력, 재산 등의 조건에 따라 선거권을 주는 것을 말한다.

같은 민주적 선거제의 채택은 지주과두제적인 지배를 파괴하는 결과를 가져오기는 했으나, 그 결과로 또 다른 심각한 문제, 즉 한 사람의 폭군 밑에 개인이 억압되었던 때와 같이 많은 사람이 억압을 받는다는 문제에 당면하게 된 것이다.

초기 자유주의가 당면한 이러한 문제점들은 자유주의의 전환을 불가피하게 한 바, 그러한 전환은 특히 밀에 의해 주도되었다.

2 밀의 수정된 '사회적 자유주의'

앞서 언급했듯이, 1830년대의 사회입법을 촉구한 시대적 배경들은 초기 자유주의의 전환을 불가피하게 했다.

우선 산업자본주의에 수반된 폐해를 시정하기 위한 입법 조치가 취해지기 시작했다. 1830년대의 '공장법'을 비롯해서 대량의 사회입법이 증대하게 된 것이다. 산업자본주의의 폐해를 개선하기 위해 사회입법론자들은 계약의 자유의 제한을 주창했고, 그것은 초기 자유주의의 이론 및 정책과 대립되는 것이었다. 다른 말로 하면, 최대 행복의 구현을 위한 사회입법은 역설적으로 자유주의 이념과 대립하게 된 것이다. 표현을 달리하면, 사회입법은 사회복지 또는 최대 다수의 최대 행복과 합치하는 것과 같았고, 최대 행복의 실현을 위한 사회입법은 역설적으로 자유주의 이념과 대립하게 된 것이다.

다시 말하면, 정치사상의 영원한 과제인 자유와 권력의 문제가 산업자본주의의 발전이란 새로운 정치사회적 조건을 맞아 다시 부각된 것이다. 그러나 그 당시 부각된 문제의 해결은 과거의 그것에 비해 극히 곤란한 것이었다. 벤담의 공리주의의 낙관성, 즉 동정심의 강조는 사회입법을 시인하면서도 다른 한편에서는 개인주의의 강조가 사회입법에 반대해야 한다는 모순성을 내포하고 있다. 그것은 현대 민주주의가 당면하고 있는 문제이기도 한 것이다.

앞서 살펴봤듯이, 벤담의 공리주의에서 쾌락은 양적인 것이며 최대 다수의 최대 행복은 개인의 쾌락과 모순 관계에 있는 것이었다. 밀은 이와 같은 모순을 해결하기 위해 쾌락에 질적 차이가 있다는 점을 강조했다. 밀에게 근본적인 것은 사회복지로, 그에게 정치의 유일한 목적은 사회복지였던 것이다. 개인이 사회복지를 촉진해야 한다는 밀의 새로운 관점은 개인이 이기적 행복만을 추구해야 한다는 초기 자유주의의 견지를 부정하는 것이다.

그렇다 하더라도 밀에게 사회복지는 개인주의적인 것이며, 사회를 구성하는 개개인의 성질이나 상태와 무관한 것이 아니었고 개인의 인격적 개성의 성장과 발전을 의미하는 것이었다. 밀에게 사회복지는 인간 본성의 최고도의 발달과 최대의 효과를 나타내는 상태를 의미하는 것이었다. 인류의 진보를 확신하는 밀에게 개성의 발전은 가장 중요한 것이었고, 개성의 발전의 근간이 '자유'였던 것이다(정인흥, 1985: 332).

그런 의미에서, 비록 밀이 수정된 '사회적 자유(social liberty)'를 주창했다고는 하나, 밀은 어디까지나 '자유주의자'였다. 밀의 자유주의는 결국 개성의 독립성과 그것의 발전을 위한 것이었다. 개인의 독창성과 자발성을 최고도로 발전시킨다는 것이 인간의 최고 목적인 동시에 사회의 진보도 가능하다는 것이 밀의 생각인 것이다. 민주주의가 주창되는 것도 민주주의가 인간의 개성을 발전시킬 수 있다는 데 근거하는 것이었다. 밀은 즉, 개성이 발전하고 사회가 진보하는 데 자유가 무엇보다 중요한 바, 개인에 대한 정치 권력의 간섭은 절대적으로 배제되어야 한다고 생각한 것이다.

그러나 자유에 대한 밀의 생각이 모호한 부분도 없지 않은 바, 이러한 측면에서 볼 때 자유에 대한 밀의 사상은 '이중성'을 띠고 있다고 하겠다. 밀은 행위자 이외의 누구의 이해관계에도 영향을 미치지 않는 행위에 대해서는 정치 권력의 여하한 간섭도 허용되지 않는 절대적 자유의 영역으로 인식했다. 밀은 개인의 행동에 대해 국가작용이 허용될 수 있는 분야는 그 활동이 '명백히, 그리고 현존하는 위험(clear and present danger)'이 있는 경우로 한정했다. 그러나 밀이 당시 입법화되고 있었던 '사회입법'을 시인하는 순간, 그에게 경제적 자유주의는 포기된 것으로 볼 수 있다. 그것은 확실히 개인의 자유와 대립되는 것이었다(정인흥, 1985: 335).

밀은 경제적 측면에서 자유자본주의와 사회주의 경제 체제의 미래에 대해 다음과 같이 말한다. 즉, 사유재산과 자유경쟁의 원칙 위에 세워질 (자본주의) 사회는 여전히 존속해야 할 것이고, 현재 상황에서의 목적은 사유재산 제도의 폐지에 있는 것이 아니라 그 개선에 있다는 것이다. 소유권의 존중은 사람들의 노력을 자극하자는 데 의의가 있다. 이러한 자극은 각 개인의 능률을 증대시키고 나아가서는 사회 전체의 복리를 증진시키는 데 기여한다는 것이다.

요컨대, 밀의 사상은 자유주의에서 사회주의로 건너가 신자유주의에 이르는 교량역할을 하고 있는 것으로 평가된다. 즉, 영국에서 자유주의는 사회주의의 앞 단계다.

영국의 사회주의가 자라난 풍토는 영국의 자유주의다. 자유주의가 없었던들 영국의 사회주의는 없었을 것이다. 로크와 스미스, 그리고 벤담, 밀 등과 같은 자유주의에서 사회주의로 건너가는 교량 역할이 있었기에 영국의 사회주의가 탄생한 것이다(하기락, 1987: 278-280, 285).

3 노직 등에 의해 부활된 현대의 '자유지상주의'

벤담 및 스미스까지 거슬러 올라가는 자유방임주의 사상은 20세기 후반기 들어 신자유주의(neo-liberalism)[7]로 재포장・부활되었다. 자유주의 사상의 본질을 좀 더 깊이 이해하기 위해서는 노직(Robert Nozick, 1938~2002) 등에 의해 주창된 자유지상주의(libertarianism)를 살펴볼 필요가 있다.

노직의 이론에서 자유란 궁극적 가치이자 핵심이다. 노직의 자유지상주의 이론은 '소유권(ownership)'의 개념에 입각해 전개된다. 노직은 정부에 의해 침해되는 개인의 소유권적 자유의 침해에 대해 우려하면서, 정부에 의한 어떠한 분배 원칙도 개인의 소유권적 자유를 침해해서는 아니 된다고 주장한다. 그는 기회 균등의 규범도 자신의 재산을 마음대로 사용할 수 있는 '소유권'을 제약함으로써 사유재산권을 침해하게 된다는 논거에서 반대 입장을 취한다. 그는 하이에크(Friedrich A. von Hayek, 1899~1992)와 같이, '사회적 정의'는 물론 '기회 균등'의 이데올로기도 마찬가지로 '덧없는 희망(mirage)'일 뿐이라고 폄하한다.

---

7) 신자유주의는 19세기의 자유방임주의적 자유주의의 결함을 시정하기 위해 자본주의의 자유 기업 전통을 따르면서도 국가에 의한 사회정책의 필요성을 인정하는, 1970년대부터 부각되기 시작한 경제적 자유주의의 사상을 말한다. 신자유주의는 즉 민간의 경제 영역에 대해 국가 권력의 개입 증대라는 현대 복지국가의 경향에 대해 경제적 자유방임주의 원리의 현대적 부활을 지향하는 사상적 경향이라고 할 수 있다. 'liberalism'이란 용어는 원래 개인의 자유를 중시하고 민간의 경제 영역에 대한 정부의 개입에 반대한다는 의미에서, 자유주의 또는 보수주의로 번역될 수 있는가 하면 진보주의로도 번역될 수 있어 용어 사용에 혼란이 초래된다. 진보주의자들은 본래부터 민간 부문의 경제 영역에 대한 정부 개입을 선호하나, 'liberalism(자유주의)'이라는 시대 조류를 거역할 수 없는 것으로 인식, 'liberalism'이라는 용어 자체를 선점함으로써 이러한 혼란이 초래되었다. 미국의 대표적 자유주의(또는 보수파) 경제학자인 프리드먼(Milton Friedman)은 자신이야말로 진정한 'liberalist'라고 주장하는가 하면, 진보적 인사로 인식되는 오바마(Barack Hussein Obama, Jr.) 전 대통령과 크루그먼(Paul Krugman) 같은 진보적 경제학자들도 'liberalist'로 분류되고 있다는 점에서 이러한 혼란을 확인할 수 있다.

노직의 자유지상주의는 분배적 정의와 관련해 최소주의 입장(minimalist positions)을 대변한다. 자유주의 정치철학자들은 정부에 의한 부의 재분배와 사회권(社會權, social rights)에 대해 반대하며 자유시장 체제를 지지한다. 자유시장에 의한 가치 분배를 공정한 것으로 보는 그는 무엇보다도 정의(正義)가 광범한 경제적 재분배를 요구한다는 가정에 도전한다. 도대체 국가가 필요한가, 국가에 어떠한 권능을 허용해야 할 것인가 하는 정치철학의 근본 물음으로부터 시작하는 그는 최소국가(minimal state)론에 의거해 경제적 가치의 재분배를 목표로 하는 국가 과세권의 정당성에 의문을 표한다.

노직은 최소국가에 대해 "최소국가는 정당화될 수 있는 범위 내에서만 영향력을 행사하는 국가다. 그보다 더 큰 권능을 행사하는 광능국가(廣能國家, extensive state)는 국민들의 권리를 침해한다(The minimal state is the most extensive state that can be justified. Any state more extensive violates people's rights)"고 주장하면서(Nozick, 1974: 149), 개인의 자유를 억압할 우려가 있는 국가 권능의 확대에 반대한다. 그는 최소국가의 기능과 관련해 다음과 같이 주장한다. 즉, 강압 · 절도 · 사기로부터의 보호, 계약의 강제 등 한정된 권능을 행사하는 최소국가는 정당화되며, 그 이상의 큰 권한을 행사하는 국가는 개인의 권리를 침해할 것인 바, 따라서 최소국가는 정당할 뿐만 아니라 고무적이라는 것이다. 노직은 정부의 과세권(課稅權)에 대해 강제의 위협에 의존한 '금전 탈취'로 규정한다. 그는 나아가 '분배적 정의(distributive justice)'라는 용어가 중립적인 용어가 아니라고 주장하면서, 정부가 재분배 기능을 본질적으로 갖고 있는지의 여부는 열려 있는 문제(open question)라고 규정한다(Nozick, 1974: 149; 이종수, 2013a: 181).

벤담과 밀 이래 지난 4세기 동안 자유주의는 제도적으로 더욱 공고화되고 발전되어 왔다. 즉, 벤담과 로크, 그리고 스미스 등에 의해 정치적 자유주의와 경제적 자유주의로 발전해 온 고전적 자유주의는 오늘날 대부분의 선진 자본주의 국가에서 정치 · 경제적 제도의 이념적 바탕을 이루고 있다.

그러나 미시적 차원에서 보면, 고전적 자유주의는 초기부터 여러 도전을 받아 왔다. 이론적 측면에서 자유방임주의는 밀의 생존 시부터 '사회적 자유주의'로의 수정이 시도되었으며, 정치적 자유주의는 시민의 권리 강조와 정부 권능의 제한을 지향하는 다양한 민주적 정치 체제로 발전했다. 그리고 경제적 차원에서 고전적 자유주의의 이념은 20세기 들어 진보적 사상을 부분적으로 수용함으로써 그 이념적 스펙트럼이 크게 넓어졌다.

현대의 다양화된 자유주의의 이형(異形, variant)들은 무정형(無定形, amorphous)의 특성을 지닌다. 특히 19세기 말 서구에서 발전된 이른바 '사회적 자유주의'는 정부가 사회 문제 해결을 위해 시장에 어느 정도 개입하는 것을 용인하는 입장을 취한다. 예를 들어, 사회적 자유주의의 주창자들은 공정거래 제도의 확립과 최저임금제의 시행, 환경오염 규제 등 시장에 대한 정부의 규제를 일정한 정도 인정한다. 이들은 또한 정부가 기본적 수준의 복지를 시민들에게 제공하는 복지국가를 주창하기도 한다. 이들이 내세우는 '자유'의 의미를 '적극적 자유'로 파악, 고전적 자유주의자들이 부르짖는 '소극적 자유'와 구별짓는 이유도 여기에 있다(이종수, 2013a: 179).

특히 정치·사회적 측면에서 자유지상주의는 20세기 후반 들어 샌델(Michael J. Sandel), 매킨타이어(Alasdair Chalmers MacIntyre), 왈저(Michael Walzer) 등 공동체주의자들의 거센 이론적 도전을 받는다. 현대의 대표적 자유지상주의자인 노직은 1989년 펴낸 『성찰된 삶(*Examined Life*)』에서 결국 자유지상주의(libertarianism)의 입장을 수정, 더 이상 자신을 자유지상주의자로 생각하지 않는다고 밝힌 바 있다.

현실 사회에서도 정치적·경제적 자유지상주의는 21세기 들어 적지 않은 도전에 직면하고 있다. 2011년 9월 뉴욕의 주코티공원(Zuccotti Park)에서 발생해 전 세계 여러 대도시로 급속하게 확산된 "월스트리트를 점령하라(Occupy Wall Street!)"는 운동에서 등장한 "우리가 99%다(We are the 99%)"라는 구호가 이를 증거한다.

한편 자본주의 전도사들의 부흥회로 불리는 다보스 포럼(Davos Forum: World Economic Forum)의 2012년도 회의에서는 이 포럼의 창설자이자 집행위원장인 슈바브(Klaus Schwab)가 "현재의 자본주의 방식은 이제 더 이상 유효하지 않다(Capitalism, in its current form, no longer fits the world around us)"고 현 자본주의 체제의 종말을 선언했다(이종수, 2013b: 411).

마무리해 얘기하자면, 오늘날 노직 등에 의해 부활된 '자유지상주의'는 공동체주의 등의 근본적 도전에 직면해 새로운 방향 전환을 모색하고 있다고 하겠다.

제3절 평등주의

생각해 보기

'평등주의' 관련 '생각해 보기' 과제

(1) 정치의 계절이 돌아오면 우리 사회를 달구게 되는 보편적 복지와 선별적 복지를 둘러싼 정책 갈등 사례도 '평등주의' 이념을 추구하는 진보 진영과 자유자본주의 경제 체제를 지향하는 보수 진영 간의 정책 갈등 사례로 볼 수 있다. 보편적 복지는 자격과 조건에 관계 없이 모든 국민에게 복지를 제공하는 정책 지향을 말한다. 예를 들어, 부모의 소득 수준과 관계없이 모든 학생에게 무상급식을 제공하자고 하거나, 만 3~5세 유아 모두에게 제공되는 누리과정 등을 보편적 복지 정책의 예로 들 수 있을 것이다. 이에 비해 선별적 복지 정책은 빈곤 계층이나 저소득층 등 특정한 복지가 필요한 국민에게만 제한적으로 제공하는 복지 서비스 정책을 말한다. 저소득층이나 고령자 등에게 생계비 일부를 지원하는 기초생활수급 제도를 예로 들 수 있다. 선별적 복지 제도는 형평성은 낮으나 효율성이 높고 비용이 적게 든다는 장점을 지닌다.

2008년 세계 금융위기 이후 영국과 스웨덴에서 동일한 이념 성향의 중도보수 정부가 집권했지만 정책 방향은 상당히 달랐다. 2010년 총선에서 승리한 영국의 보수당-자유민주당 연정은 집권 첫 해부터 '긴축'을 정책 기조로 정했다. 그에 비해 2006년 총선에서 승리한 스웨덴의 중도우파 연정은 복지재정의 확대를 지향했다. 긴축을 정책 기조로 선택한 영국의 보수당-자유민주당 연정은 당연히 선별적 복지 정책을 선택한 데 비해, 복지재정의 확대를 지향한 스웨덴의 중도우파 연정은 보편적 복지 정책을 지향했다.

물론 보편적 복지를 선택할 것인가 아니면 선별적 복지를 정책 기조로 삼을 것인가 하는 선택 기준은 현재 우리 사회의 복지 수준이 어떠한가, 그리고 재정 능력이 뒷받침 가능한가 하는 데 달려 있을 것이다.

(2) 분배적 정의와 소득 양극화 사회: 일반적으로 분배적 정의는 소득 또는 부와 같은 '지배적 재화'를 대상으로 상정하나, '기회 균등'을 주된 이데올로기로 선택한 미국과 같은 사회는 교육, 보건의료와 같은 다양한 사회적 재화(social goods)에 대한 접근 기회의 평등을 강조한다.

경제개발협력기구(OECD)는 2012년 다보스 포럼에 앞서 내놓은 보고서를 통해, 빈부 소득 격차가 30년래 최고 수준에 도달했다고 분석했다. OECD 사무차장 겸 수석 이코노미스트 파도앵(Pier Carlo Padoan, 1950~)은 "불평등은 우리의 미래 번영과 사회 안정에 중대한 위기 요인"이라고 하면서 "성장을 위한 개혁과 함께 일자리 창출과 소득 격차가 악화되는 것을 막는 것이 시급한 과제가 되고 있다"고 지적했다.

다보스 포럼의 2007년도 주제 가운데 하나는 "CEO들의 연봉은 얼마나 올라갈 수 있을까?"였다. 이 회의의 참석자들 가운데 상당수는 홈디포 회사(Home Depot Inc.)를 6년간 운영하다 해임된 나델리(Robert Nardelli, 1948~) 회장이 2억 1천만 달러(약 1,961억 원)의 퇴직금을 받는 것에 대해 비판적 견해를 표명했다. 즉, 포럼의 많은 참석자들은 일반 회사 직원 보수의 일백 수십 배가 넘는 연봉을 받는 CEO들의 보수가 과연 적정한가에 대한 문제를 제기했다. 통계에 따르면 미국 CEO의 평균 보수는 노동자 평균 임금의 142배에 달하는 것으로 나타나고 있다.

우리나라 대통령의 2015년도 연봉은 2억 504만 원(약 18만 5,070달러)으로 전 세계 정상들의 연봉 순위로 9위 정도 되는 것으로 알려지고 있다.[8] 여기에 여러 보조비와 급식비까지 합하면 약 2억 3,251만 원이 되는 것으로 보도되고 있다. 한편 우리나라 근로자의 2016년도 최저임금(시급 6,030원)은 월 209시간 근무 기준으로 연봉 1,260만 원 정도 되는 것으로 추산된다. 단순화시키자면 우리나라 대통령은 최저 임금 노동자(아르바이트 노동자)가 받는 연봉의 15배 정도 되는 연봉을 받는다고 할 수 있겠다.

자본주의 체제의 주창자들은 일반적으로 사회주의 경제 체제가 유인(誘因)의 결여로 생산성이 떨어진다는 문제점을 강조하는데 반해, 사회주의의 주창자들은 거꾸로 자본주의 체제가 자본주의적 소유 관계로 인해 생산력의 한계를 지닌다고 주장한다. 초기 사회주의자들 가운데 일부는 자본주의가 착취를 통해 부를 축적, 사회의 극소수에게 권력과 부가 집중되게 함으로써 모든 사회 구성원들이 자신의 가능성을 펼칠 수 있는 평등한 기회를 부여받지 못하게 되고, 기술과 자원의 이용이 제한 당하게 됨으로써 결국 생산력의 한계를 가져온다고 주장한다.

마무리해 얘기하자면 사회적 부를 소수집단에 집중시킴으로써 사회 양극화 현상을 초래하는 자유자본주의 경제 체제는 근본적으로 재정향되어야 한다는 평등주의 사상이 21세기 들어 더욱 확산되고 있다고 하겠다.

---

8) CNBC의 보도 내용에 따르면 우리나라 박근혜 대통령의 2015년도 연봉은 약 18만 5,070달러로 각국 정상의 연봉 순위 9위쯤에 위치한다. 나라별 정상 가운데 가장 연봉이 높은 1위는 170만 달러(18억 8,343원)를 받는 리센룽(李顯龍) 싱가포르 총리, 2위는 오바마 미국 대통령으로 40만 달러, 3위는 하퍼(Stephen J. Harper) 캐나다 총리로 26만 달러인 것으로 알려지고 있다(시사경제타임즈, 2015.9.16).

1 동서양의 유토피아 사상에 면면히 이어져 온 평등주의

평등주의(平等主義)는 모든 인간이 법적, 정치적, 경제적, 사회적으로 평등하게 다뤄지게 될 것을 지향하는 사상을 말한다. 평등주의는 자유주의 등과 함께 특히 오늘날의 정치·사회사상의 근간을 이루고 있다.

평등주의는 고대 그리스의 스토아학파에 의해 체계적으로 주창되었다. 고대 그리스 시절부터 평등의 개념은 정의의 본질적 속성으로 간주되어 왔다(Brown, 1988; Dann, 1975). 스토아학파는 모든 인간은 서로 비슷한 능력을 갖춘 이성적 존재로서 사실적으로 평등하다고 생각했다. 고대 그리스의 대부분의 사상가는 그러나 사실로서보다는 도덕적 요청으로서의 평등사상을 강조했다. 신(神), 이성(理性), 자연(自然)을 하나의 동의어로 생각한 스토아학파는 인간이 이성적 존재라는 데서 인간 평등의 논거를 찾고자 했다. 그들은 인간 생활에서는 이성이 지배적 원리인 바, 이성에 의해 인간은 신과 연결되고 또한 동포와 연결되기에 보편주의적 사회가 형성된다고 본 것이다(정인흥, 1985: 78-79: 이종수, 2013a: 155).

근대 이전의 사회는 동·서양을 막론하고 귀족, 평민, 노예 등의 계급적 차이가 엄격하게 유지된 계급사회였다. 근대 들어 만인이 평등하다는 평등사상이 주창되면서 민주주의의 대원리로 확고히 정착되었다. 민주 사회에서의 평등은 인간 위에 인간이 없고 인간 밑에 인간이 없다는 것이다.

평등사상의 발원은 멀리 고대 그리스의 자연철학까지 거슬러 올라가지만, 본격적 논의는 계몽기를 거쳐 프랑스혁명이 달성되면서부터다. 즉, 1789년 프랑스혁명의 성공으로 모든 사람이 신분의 속박으로부터 해방되어 평등한 욕구의 분출을 경험하게 된 바, 정치·경제·사회적 실천 원리로 자리잡게 된 것이다. 오늘날 세계 각국은 자유와 평등을 천부인권적 권리로 규정하고 헌법에 명문화하고 있다.

평등주의는, 앞서 살펴봤듯이, 고대 이래 동서양의 유토피아 사상에서 공통적으로 찾아볼 수 있는 기저 사상이다.

프랑스의 정치사상가 토크빌(Alexis de Tocqueville, 1805~1859)은 인류 사회에서 "평등을 향한 점진적 진보는 운명 지어진 것(The gradual progress of equality is something fated)"이라고 주장한다(Tocqueville, 1969: 12). 그는 대표 저서 『미국의 민주주의(*Democracy in America*)』에서 서구 사회의 점증하는 사회적 조건의 평등화(rising equality of social conditions) 경향에 주목하면서 이같이 말했다. 토크빌은 물론 평등의 원리가 획일화나 무절제한 방종으로 빠져서는 아니 된다는 점을 강조한다. 그러나 민주주의의 본질을 자유와 평등의 균형 상태로 파악한 토크빌은, 평등한 민주주의 사회의 도래를 피할 수 없는 역사적 흐름으로 파악했다(이종수, 2013a: 271).

2 평등 규범의 본질

평등의 개념은 그 정확한 의미를 둘러싸고 많은 논쟁을 불러일으키는 개념이다. 평등은 모든 국면에서의 '일치'를 의미하지 않는다는 측면에서 동일성(identity)의 개념과 구분된다. 평등의 개념은 적어도 하나의 국면에서 동질성을 지니는 상이한 사물, 사람, 과정 사이의 상사성(相似性)을 의미한다. 따라서 '모든 사람은 평등하다'는 말의 의미는 그들이 '동일하다(identical)'는 것을 의미한다기보다 '유사성(similarity)'을 지닌다는 의미로 해석되어야 할 것이다.

평등의 개념이 '같은 처지'에 있는 사람을 '똑같이 대접'하는 것을 의미한다고 하더라도, 평등 개념의 선명성을 밝히기 위해서는 무엇이 '같은 처지'인지 관점을 특정화할 필요가 있다(Lucas, 1983). 각자에게 '그의 몫'을 준다 하더라도 '그의 몫'이 구체적으로 무엇을 지칭하는지, 그리고 어떠한 기준에 의한 분배가 '공정한 분배'인지를 특정화하지 않는다면 동의어 반복(tautology)에 불과하게 된다.

평등주의 규범은 실질적 평등과 형식적 평등으로 나눠 볼 수 있으며, 또한 절대적 평등과 상대적 평등, 그리고 기회의 평등 등으로 나눠 볼 수 있다. 근대의 사회주의 사상은 절대적·결과적 평등(absolute equality and equality of results)을 지향하는 데 비해, 자유자본주의 사상은 비례적·절차적 평등(proportional equality and procedural equality)을 강조한다.

평등의 구체적 대상은 다양할 수 있다. 일반적으로 분배적 정의는 소득 또는 부(富)와 같은 '지배적 재화'를 대상으로 상정하나, 교육, 보건의료와 같은 다양한 사회적 재화(social goods)들이 그 대상이 될 수 있다. 미국의 정치철학자 드워킨(Ronald Myles Dworkin, 1931~2013)은 모든 설득력 있는 정치이론은 평등이라는 동일한 궁극적 가치를 지니고 있다고 하면서, 이런 점에서 모든 이론은 '평등주의적(egalitarian)' 이론이라고 할 수 있다고 주장한다(Dworkin, 1977: 179-183; 1983: 24).

그러나 평등주의 이론이 소득의 평등한 분배를 지지하는 이론을 의미하는 것이라고 한다면, 이러한 주장은 명백하게 틀렸다고 드워킨은 말한다. 그는 정치이론에는 더 추상적이고 근본적인 평등 개념이 있는 바, 이는 '평등한 존재'로 사람을 다루는 것을 의미한다는 것이다. 좌파 사상가들은 '소득 또는 부의 평등'이 사람을 평등하게 하는 전제 조건이라고 믿는 반면, 우파 사상가들은 노동과 재산에 대한 구성원들의 '평등한 권리'가 인간을 평등하게 하는 전제 조건이라고 믿는다. 이른바 '기회의 평등'이 여기에 해당된다고 하겠다(이종수, 2013a: 156-158).

평등주의 이념과 관련해 미국 사회의 지배적 이데올로기로 기능하는 기회 균등(equal opportunity)의 개념은 논자에 따라 다양한 의미로 사용된다. 전통적 의미의 기회 균등은 '법 앞의 평등(equality before the law)' 개념과 밀접하게 연관되어 있다. '법 앞의 평등' 또는 '법 평등주의(legal egalitarianism)'는 모든 개인이 동일한 법률에 따라야 하며, 어떠한 개인이나 집단도 '법적 특권(special legal privileges)'을 가져서는 아니 된다는 원칙을 말한다. 이러한 '법 앞의 평등' 원칙이 기회 균등의 원칙으로, 그 의미가 확대된 것이다. 기회의 평등은 기본적으로 '출발선'상에서의 평등을 의미하며, 또한 과정과 삶의 조건에서의 평등을 의미한다.

능력주의 원칙의 바탕에는 '사회적 조건'이 평등해야 한다는 기회 균등의 전제가 놓여 있다. '능력주의'와 '기회 균등'의 원칙은 '결과적 불평등'을 예기(豫期)하고 수용(受容)한다는 점에서, 자유주의 경제 체제를 지향하는 미국의 국가 이데올로기로 선택된 것이다. 에머슨(Emerson, 1968: 541)이 감탄했듯이, "우리나라(미국)의 천재들은 진정한 정책, 즉 기회를 창안한 것이다(the genius of our country has worked out our true policy-opportunity)." 기회가 모든 구성원에게 공평하게 열려 있는 사회에서 '경쟁'을 통해 가장 지혜롭고 애써 노력하는 사람에게 성공의 기회가 주어진다면 그것이 바로 공정한 사회라고 미국 사람들은 믿고 있는 것이다(이종수, 2013a: 50-51).

대다수 미국인은 많은 사회적 갈등과 큰 변혁을 초래할 '결과적 평등'을 추구하기보다 교육, 의료와 같이 가치재에 접근할 기회의 평등을 강조하는 이념적 선택을 한 것이다. 미국인들은 특히 교육 기회의 평등을 중시한다. 미국의 많은 정치인, 교육정책 결정자, 학부모들은 '좋은 교육'이 곧 식권(食券, meal ticket)을 보장해 주는 수단이 된다는 믿음을 공유하고 있다. '좋은 교육'은 불우집단에게 경제적 기회로 다가갈 수 있는 문을 열어 준다는 신념은 오랫동안 아메리칸 드림의 한 부분을 이뤄 왔다. 상당수의 미국인은 공정한 사회적 경쟁을 보장하기 위해서는 모든 사람이 가족 배경과 성별, 그리고 인종적 차이에 구애받지 않고 공평하게 교육에 접근할 수 있어야 한다고 생각한다. 20세기 중반 이래 미국 정부는 장학금 확대, 학자금 융자 등 좀 더 평등한 교육 기회를 제공하기 위한 다양한 프로그램을 도입·운영하고 있다(이종수, 2013a: 50-51).

오늘날 적지 않은 진보적인 인사들은 더 나아가 능력이나 업적, 노력의 차이에 기인하는 격차까지도 많은 부분이 상속이나 교육 기회 등 여러 '우연적 요인'에 의한 것이라는 관점에서 이를 부당한 불평등으로 보는 시각이 확산되고 있다(이종수 외, 2008). 결론적으로 말해서 가치 개념으로서의 평등은 '부당한 불평등의 시정'을 지향한다고 하겠다.

오늘날 평등 규범은 정치·경제·사회의 여러 영역에서 제도화되고 있다. 특히 경제 영역에서는, 다양한 사회적 경제 제도가 확산되고 있는 북유럽 및 서유럽 여러 나라에서는 그렇다 하더라도, 자유자본주의 경제 체제가 바탕을 이루는 미국 등의 국가에서조차 다양한 복지 정책을 통해 평등사상이 구현되고 있다.

3 '다보스 포럼(2012년 회의)' 등에서 재음미된 21세기의 평등주의

21세기 들어 현실 사회에서 평등 규범이 다양한 정치·경제·사회적 제도로 굳어지는 가운데, 자본주의 전도사들의 부흥회로 불리는 다보스 포럼(Davos Forum)에서조차 소득 양극화 등 자본주의 체제의 결함을 시정하기 위한 목소리들이 높아지고 있다. 다보스 포럼의 2012년 회의에서는 이 포럼의 창설자이자 집행위원장인 슈바브(Klaus Schwab)가 "현재의 자본주의 방식은 이제 더 이상 유효하지 않다(Capitalism, in its current form, no longer fits the world around us)"고 현 자본주의 체제의 종말을 선언했다. 대부분의 참석자들은 승자 독식의 시장자본주의(market capitalism)적 분배 방식이 그 역사적 수명을 다했다고 지적하면서, '경제적 공정성(economic fairness)' 확립을 위해 정부가 더 적극적인 역할을 떠맡아야 한다고 주장했다.

다보스 포럼은 특히 2012년 회의의 한 세션에서 자본주의의 미래(future of capitalism)를 주제로 다뤘다. 큰 주제는 "자본주의는 21세기 사회에 적합하지 않는가?(Whether capitalism as we know it is fit for the 21st century)"였다. 하버드 대학 총장을 역임한 서머스(Larry Summers, 1954~) 전 재무부 장관은 미국인의 40%가 자본주의에 대해 긍정적으로 생각하지 않는다는 통계를 인용하면서, 세계 경제 지도자들이 크게 각성할 시점이라고 강조했다.

제4절 공동체주의

생각해 보기

'공동체주의' 관련 '생각해 보기' 과제

(1) '동반성장 정책'

'동반성장 정책'은 문자 그대로 '더불어 같이 성장하자는 정책'을 말한다. 즉, 대기업과 중소기업이 함께 성장할 수 있도록 정책 기조를 재정향하자는 경제정책을 말한다.

우리나라에서 대기업과 중소기업의 동반성장 이슈가 본격적으로 대두된 것은 2010년 12월 동반성장위원회가 출범하고 나서부터다. 그러나 여러 선진국에서는 이미 수십 년 전부터 대기업이 자율적으로 중소 협력업체와 상생하는 동반성장 문화가 자리잡아 왔다. 그리고 우리나라에서도 오래전부터 '중소기업 적합 업종 지정' 등 대중소기업 동반성장을 위한 정책이 없었던 것은 아니다.9)

정운찬 전 총리(동반성장연구소 이사장)와 같은 동반성장 정책의 주창자들은 "[양극화 심화→가계 부채와 중소기업 부실 누적→내수 부진→성장 둔화→양극화 심화]로 이어지는 악순환을 해결하기 위해서는 동반성장이 필수 불가결하다"고 강조한다. 정 전 총리가 주창하는 '동반성장 단기 3정책'은 초과이익 공유제, 중소기업 적합업종 법제화, 중소기업에 대한 정부의 직접 발주 제도화 등을 골자로 한다.

그러나 동반성장 정책에 대한 비판론자들은 "경쟁 시대에 동반성장이 무슨 소리냐"고 반문하며 국가경쟁력 상실을 우려하는 목소리를 높이면서, 동반성장 정책을 반(反)시장적일 뿐 아니라 '시대 역행적' 정책이라고 비판한다.

---

9) 우리나라 정부는 1979년에 '중소기업 고유업종' 제도를 도입했다가 2006년에 폐지한 바 있다.

(2) '사회적 논의 기구'의 정책 결정 기능 여부를 둘러싼 논란

한국의 역대 정부 가운데 진보적 성향의 정부들은 사회적 갈등의 해소 메커니즘으로 민간인이 참여하는 '사회적 논의 기구'를 내세운다. 김대중 행정부가 그러했고, 노무현 행정부도 그러했다. 그리고 문재인 행정부도 그러했다.

간접민주주의 형태인 대의정부(representative government) 체제를 기본적으로 채택하고 있음에도 불구하고, 김대중 행정부에서는 법률적 뒷받침을 받는 '노사정위원회'[10]를 구성·운영했으며, 노무현 행정부 또한 다양한 민간위원회를 운영, '위원회공화국'이라는 비아냥거림을 들었다. 문재인 행정부도 사회적 논란이 큰 신고리 원전 5·6호기 공사 중단 여부에 관한 여론을 모으기 위해 '공론화위원회'를 설치해 운영했다. 청와대와 '공론화위원회'가 사회적 갈등이 심한 '원전' 관련 정책 결정의 책임과 역할을 서로 상대 측에 미루는 듯한 인상이 언론에 노출되기도 했다.[11]

대의정부 체제에서 민간인이 정책 결정 기구에 참여하는 것은 직접민주적 방식의 확산·도입으로 볼 수 있다. 이는 다른 관점에서 보자면, '공동체주의'적 관점의 확산으로 볼 수도 있다.

그러나 행정기관이 주도적으로 조직·운영하는 기존의 '시민 참여' 방식은 '대표성 없는 자문위원'을 행정기관이 임의대로 위촉·교체할 수 있게 함으로써 행정기관 주도의 정책 결정 방식이 본질적으로 변하지 않았다는 점에서, 민주성이 제고된 것으로 볼 수 없다. 기껏해야 직접민주주의 정책 결정 방식으로의 변화를 모색하는 과도기 현상으로 볼 수 있을 것이다.

어떻든 많은 공적 영역에서 직접민주주의 방식이 확산·적용되는 21세기 상황은 '공동체주의'적 기저 가치가 지배적이 되는 사회라고 하겠다. 다른 말로 하면 주인-대리인(principal-agent) 관계에서 주인의 이익을 소홀히 할 수 있는 대리인의 관여를 최소화하기 위해 주인의 직접 참여가 늘어나고, 이러한 참여를 통해 주인들의 이익이 손수 투입되는 상황으로 사회적 의사 결정 방식이 바뀌고 있는 것이 오늘날의 상황이라고 하겠다.

---

10) 1998년 1월 15일 출범한 노사정위원회는 1999년 5월부터 법률적인 위상을 갖는 상설 사회협의기구가 되었다. 즉, 노사정위원회는 이른바 2·6 사회협약을 통해 상설적 정책협의기구로 법제화되었다. 법제화는, 1998년 3월 28일 '노사정위원회규정'(대통령령) 제정, 1999년 5월 24일 '노사정위원회의 설치 및 운영 등에 관한 법률' 제정, 2007년 1월 26일 「경제사회발전노사정위원회법」 개정(2007년 4월 27일 시행) 등의 과정을 거쳐 이뤄졌다. 현재는 경제사회발전노사정위원회가 경제사회발전노사정위원회법(법률 제8852호)에 의해 대통령 소속 자문위원회로 설립·운영되고 있다. 경제사회발전노사정위원회는 노사정 및 공익 대표의 사회적 대화를 통해 경제 사회 발전과 통합에 관한 이슈를 다룬다.

여기서 문제시되는 상황은 이해 집단의 비율대로 위원회를 구성할 경우, 상충 관계에 있는 집단 간의 다툼이 끝없이 이어져 갈등이 해소될 수 없다는 점이다. 그러한 상황을 방지하기 위해 위원회 구성에서 이해관계자를 배제, 공익을 대표하는 위원들로 일부 또는 전체 위원을 구성하는 방안을 상정해 볼 수 있을 것이다. 그러나 이러한 위원회 구성 방식에 대해서는, 신고리 원전 관련 '공론화위원회'에 관한 언론 보도에서 보듯이, 위원 가운데 "원전 전문가가 1명도 포함되지 않아 비전문가들에게 국가 에너지의 운명을 맡기는 형국"(조선일보, 2017.7.24)이라는 비판이 제기된다.

그러나 공익을 대표하는 위원들에게 부족한 이른바 '전문성'의 문제는, 집단이익에 사로잡혀 있거나 포획(capture)되어 있을 수도 있는 전문가들에게 '의견 개진'의 기회는 주되 '정책 결정'에는 참여하지 못하게 하는 제도적 장치의 마련을 통해 어느 정도 해소될 수 있을 것이다. 이러한 제도적 장치는 이른바 '도둑정치(kleptocracy)'12)를 막고 '이해 충돌(conflict of interest)'13)을 해소하는 장치로도 기능할 수 있을 것이다.

오늘날의 정치철학 이론에서 개인의 자유와 권리를 앞세우는 자유지상주의의 대척점에는 공동체주의(communitarianism)가 자리하고 있다. 공동체주의는 공동선의 우월성을 기초로 해서 공생, 공익 등의 공동체적 가치를 강조한다. 공동체주의의 대표적 학자로는 샌델(Michael J. Sandel), 매킨타이어(Alasdair Chalmers MacIntyre), 왈저(Michael Walzer) 등을 들 수 있다.

공동체주의는 학술적으로 엄밀하게 규정짓기 어려운 개념이다. 공동체주의로 구분되기 위해서는 어떠한 본질적 가치를 지향해야 하는지에 대한 학자들 간의 일치된 견해가 없다. 그러나 자유주의자들이 개인의 자유와 권리를 강조하는 것은 잘못된 것이라고 주장한다는 점에서 공동체주의자들은 공통된 특징을 지닌다. 공동체주의는 권

11) 문재인 대통령은 2017년 8월 17일의 취임 100일 기자회견 석상에서 '공론화위원회' 방식이 사회적 갈등 해소의 한 모델이 될 수 있다고 밝혔다. 그러나 '공론화위원회' 방식은, 상설적 정책협의기구로 법률적 뒷받침을 받았던 이전의 노사정위원회(현재는 경제사회발전노사정위원회로 명칭 변경)와는 그 위상이 다르다고 하겠다.

12) 우리 국회에서 대부분이 변호사로 구성된 법제사법위원회 위원들이 자신들의 사적 이익과 직결된 사법 정책을 다루고, 사설학원 원장 출신들이 교육위원회에서 학원 정책을 다루는 현상을 '도둑정치'로 볼 수 있다.

13) 이해 충돌은 공직자의 사적 이익과 공익을 수호해야 할 공직자의 책무가 서로 부딪치는 상황을 말한다. '이해 충돌 금지의 원칙'은 공직자가 공익과 충돌되는 사적 이익을 추구해서는 아니 된다는 원칙을 말한다.

리보다는 책임을, 가치 중립적 방임보다는 가치 판단적 담론을 중시한다.

정치이론에서 개인의 주체성을 토대로 삼아 개인의 자유를 정치의 기동력으로 보는 개인주의 이론이 체계를 갖춘 것은 19세기 들어서의 일이다. 고대 국가에서 인간의 생활 형태는 공동체적인 것이었고 중세에 와서도 인간 생활은 공동체를 기반으로 했다. 공동체 생활을 하는 인간에게 개인의 주체성, 자유 · 평등이란 존립의 여지가 없는 것이며 개인의 인격은 완전히 공동체에 매몰되어 있는 것이었다. 이와 같은 관점에서 볼 때 개인주의적 개인 개념의 성립에는 공동체의 해체가 선행되어야 하는 것이었다(정인흥, 1985: 346).

다음에서는 서로 간에 다소의 차이를 보이는 개별 공동체주의자들의 주장을 구체적으로 살펴보고자 한다.

1980년대에 정치철학의 새로운 학파로 대두된 공동체주의 정치사상은 공동체지향적 인간관에 기초해 있다. 즉, 공동체주의는 개인이 사회에 의해 만들어지는 것으로 본다(Walzer, 1983). 그러나 공동체주의자들은 각기 상이한 방식으로 공동체의 개념을 이해하고 있다. 매킨타이어와 테일러(Charles Taylor, 1931~)는 공동체에 대한 언급이 인간의 자아 인식과 행위 및 실천적 추론에 필수적이라고 여긴다. 그러나 샌델은 공동체에 대한 근원적 애착이 인간 선(善)의 중요한 한 종류라는, 아주 제한된 견해만을 피력한다. 그리고 왈저는 단지 정의, 그리고 정의의 주체보다는 객체에 대한 실천적인 추론을 제대로 설명하기 위해 공동체에 호소한다. 이러한 관점에서 보면, 매킨타이어와 테일러가 가장 완전한 공동체주의자이며, 샌델과 왈저는 초점이 다소 다르며 범위가 제한된 공동체주의의 유형에 해당한다고 할 수 있다(이종수, 2013a: 205-206).

정의로운 사회는 공동선을 추구하는 사회라고 규정한 샌델은, 정의로운 사회는 단순히 공리를 극대화하거나 선택의 자유를 확보하는 것만으로는 만들 수 없다고 한다. 그는 정의로운 사회를 만들기 위해서는 좋은 삶의 의미를 함께 고민하고, 으레 생기게 마련인 이견(異見)을 기꺼이 받아들이는 문화를 함께 가꿔야 한다고 말한다. 샌델은 나아가 정의는 올바른 분배만의 문제는 아니며, 올바른 가치 측정의 문제이기도 하다고 주장한다.

샌델은 또한 '시장의 도덕적 한계'를 공론에 부칠 필요가 있다고 역설하면서 오늘날 가장 두드러진 성향의 하나는 시장과는 거리가 먼 전통적 삶의 영역까지 시장과 시장친화적 사고가 파고든다는 사실을 지적한다. 샌델은 사회적 행위를 시장에 맡기면 그 행위를 규정하는 규범이 타락할 수 있기에 시장이 침입하지 못하도록 보호하고 싶은 비시장 규범이 무엇인지 물을 필요가 있다고 주장하면서 나아가 시장은 생산 활동을 조직하는 데 유용한 도구이긴 하나, 시장이 사회 제도를 지배하는 규범을 고쳐 쓰기를 원치 않는다면 시장의 도덕적 한계를 공론에 부칠 필요가 있다고 주장했다(이종수, 2013a: 212).

현대 사회가 위기에 처한 것은 고대 그리스의 '덕 윤리' 전통을 상실했기 때문이라고 진단한 매킨타이어는 이러한 덕 윤리의 전통을 부흥시킬 것을 주창한다. 그는 『덕의 상실(*After Virtue*)』(1984)에서 공동체주의적인 덕 윤리에 입각해 자아 정체성이 어떻게 형성되어야 하는지에 대해 다음과 같이 말한다.

"나의 삶의 역사는 항상 내가 그것으로부터 나의 정체성을 도출해 내는 공동체의 역사 속에 편입되어 있다. 나는 과거와 함께 태어났다. 그리고 이러한 과거로부터, 개인주의적 방식으로, 내 자신을 분리시키려는 시도는 나의 현재 관계들을 왜곡시키는 것을 의미한다. 역사적 정체성의 소유와 사회적 정체성의 소유는 일치한다. …… 자아의 도덕적 정체성은 가족, 이웃, 도시, 부족과 같은 공동체의 구성원 자격 속에서 발견된다"(MacIntyre, 1984).

또한 대표적인 공동체주의자 가운데 한 사람인 왈저에게서는 정치적 자유주의자의 요소도 찾아볼 수 있다. 즉, 국가의 간섭이 금지된 사적 영역으로 간주되어야 마땅한, 삶의 영역이 있다고 생각한 점에서 왈저는 자유주의자로 분류될 수 있을 것이다. 그는 그러나 국가가 사회복지의 증진을 위해 일정한 역할을 해야 한다고 믿는다는 점에서 공동체주의자로 간주될 수 있다(Walzer, 2009: 13-14).

왈저의 정치철학은 특수주의적 방법론으로 특징지어진다. 왈저는 "분배 정의와 관련된 모든 재화는 사회적 재화(social goods)"라고 규정한다(Walzer, 1983: 7). 그는 또한 "상이한 사회적 재화는 상이한 절차와 주체에 의해, 상이한 이유에 입각해서 분배되어야 하며, 이 모든 차이는 사회적 재화 그 자체에 대한 상이한 이해–이는 역사적·문화적 특수주의의 불가피한 산물이다–로부터 도출된다"고 주장한다(Walzer, 1983: 6). 왈저는 또한 보건의료, 교육과 같은 사회적 재화는 각각에 적합한 특수한 분배 장치들을 지닌다고 하면서, 구체적인 재화와 가치들이 어떻게 분배되어야 하는지를 알려면 그들 재화가 구체적인 문화 속에서 어떻게 이해되고 있는지를 살펴봐야 한다고 말한다. 왈저는 나아가 분배 원칙들은 재화특수적이어야 하며, 재화특수적 원칙들은 문화특수적이어야 한다는 점을 인식해야 한다고 주장한다(Mulhall & Swift, 2001: 177).

왈저 이론의 특징 가운데 하나는 그가 복합평등(complex equality), 즉 분배 원칙의 다원성을 주장한다는 점이다. 그는 "모든 사회적 재화는 각기 그에 적합한 일정한 기준과 장치들을 지닌다. 돈은 성직 영역에는 부적합하다. …… 그리고 신앙심은, 일반적으로 이해되어 온 것에 의하면, 시장에 아무런 이득도 되어서는 아니 된다"(Walzer, 1983: 10)고 기술하고 있다. 다른 말로 하면 정치, 경제, 사회, 교육 등 각 분야에서의 분배적 정의는 각기 다른 원리에 의해 결정되어야 한다는 것이다.

왈저의 이러한 언급 속에서 우리는 자본주의 사회의 부정의(不正義)는 부(富, wealth)가 불평등하게 분배된다는 데 있다기보다는, 부를 지닌 사람이 보건의료나 교육과 같은 다른 영역의 재화까지 가지는 데 있다는 함의를 찾을 수 있다. 왈저에게 정의로운 분배 체계는 부와 같은 특정한 영역의 불평등이 보건의료나 정치 권력과 같은 다른 영역들을 침범하지 않도록 하는 분배 체계라고 할 수 있다. 다른 말로 하면 공직자가 공직자라는 사실에 기인해 부, 명예와 같은 다른 재화를 더 많이 갖게 된다면 그것은 정의로운 사회가 아니라는 것이다.

왈저는 그 점에 대해 분명하게 말한다. "어떤 재화를 소유한 개인이 그 재화를 가졌기 때문에 여타의 재화까지 광범위하게 소유할 수 있다면 그 재화를 '지배적'이라고 부른다. 가치의 세계에서 어떤 한 개인이나 군주－혹은 개인들의 집합이나 과두제의 집정자들－가 모든 경쟁자에 대해 어떤 재화를 성공적으로 확보할 때 그 재화는 독점되는 것이다. 독점은 사회적 재화의 지배력을 이용하기 위해 그들 재화를 소유하거나 통제하는 것을 가리킨다(Walzer, 1983: 10-11). 달리 얘기하자면 권력을 지닌 공직자가 부 또는 문화와 같은 다른 재화를 더 많이 갖게 된다면 지배 현상이 나타나게 되고, 그 사회는 정의로운 사회가 아니라는 것이다.

왈저는 '분배적 정의'를 성립시키는 단일한 기준이 존재하지 않는다고 강조한다. 성원권, 안전과 복지, 돈과 상품, 공직, 힘든 노동, 자유 시간, 교육, 혈연과 사랑, 신의 은총, 인정, 정치 권력 등의 사회적 가치는 무수히 다양한 방식으로 분배된다. 그는 여러 분배 제도 및 이데올로기 세계에 접근할 수 있는 단 하나의 유일한 지점은 존재하지 않는다고 본다. 그는 또한 교환의 보편적인 매개물마저 결코 존재한 적이 없었다고 주장한다. 그리고 모든 분배가 통제되는 출발점이 되는 단 하나의 결정적 순간 역시 존재한 적이 없었다고 하면서, 결정을 내리는 행위자들의 유일한 집합 역시 존재하지 않는다고 한다. 따라서 분배적 정의에 대한 탐구는 단일한 기준을 허구적으로 상정하고자 하기보다는, 오히려 일상적 개인들이 실제로 상이한 사회적 가치를 어떻게 분배하고 있는지에 대해 주목해야 한다는 것이다.

정의는 이와 같이 다원주의적 현실 속에서 이뤄지는 실제 분배 과정을 통해 인간이 구성한 결과물이라는 것이다. 즉, 정의는 인간이 구성한 것이며, 따라서 정의가 오직 한 가지 방식으로만 만들어질 수 있다는 주장은 의심스러운 것이라는 것이다. 그는 즉, 정의의 원칙들은 그 형식에서 그 자체가 다원주의적이라는 것이다.

왈저는 대부분의 분배적 정의론이 상정하고 있는 분배의 과정을 자신이 제시하는 사회에 대한 다원주의적 서술과 대비시킨다. 그는 즉, 분배가 언제나 사회적 가치의 구상과 창출이라는 특정한 맥락을 바탕으로 이뤄질 수밖에 없다고 지적한다. 즉, 사회적 가치의 분배는 우리가 상정해 놓은 단일한 기준에 근거하여 순수하게 이뤄지는 것이 아니다. 오히려 우리는 그 사회적 가치가 구상되고 창출된 배경 속에 미리 전제되어 있는 분배의 기준을 이해하지 않고서는 무엇이 올바른 분배인지를 얘기할 수조차 없다는 것이다.

왈저는 사회적 가치에 대한 이와 같은 이해는 다음의 여섯 가지 명제로 보다 구체화될 수 있다고 주장한다.

① 분배적 정의와 관련된 모든 가치들은 사회적 가치들이다.
② 사람들은 그들이 사회적 가치들을 구상하고 창출하며 소유하고 또한 채택하는 바로 그 방식 때문에 구체적인 정체성을 갖는다.
③ 모든 도덕적·물질적 세계에서 통용될 수 있는 기본적 가치들의 집합을 단 하나로 구상하는 것은 전혀 불가능하다.
④ 그러나 가치들의 이동을 결정하는 것은 그 가치들의 의미다.
⑤ 사회적 의미들은 그 특성상 역사적이다. 또한 분배 그 자체와 정의로운 분배 및 부정의한 분배의 개념은 시간이 지남에 따라 변화한다.
⑥ 의미들이 서로 뚜렷이 구분될 때, 다양한 분배들은 자율적이어야만 한다.

왈저는 또한 사회적 가치가 각각의 분배 영역이 지닌 기준에 따라 자율적으로 분배되어야 한다고 주장한다. 모든 분배 영역을 망라할 수 있는 분배적 정의의 단일한 기준이란 존재하지 않기 때문이다. 문제는 이러한 자율적 기준이 침해당할 경우 발생한다는 것이다.

자율적 기준에 대한 침해는 '지배'와 '독점'이라는 두 가지 형태로 나타난다. '지배'란 한 가치를 집단이 광범위한 다른 가치까지도 소유하기에 유리한 위치에 놓인 상태이다. 하나의 가치가 다음과 같은 경우라면 지배적이라고 하겠다. 즉, 그 가치를 가지고 있는 개인들이, 그 가치를 가지고 있다는 이유 때문에 더욱 광범위한 다른 가치들을 제압할 수 있는 경우 그 가치는 지배적이다. '독점'이란 다른 광범위한 가치를 지배할 수 있는 가치를 특정한 집단만 차지한 상태이다. 독점은 지배적인 사회적 가치들을 부당하게 이용하기 위해 사회적 가치들을 소유 혹은 통제하는 방식을 묘사한다.

지배적 가치의 독점은 한 집단이 다른 집단보다 우위성을 지닐 수 있도록 만든다. 소위 '지배 계급'이란 가치의 지배와 독점을 통해 등장한다. 하나의 지배적 가치에 대한 독점적 통제를 통해 지배 계급이 등장하며, 그 계급의 성원들은 분배 체계의 최상층을 차지한다는 것이다. 따라서 사회를 구성하는 다양한 집단은 그 사회의 지배적 가치를 독점하기 위해 서로 자신의 집단에서 통용되는 분배 기준을 이데올로기의 형태로 절대화하여 지배적 가치에 대한 소유권을 주장한다. 귀족 집단은 '혈통'이라는 기준을 내세우는 방식으로, 성직자 집단은 '종교적 지식'이라는 기준을 내세우는 방식으로, 엘리트 집단은 '업적'이라는 기준을 내세우는 방식으로, 자본가 집단은 '돈'이라는 기준을 내세우는 방식으로 말이다. 이러한 이데올로기에 대해 반대하는 논리의 종류는 다음과 같이 세 가지로 구분해 볼 수 있다.

① 지배적 가치는, 그것이 무엇이건 상관없이 평등하게 (혹은 적어도 더욱 광범위하게) 공유될 수 있도록 재분배되어야만 한다는 주장. 이 주장은 독점이 부정의하다는 주장으로 귀착된다.

② 모든 사회적 가치들을 자율적으로 분배할 수 있는 길이 열려 있어야만 한다는 주장. 이 주장은 지배가 부정의하다는 주장으로 귀결된다.

③ 새로운 집단이 독점하고 있는 새로운 가치가 현재의 지배적 가치를 대체해야만 한다는 주장. 이 주장은 지배 및 독점의 현존 형태가 부정의하다는 주장으로 귀착된다.

왈저는 ①, ②, ③ 중에서도 ②가 사회의 다원적 현실에 잘 부합한다고 주장한다. 그는 즉, 내가 주목하고자 하는 것은 첫 번째 주장과 두 번째 주장이지만, 궁극적으로는 두 번째 주장에만 주목하고자 한다고 하면서, 그 이유는 두 번째 주장이 사회적 의미들의 다원성과 분배 체계들의 실질적 다원성을 매우 잘 포착하고 있는 것처럼 보이기 때문이라는 것이다.

마르크스가 주장한 혁명적 이데올로기는 ③에 부합한다. ③은 이데올로기가 제시하는 불평등한 분배 자체에 반대하기보다는, 오히려 '지배 계급'의 자리를 차지하기 위한 이데올로기 투쟁을 지속적으로 유지시키고자 한다. 마르크스주의 이론에서 볼 때, 프랑스 혁명은 귀족적 태생 및 혈통, 그리고 봉건적 토지 소유의 지배가 종식되는 것이며, 그 대신 부르주아적 부가 그 자리를 차지하는 것이다. 그러나 다른 주제들과 다른 대상들이 등장하면서 원래의 상황이 재생산된다(이 점은 결코 하찮은 것이 아니다). 그리고 그 즉시 새로운 계급 전쟁이 시작된다.

마르크스의 모형은 지속적인 분배 투쟁을 위한 강령이다. 물론 중요한 것은 순간순간 누가 승자가 되는가일 것이다. 이러한 주장은, 마르크스가 부르주아 계급에 반대하여 프롤레타리아 계급의 이데올로기를 내세운 것처럼, 이데올로기 투쟁에서 우위를 정하고자 하는 '새로운 집단'의 기준을 모든 사람의 범위로 넓힐 경우 결국 ①과 마찬가지의 문제에 빠지게 된다.

왈저는 사회적 가치에 대한 '독점'보다도, 오히려 특정한 사회적 가치를 통해 이루어지는 '지배'를 비판해야 한다고 주장한다. 소수의 집단이 중요한 사회적 가치를 차지하고 있다는 사실보다도, 오히려 하나의 분배 영역에서 성립하는 사회적 가치가 다른 분배 영역의 자율성을 침해하는 행위를 문제 삼아야 한다는 것이다. 독점은 지배를 비판하는 과정에서 자연스럽게 해소될 수 있다는 것이다. 그는 우리가 독점의 혁파 혹은 독점에 대한 제한에 우선적으로 주목할 것이 아니라, 지배의 축소에 주목해야 한다는 주장을 펴고자 한다고 하면서, 그러나 지배에 대한 비판은 분배들의 실질적인 다원성을 새로운 모습으로 제시하고 나아가 또한 이와 더불어 살아갈 수 있는 길을 보여줄 것이리고 한다.

왈저는 이러한 논의가 지향하는 사회를 '다원적 평등 사회'라고 부른다. 각각의 분배 영역에서는 소규모의 독점이 이뤄질지도 모르나 모든 종류의 독점을 막기 위해 강력한 규제를 시행할 필요는 전혀 없다는 것이다. 즉, 한 개인이 다른 개인보다 사회적 가치를 더 혹은 덜 소유하고 있다는 사실 자체는 매우 자연스러운 현상이라는 것이다. 더욱이 이러한 차이가 각각의 분배 영역이 지닌 자율적 기준에 따라 생겨난 것일 경우 독점은 정당하기까지 하다는 것이다.

왈저는 '다원적 평등 사회'의 특징을 다음과 같이 얘기한다. 상이한 사회적 가치들이 독점적으로 소유되어 있으면서 어떤 특정한 가치도 일반적으로 전환되지 않는 사회를 상정해 보자. 이러한 사회에서 국가의 개입을 지속적으로 금지할 경우 사회적 가치들은 지금도 사실상 그렇지만 앞으로도 독점적으로 소유될 것이다. 이런 사회가 다원적인 평등주의 사회다. 소규모의 불평등이 다수 존재할 것이지만, 불평등이 전환 과정을 거치면서 증식되지는 않을 것이다. 또한 이러한 불평등이 상이한 가치들을 아우르면서 통합되지도 않을 것이다. 왜냐하면 분배의 자율성은 상이한 집단들에 의해 장악되는 다양한 국지적 독점들을 산출하는 경향이 있기 때문이다. 나는 다원적 평등이 단순 평등보다 반드시 더욱 안정적이라는 주장을 펴고 싶지는 않다. 그러나 다원적 평등은 사회적 갈등을 더욱 분산시켜 개별화된 형태로 나아가는 길을 열 것이라고 생각한다. 전환 가능성에 대해서는 국가에서 대규모 정책적인 조치를 취하지 않더라도, 각자 나름의 고유한 권한과 통제의 영역 안에 있는 일상인들도 상당한 정도로 계속 저항할 것이다.

왈저는 따라서 다원적 평등에 대한 논의는 사회적 가치의 지배에 대한 비판으로부터 분배를 위한 원칙을 제시한다고 주장한다. 그는 한 사회적 가치를 지니고 있다는 사실이 다른 사회적 가치의 소유에까지 영향을 줘서는 안 된다고 주장한다. 지배(dominance) 및 지배 행위(domination)에 대한 비판은 개방적인 분배 원칙으로 나아간다. 어떠한 사회적 가치 x도, x의 의미와는 상관없이 단지 누군가가 다른 가치 y를 가지고 있다는 이유만으로 y를 소유한 사람들에게 분배되어서는 안 된다는 것이다. 즉, 사회적 가치의 의미는 이러한 가치가 구상되고 창출된 분배 영역 속에 제한되어야 한다는 것이다.

왈저는 '자유 교환', '응분의 몫', '필요'라는 세 가지 분배의 원칙이 다원적 평등 사회의 개방적 분배 원칙과 잘 부합할 것이라고 생각한다. 그는 즉, 어떤 하나의 단일한 분배 기준을 대변하고자 하는 일체의 주장들을 젖혀두고자 한 것이다. 왜냐하면 이와 같은 어떤 기준도 사회적 가치들의 다양성과는 조화할 수 없기 때문이라는 것이다. 그러나 다음 세 가지 기준들(자유 교환, 응분의 몫, 필요)은 개방적인 분배 원칙의 요구들을 충족시킬 수 있을 것으로 보이며, 또한 종종 분배적 정의의 시작이자 끝으로 옹호되어왔다는 것이다. 그는 즉, 지배와 독점 없이 이뤄지는 '자유 교환'에서는 사회적 가치가 각각의 분배 영역에서 지닌 의미가 잘 드러날 수 있다는 것이다. '응분의 몫'에 근거한 분배 역시 사회적 가치의 의미를 고려하면서 이뤄진다. 마찬가지로, 각각의 분배 영역이 어떠한 '필요'에 따라 사회적 가치를 구상하고 창출하는지에 대한 이해도 정의로운 분배를 위해 필수적으로 요구될 수밖에 없다.

왈저는 또한 사회적 가치가 카스트와 같은 위계 제도에 의해 분배될 경우 다원적 평등과 자율적 분배에 대한 논의가 가능하지 않게 된다고 얘기한다. 위계적 사회는 그 속에 포함된 집단을 다양하게 분화시킨다는 점에서는 '다원적 사회'라고 할 수 있지만, 이렇게 구분된 집단을 하나의 체제를 바탕으로 정합적으로 통합시키고자 한다는 점에서는 '다원적 평등 사회'와 상충한다.

왈저는 일반적인 경우 다양한 사회적 가치 사이의 통합은 불완전하게 이뤄질 수밖에 없으며, 또한 그렇게 이뤄져야만 한다고 주장한다. 즉, 사회적 가치들은 오직 불완전한 방식으로만 더욱 큰 체제로 통합되며, 또한 이런 사회적 가치들은, 아주 드문 일이기는 하겠지만 그 고유한 맥락 안에서 이해된다는 것이다.

왈저는 '정치공동체'가 다원적 평등 사회를 기획하기 위한 개념적 틀, 곧 우리가 사회적 가치의 분배를 조정하고자 할 때에 고려해야 하는 논변의 배경이라고 제시한다. 물론 분배의 문제는 정치공동체보다 넓은 범위에서 발생할 수도, 좁은 법위에서 발생할 수도 있다. 정치공동체는 사회적 가치의 분배가 논의될 수 있는 모든 배경을 포괄하지는 못한다. 그러나 대개의 경우 언어, 문화, 역사 등, 분배의 문제를 다루기 위해 전제되는 가장 기본적인 사회적 맥락은 정치공동체 속에서 공유된다.

왈저는 정치공동체는 각각의 시민에게 공동의 운명에 대한 관심을 불러 일으켜 분배의 문제를 고민할 수밖에 없게 한다고 주장한다. 즉, 정치는 분배적 정의를 고려하고자 한다면 피할 수 없는 틀을 성립시킨다는 것이다. 그는 그리고 정치공동체 속에 참여할 수 있는 권리, 즉 '성원권(membership)'은 그 자체로 가장 중요한 분배의 대상 중 하나이기도 하다고 주장한다. 즉, 공동체 그 자체가 하나의 분배되는 가치, 그 중에서도 가장 중요한 가치라는 것이다. 즉 공동체는 오직 사람들을 그 공동체 안에 참여시키는 것을 통해서만 분배될 수 있는 가치라는 것이다.

왈저는 즉, '지배적인 재화'는 그것이 무엇이든 평등하게 분배되어야 하며, 분배 방식은 각 재화의 고유한 의미에 따른 분배가 이뤄져야 한다는 점을 강조한 것이다. 왈저의 주장은 전자보다는 후자, 다시 말해 어떤 재화가 지배적이건 그 재화의 '평등한 분배'보다는 '자율적인 분배', 즉 각각의 재화에 고유한 의미에 따른 분배가 중요하다는 점을 강조한 것으로 볼 수 있다(Mulhall & Swift, 2001: 200-201).

자유주의 정치철학의 난점을 극복하기 위해 제시된 공동체주의에 대해서도 다양한 비판이 가해진다. 자유주의에 대한 공동체주의의 비판 속에 들어 있는 논리적 모순이 지적되는가 하면, 공동체주의 정치철학 속에 내재하는 논리적 모순이 지적되기도 한다. 즉, 공동체주의는 자유주의의 한계를 극복할 수 있는 가능성을 제공하지만 그 자체 또한 한계를 지니고 있다고 하겠다(이종수, 2013a: 214-218).

CHAPTER 06

행정이 추구하는 실천적 가치

제1절 정의

생각해 보기

'정의' 관련 '생각해 보기' 과제

(1) 정의로운 분배의 메커니즘

오늘날 '사회적 자유주의' 이념을 추구하지 않는, '고전적 자유주의'에 이념적 기반을 둔 정부라 할지라도 많은 나라에서 무상교육, 노동자의 재해보험, 장애인 · 노약자 · 실업자 지원 정책, 건강보험, 최소임금법 등 여러 사회적 정책을 제도화하고 있다. 그러나 자유주의 전통을 따르는 대부분의 정부는 조세 수단을 통한 분배 정의 구현에 소극적 입장을 취함으로써 사회 양극화 현상을 심화시키고 있다.

현대 자유주의 정치철학자 속에는 여러 학자가 포함될 수 있을 것이나 여기서는 노직(Robert Nozick)을 중심으로 자유주의 사상의 특징을 고찰하고자 한다. 노직과 같이, 국가에 의한 강제적 재분배 정책에 대해 기본적으로 반대하는 정치적 · 경제적 자유주의자들은 시장 메커니즘에 의한 분배를 정의로운 것으로 본다.

(2) 시장 및 정부의 역할과 정의 사회의 구현

시장과 관련해 국가가 수행해야 할 기능의 범위를 어떻게 설정할 것인가 하는 문제는 미래 행정의 모색에서 중요성을 지닌다. 신자유주의자들은 정부의 기본 기능을 시장 질서의 공정한 유지에 한정하는, 즉 시장경제의 단순한 보완물이나 교정물에 한정해야 한다고 주장한다.

이에 반해 진보주의자들은 정부가 시장을 적절히 규제할 경우 시장 그 자체만으로는 달성하기 힘든 자원의 최적 할당이나 완전고용 상태와 같은 최적 상태를 달성할 수 있을 것으로 가정하면서, 공공 부문이 시장의 잔여 영역으로만 볼 수 없는 좀 더 적극적인 기능을 수행해야 한다고 주장한다. 케인스(John M. Keynes, 1883~1946)와 같이 시장에 대한 국가 개입을 옹호하는 학자들은 이와 같이 정부를, 시장 메커니즘을 적극적으로 규제하거나 촉진시키는 도구로 본다. 경제 안정화 및 경기 조절을 위한 정부의 재정 정책과 통화 정책, 시장의 공정한 경쟁 질서를 유지하기 위한 공정거래 정책, 그리고 개발도상국에서 경제 성장을 촉진하기 위해 동원하는 여러 재정금융 정책을 이러한 도구로 볼 수 있다.

그 밖에도 20세기의 복지경제학자들은 시장의 결과를 사회 정의의 구현과 같은 규범적 목표에 적응시키기 위해 정부가 적극 개입해야 한다고 주장한다. 즉, 이들은 분배 문제로 인해 국가의 정통성이 훼손되고 민주주의가 위협받지 않도록 하기 위해 정부가 '분배 정의'를 구현하는 적극적인 역할을 수행해야 한다고 하는 '적극국가론'을 개진하고 있다. 시장실패를 치유하기 위한 정부 조치(government action)를 제안하는 복지경제학자들은 정치학 분야에서 동지(allies)를 찾는다. 정치학자들의 일반적 관점(prevailing view)은 민주적 통치 방식이 경제학자들의 기준에서 볼 때 비효율적일지 모르나, 본질적으로 선하며(essentially benign) 공정(fundamentally fair)하다는 것이다. 즉, 정치학자들은 민주적 방식이 전반적인 정의(justice) 및 형평성(equity)이라는 결과로 귀착된다는 것이다.

1 정의의 개념적 기초

정의의 개념은 그리스 시대 이래 여러 학자에 의해 다양하게 정의(定義)되어 왔다. 플라톤(Platon)과 그의 동시대인에게 정의는 으뜸가는 덕목으로 '옳음(righteousness)'

그 자체였다(Arthur & Shaw, 1978: 2). 앞서 제2장에서 가치어 가운데 선(善, good), 정의(正義, justice) 등의 개념은 서술적 의미를 거의 포함하지 않은, 정의적 요소로만 구성되어 있는 개념으로 규정했다. 실제로 정의(正義, justice)의 개념은 '옳다'는 정의적(情意的) 의미(emotive meaning)[1] 이외에 다른 서술적(敍述的) 의미(descriptive meaning)가 들어 있지 않은 순수한 정의적 개념인 것처럼 보인다.

정의의 개념에서 굳이 서술적 구성 요소를 찾는다면 공정성, 형평성, 평등 등의 개념을 가려낼 수 있다. 실제로 역사상의 많은 사상가는 정의의 개념을 공정성, 형평성, 평등 등의 개념으로 풀이했다. 정의는 그 어원을 이루는 just가 '올바른'이라는 의미 이외에 '공정한'이라는 의미를 지니고 있는 바, 정의의 여신(goddess of justice: Dike)이 왼손에 들고 있는 저울은 공정성을 상징한다고 하겠다.

정의의 역사에 있어서 정의 개념이 인간의 도덕적 관심과 관련을 맺어온 것은 사실이지만, 그것이 인간의 도덕적 관심에서 차지하는 비중에서 관해서는 의견이 엇갈려 왔다. 한편으로 정의는 모든 덕목의 근원 혹은 주덕목(主德目)으로 간주되어 왔는가 하면, 다른 한편으로는 여러 덕목들 가운데 하나로 여겨져 왔다.

"하늘이 무너져도 정의를 세워라"는 구호 속에 여실히 드러나 있듯이, 전자의 입장에서 정의는 다른 모든 가치들보다 우월하거나 그것들을 포용하는 것으로 간주된다. 이러한 포괄적인 정의 개념의 사용례를 동양의 예(禮)나 의(義), 플라톤의 지혜, 용기, 그리고 절제라는 세 가지 덕(德)들을 통일하는 지고(至高)의 덕(德)으로서의 정의(正義), 그리고 기독교적 정의 개념 등에서 찾아볼 수 있다. 그러나 오늘날 우리가 보통 말하는 정의라는 개념은 이와는 달리 좁은 의미의 정의 개념을 뜻한다.

협의(狹義)의 정의 개념은 아리스토텔레스(Aristoteles)의 비례적 정의 개념으로부터 시작된다고 볼 수 있다. 이것은 자원 배분이 야기하는 이익 갈등의 해결을 목적으로 삼는 도덕성을 지칭한다. 이 글에서는 바로 이 후자의 좁은 의미를 내포한 정의 개념을 사용하고 있다.

자원 배분 상황에서 도덕적 인간의 정의(正義) 판단은 그 판단 기준이 되는 모종의 공정성 기준을 요구하며, 그러한 공정성 기준은 일종의 사회적 규범의 형태로 존재한다. 이러한 정의 규범들은 한 공동체 사회가 자원 배분이 야기하는 사회 갈등의

1) 정의주의윤리설(情意主義倫理說, emotivism)은 언어는 인식적 진술을 통해 사실 문제를 기술하는 기능과, '감정'을 표현하는 정의적 기능의 두 기능을 지닌다고 주장한다.

해결을 위하여 생성한 일종의 사회적 약정들(social conventions)이다. 정의 규범들은 한 시대, 한 공동체의 구성원들이 공유하는 약정(約定)된 가치들이란 점에서 가변적이고 이데올로기적이다. 더욱이 이들 정의 규범들 사이에 갈등이 야기되는 경우도 없지 않다.

그렇다면 정의 규범들의 근거가 되는 가치들이 경험이나 논리에 의하여 증명될 수 없는 까닭에, 정의 규범의 선택은 전혀 자의적(恣意的)이며 불확정적(不確定的)인가? 그리고 모든 사람들이 정의로운 사회에 대한 동일한 이상(理想)에 동의하리라는 기대를 갖는 것은 환상(幻想)에 불과한가? 실천이성에의 철학적 사용(使用)을 완전히 포기하고, 행위 영역에서 도구적 이성의 기능만을 인정하는 실증주의자들은 이 질문에 긍정적으로 답해 왔다. 그리하여 이들 실증주의자들에게 있어서 가치와 그에 근거한 정의 규범에 대한 논의는 단지 도로(徒勞)에 불과하였다. 이들은 정의(正義)란 이성적으로 확정할 수 없는 착종(錯綜)된 개념이라고 생각하였던 것이다(안성호, 1988: 59).

플라톤은 그의 저서 『공화국(*Republic*)』에서 정의는 각 사람에게 '응분의 몫'을 부여하는 것이라고 주장했다. 여기서 초점이 되는 것은 과연 '응분의 몫'이 무엇을 의미하는가다. 플라톤은 생산자 계급과 수호자 계급, 그리고 통치자 계급이 각각 자신의 위치에서 자신의 역할을 다할 때 정의가 이뤄진다고 한다. 그는 사회 구성원들이 그 역할과 능력에 상응해 사회적 지위와 물질적 보상을 받을 때, '응분의 몫'을 차지하는 것이 되며, 그것이 바로 사회적 정의를 실천하는 길이라고 생각했다. 플라톤도 이와 같이 '정의'를 '형평성' 또는 '공정성'의 의미로 파악한 것으로 이해된다.

돌바흐(Paul H. T. Baron d'Holbach) 또한 정의의 본질을 형평성으로 파악한다. 그는 정의의 개념은 각자의 재능과 업적에 따라 대우하는 것을 의미한다고 말하면서 형평이 곧 정의라고 주장한다. 돌바흐는 기계적 평등은 사회 정의에 어긋날 뿐만 아니라 사회 공동선과 양립하지 않는다고 주장하면서 차별과 계급의 기원이 오직 개인의 덕성, 능력 또는 공익에의 기여 등에 있으며, 그 결과 발생하는 불평등은 당연하다고 주장한다(d'Holbach, 1776: 105-106; 차하순, 1983: 256).

정의의 개념은 또한 공정성으로 풀이된다. 시즈위크(Sidgwick, 1981: 15)는 정의를 권리와 자유, 부담과 혜택을 '공정하게 배분'하는 것을 의미한다고 말한다. 그에 의하면 배분적 정의는 단지 자의적 차등(arbitrary inequality)을 배제하려는 것에 불과하다. 그리고 롤스(John Rawls, 1921~2002)도 정의를 공정성(fairness)으로 풀이한다.

공정성의 의미는 분배의 기준을 통해 이해될 수 있다. 공정한 분배의 기준으로는 블래스토스(Gregory Vlastos, 1907~1991)의 범주가 참고될 수 있다. 블래스토스는 오늘날 주장되고 있는 공정한 분배의 원칙을 다음과 같이 다섯 가지로 분류했다. ① 각자의 필요(need)에 따른 분배, ② 각자의 가치(worth)에 따른 분배, ③ 각자의 노동(work)에 따른 분배, ④ 각자의 능력과 업적(merit)에 따른 분배, ⑤ 각자가 체결한 계약(agreement)에 따른 분배(이종수, 1988: 38-39) 등이 있다.

마무리하면 정의(justice)의 개념은 서술적 요소로 형평성과 공정성, 그리고 평등의 의미를 담고 있다. 정의의 이러한 개념 속에는 동등한 것은 동등하게 대우해야 한다는 평등의 원칙과, 서로 다른 것은 다르게 대우해야 한다는 차등의 원칙이 동시에 들어 있다. 다만, 정의(正義)의 개념 속에는 '옳다'는 의미의 정의적(情意的) 구성 요소가 많이 들어 있는데 비해, 형평성과 공정성, 그리고 평등의 개념은 분배 원칙과 관련된 서술적(敍述的) 구성 요소를 더 많이 포함하고 있다는 차원에서 차이를 찾아볼 수 있다(이종수, 2012: 162).

2 공동체 유대의 기반으로서 정의

정의의 사회적 의미는 분배적 정의(distributive justice)를 의미한다. 분배적 정의란 사회 구성원 각자가 자신이 향유해야 할 사회적·경제적 가치의 '응분의 몫'을 누리는 상태를 말한다. 분배적 정의는 '공정한 분배'를 의미한다.

본래 정의라는 말은 결합(結合) 또는 유대(紐帶)라는 뜻을 지닌 산스크리드 어 '주(ju)'라는 어근(語根)에서 비롯된 것으로 알려지고 있다. 이것은 정의의 개념이 공동체 구성원들 사이의 결속과 유대라는 고유한 의미를 내포하고 있음을 어원적으로 시사하는 것이다. 정의의 개념이 함축하는 이와 같은 공동체 지향의 본래적 의미는 정의의 개념을 사회사상의 핵심으로 삼아 발전시켜 온 서양철학사에 면면히 이어져 왔다. 더욱이 이러한 전통은 동양철학에서도 발견된다. 서양 사상에서와 같은 정의 개념의 발달을 동양 사상에서는 찾아 볼 수 없지만, 그에 상응하는 유사 개념으로서 유교의 예(禮)와 의(義)의 개념을 들 수 있다(안성호, 1988: 57-58).

유교 예와 의의 개념 구분은 분명하지 않지만, 예(禮)는 하늘의 율법(律法)을 구현하고 인성을 표현하는 방법을 정한 행위 규범을 말하며, 의(義)는 자기 이익, 즉 이

(利)와 대비하는 인간의 이성에 근거한 도덕심을 의미한다(義者理也-『예기(禮記)』).2) 이렇게 보면 정의 개념은 예(禮)보다 의(義)에서 더 구체적으로 표현되고 있는 것으로 생각되는데, 아무튼 예와 의는 공동체의 유대에 긴요한 도덕적 질서 의식으로 해석된다는 점에서 정의의 본래적 의미에 부합한다. 이와 같이 정의 개념은 동서고금을 관류하여 공동체 이익에 대한 도덕적 관심으로 이해되어 왔다.

이러한 정의는 사회 도덕의 기초로서 법의 기본 원리가 된다. 확실히 법 체계를 지탱하는 것은 '정의의 원리(principles of justice)'라고 할 수 있다. 이와 같은 관점에서 본다면 사회 도덕의 기초로서의 정의는 전체로서의 사회 질서를 지지하고 있는 기본 규범이라고 하겠다(김영종, 1995: 139-140).

아리스토텔레스 이래 인간은 사회를 형성하고 그 속에서 정치적 상호 관계를 맺으면서 살아가는 정치적 동물로 묘사되었다. 이와 같이 사회를 형성해 그 속에서 함께 살아가는 인간 사회에서 공동체로서의 유대를 강화하는 기반은 '공정성'으로서의 '정의'라고 하겠다. 부연하면, 정의 규범은 권력·부·명예와 같은 사회적 가치(social values)의 배분을 둘러싸고 벌어지는 인간 사회의 이해 갈등을 해소하고 사회적 결속을 다지기 위해 생성된 일종의 사회적 약정(social convention)이라고 할 수 있다.

3 정의와 평등

평등의 개념은 고대 그리스 시대부터 정의의 본질적 속성으로 간주되어 왔다(Brown, 1988; Dann, 1975; 이종수, 2013: 155). 희랍 시대 이래 정의론의 주된 쟁점은 정당화될 수 있는 불평등의 기준이 무엇이냐에 초점이 두어졌다. 아테네 시대에도 오늘날처럼 정치권력이나 사회적 지위 및 경제적 자원의 분배에 있어 심각한 불평등이 있었다. 그러나 고대 그리스의 사상가들은 사실로서보다는 도덕적 요청으로서의 평등사상을 강조하였다. 신(神), 이성(理性), 자연(自然)을 하나의 동의어로 생각한 스토아 학파는 인간이 이성적 존재라는 데서 인간 평등의 논거를 찾고자 하였다. 그들은 인간 생활에 있어서는 이성이 지배적 원리인 바, 이성에 의해 인간은 신과 연결되고 또한 동포와 연결되기에 보편주의적 사회가 형성된다고 본 것이다(정인흥, 1985: 78-79).

---

2) 『예기(禮器)』에는 의(義)자가 24회 나타나는데, 이(利)와 대비되어 자주 쓰이고 있다.

아리스토텔레스는, 앞서 밝혔듯이, 좁은 의미에서의 정의를 평등(*ison*)으로 규정하였다. 아리스토텔레스는 이어 평등을 비례적 평등과 절대적 평등으로 나누었다. 그는 비례적 평등으로서의 정의를 분배적 정의(*to dianemētikon dikaion*)라 부르고 절대적 평등으로서의 정의를 시정적 정의(是正的 正義, *to diorthōtikon dikaion*)로 불렀다(Aristotle, 1962: 1130b). 아리스토텔레스에 있어 정의와 평등은 비례적 평등의 개념을 통해 연결된다.

아리스토텔레스는 범죄에서 유발되는 상해나 물품 교환 등에 있어서는 절대적 평등의 원리에 기초하여 시정이 이뤄지는 것이 정의인 반면에, 재화나 영예, 권력 등의 분배는 각자 그 사람의 '가치에 응하여(*kat' axian*)' 비례적으로 행해질 때 정의로운 것이라고 하였다(Aristotle, 1962: 1131a). 결국 정의로운 분배에 있어 사람들 사이의 상대적 우열을 무시할 수 없다고 생각한 그는 "정의는 평등한 자에게는 평등한 대우를, 차등한 자에게는 차등한 대우를 요구하는 것"으로 규정하였던 것이다(Aristotle, 1946: 1119; 황경식, 1991: 313-314; 이종수, 2913: 155-158).

키케로(Marcus Cicero, BC 106~BC 43)와 같은 로마의 사상가는 인간이 본질적으로 평등하다는 스토아적 관념을 계승하였다. 그는 자연법 하의 모든 인간은 비록 학식, 재산 등에 있어서 불평등하다 하더라도 자연법적 이성을 동일하게 소유하고 있다는 점에서 평등하다는 것이다. 키케로에 있어 국가는 단순한 사회(societas)가 아니라 공공적인 것(res publica), 인민의 것(res populi)이었다. 이때 인민은 인간의 단순한 집합체를 의미하는 것이 아니며, 그들은 상호 의무를 자각하고 권리를 시인함으로써 결합되어 있는 것이다. 따라서 키케로에 있어 정의는 사회공동체 속의 평등한 구성원들이 상호적 의무를 자각하고 권리를 서로 시인하는 것이라고 할 것이다(정인흥, 1985: 83-85).

평등의 개념은 함축하는 바가 많은, 따라서 그 정확한 의미를 둘러싸고 많은 논쟁을 불러일으키는 개념이다. 평등(Gr.: *isotes*, Lat.: *aequitas, aequalitas*)이라는 질적인 용어는 적어도 하나의 국면에서 동질성을 지니는 상이한 사물, 사람, 과정 사이의 상사성(相似性)을 의미한다. 평등은 모든 국면에서의 일치를 의미하지 않는다는 측면에서 동일성(identity)의 개념과 구분된다. 따라서 '모든 사람은 평등하다'는 말의 의미는 그들이 '동일하다(identical)'는 것을 의미한다기보다 '유사성(similarity)'을 지닌다는 의미로 해석되어야 할 것이다.

평등의 개념이 '같은 처지'에 있는 사람을 '똑같이 대접'하는 것을 의미한다고 하더라도, 평등 개념의 선명성을 밝히기 위해서는 무엇이 '같은 처지'인지 관점을 특정화할 필요가 있다(Lucas, 1973: 348). 각자에게 그의 몫을 준다 하더라도 '그의 몫'이 구체적으로 무엇을 지칭하는지, 그리고 어떠한 기준에 의한 분배가 '공정한 분배'인지를 특정화하지 않는다면, 프랑스(Anatole France)가 다음과 같이 시니컬하게 비판했듯이 정의(正義)의 정의(定義)는 같은 말을 반복하는 동의어 반복(tautology)에 불과하게 된다. "정의는 모든 사람에게 그의 몫을 주도록 하는 것이다. 부자에게는 그의 부를, 가난한 자에게는 그의 가난을(Justice is made to give everyone his due; to the rich his richness, to the poor his poverty)."

평등의 구체적 대상은 다양할 수 있다. 일반적으로 분배적 정의는 소득 또는 부와 같은 '지배적 재화'를 대상으로 상정하나, 교육, 보건의료와 같은 다양한 사회적 재화(social goods)들이 그 대상이 될 수 있다. 드워킨(Ronald M. Dworkin)은 이 점에 대해 분명한 어조로 말한다. 그는 모든 설득력 있는 정치이론은 평등이라는 동일한 궁극적 가치를 지니고 있다고 하면서, 이런 점에서 모든 이론은 '평등주의적(egalitarian)' 이론이라고 할 수 있다는 것이다(Dworkin, 1977: 179-183; 1983: 24). 그러나 평등주의 이론이 소득의 평등한 분배를 지지하는 이론을 의미하는 것이라고 한다면, 이러한 주장은 명백하게 틀렸다고 드워킨은 말한다. 그는 정치이론에는 더 추상적이고 근본적인 평등 개념이 있는 바, 이는 '평등한 존재'로 사람을 다루는 것을 의미한다는 것이다. 좌파 사상가들은 '소득 또는 부의 평등'이 사람을 평등하게 하는 전제조건이라고 믿는 반면, 우파 사상가들은 노동과 재산에 대한 구성원들의 '평등한 권리'가 인간을 평등하게 하는 전제조건이라고 믿는다. 이른 바 '기회의 평등'이 여기에 해당된다고 하겠다.

평등의 개념은 동물이 아닌 '인간으로서의 가치', '인간의 존엄성'에 대한 인식에 바탕을 둔 절대적 평등과 각자의 잠재적·후천적 능력과 기여도 및 필요의 상이성(相異性)에 바탕을 둔 상대적 평등(comparative equality)으로 나눠 볼 수 있다. 여기서 비례의 평등(equality of proportion)을 의미하는 상대적 평등은 곧 형평의 원리와 통한다고 하겠다(이종수, 1988: 39).

역사적으로 볼 때 신분이나 계급, 인종, 성(性)에 의한 불평등은 오늘날에는 부당한 불평등으로 간주되고 있다. 더 나아가 최근에는 능력이나 업적, 노력의 차이에 기인하는 격차까지도 많은 부분이 상속이나 교육 기회 등 여러 '우연적 요인'에 의한 것이라는 관점에서 이를 부당한 불평등으로 보는 시각이 확산되고 있다(이종수 외, 2008). 결론적으로 말하여 가치 개념으로서의 정의와 평등은 '부당한 불평등의 시정'을 지향한다고 하겠다.

4 정의이론의 계보

샌델은 정의를 이해하는 세 가지 방식을 다음과 같이 정리한다. 첫째는 공리주의의 정의론으로, 정의란 최대 다수의 최대 행복을 추구하는 것이라고 말한다. 둘째는 자유주의 정의론으로, 정의란 선택의 자유를 존중하는 것이라고 말한다. 셋째는 공동체주의의 정의론으로, 정의란 미덕을 키우고 공동선을 고민하는 것이라고 말한다. 샌델은 정의로운 사회는 공리주의자들과 같이 단순히 공리를 극대화하거나 자유주의자처럼 선택의 자유를 확보하는 것만으로는 만들 수 없다고 하면서 스스로는 세 번째 방식을 좋아한다고 설명한다.

정의이론의 계보는 다양하게 범주화할 수 있다. 여기서는 현대적 정의론을 공리주의 정의론, 자유주의 정의론, 평등주의 정의론, 롤스의 자유주의적 평등주의 정의론, 공동체주의 정의론 등으로 나눠 살펴보고자 한다.

1) 공리주의 정의론

공리주의(utilitarianism)는, 앞서 제5장에서 살펴봤듯이,[3] 가치 판단 기준을 효용성(utility)에 두는 철학사상을 말한다. 즉, 특정한 행위의 옳고 그름은 그 행위가 사회 구성원의 이익과 행복을 늘리는 데 얼마나 기여하는가 하는 효용성에 따라 결정된다고 보는 윤리학설을 말한다. 공리주의자들은 효용성을 도덕적 판단의 기준으로 삼는 '공리의 원리(principle of utility)'가 입법과 정치 등 모든 사회적 행위를 규율해야 한다고 주장한다.

공리주의는 쾌락과 행복을 추구하는 개인의 이기심을 전제하기에 일반적으로 경제적 자유주의를 뒷받침하는 것으로 이해되었다. 그러나 공리주의적 관점은 사회적 공리의 증대에 도움이 된다면 정부의 간섭과 부의 재분배를 위한 사회적 입법도 정당

---

3) 공리주의의 자세한 내용은 제5장 제1절 참조.

화될 수 있으며, 가부장적이고 강력한 중앙집권적 국가가 최대 다수에게 최대 행복을 가져다준다면 광범한 권력을 행사하는 독재적 국가도 수용될 수 있다고 본다는 점에서 반드시 자유주의 정치철학과 맥을 같이한다고 볼 수는 없다. 따라서 사회철학으로서의 공리주의 그 자체가 본질적으로 자유주의적이거나 반자유적인 것으로 볼 수는 없다.

공리주의가 자유주의적 성격을 갖게 된 것은 18세기 당시 널리 퍼진 자유방임주의적 시장경제 옹호론과 영향을 주고받았기 때문이다. 고전적 자유주의 경제학자들은 사익을 추구하는 개인들이 자유시장에서 자유롭게 경제 활동을 하게 되면 개인의 이익뿐만 아니라 사회 전체의 이익도 최대한 증진된다고 주장했다. 이들은 자유시장 경제가 원활하게 육성되도록 하자면 국가는 시장에 쓸데없는 간섭을 할 필요가 없다고 생각해 제한정부(limited government)를 옹호했다. 자유주의 경제학자들의 영향을 받은 벤담은 따라서 강력한 중앙집권적 정부를 지지하지 않았으며, 그의 철학은 민주주의적 자유주의를 지지하는 것으로 해석되었다(이종은, 2010: 121-122).

공리주의는 다른 한편 분배적 평등을 강조했다는 점에서 근대 복지사상의 발달에 큰 영향을 끼쳤다. 공리주의는 특히 영국의 페이비언 사회주의(Fabian socialism)의 사상적 근거를 제공했다는 점에서 오늘날 유럽의 사회민주주의 사상의 한 뿌리를 이루고 있다고 하겠다.

마무리해 얘기하자면, 정치철학 분야에서 정부의 권위와 개인 권리의 존엄성의 기초를 공리에 둔 공리주의는 자연법, 자연권, 사회계약이론의 대안으로 제시되기도 했다. 공리주의는 개인의 자유와 권리를 강조함으로써 현대 민주주의와 고전적 자유방임주의의 이념적 바탕을 마련한 것으로 평가받기도 하며, 다른 한편에서는 평등한 분배를 강조하는 것으로 해석되어 오늘날의 복지경제학(welfare economics)의 단초를 제공한 것으로 평가받는다(이종수, 2012: 177-181).

2) 자유주의 정의론

제5장에서 살펴봤듯이, 자유주의(liberalism) 또는 자유지상주의(libertarianism)는 개인의 자유와 권리를 주요 정치적·사회적·경제적 가치로 삼는 정치철학적 관점을 말한다. 민간 영역에 대한 정부 간섭의 최소화를 지향하는 자유주의(liberalism)라는 용

생각해 보기

'자유주의' 관련 '생각해 보기' 과제: 자유시장주의 대 정부개입주의

행정의 기능은 시장 및 시민과의 관계에서 정부 및 행정의 기능을 어떻게 규정하느냐에 따라 달라질 수 있다. 정부를 보는 기본 관점은 크게 두 가지로 나눌 수 있다. 첫 번째의 관점은 형이상학적 전체주의(metaphysical holism)의 입장에서 정부를 하나의 유기체적 실체(unitary being)로 보는 관점이며, 두 번째 관점은 방법론적 개체주의(methodological individualism)의 입장에서 정부를 정치적 과정에 참여하는 주민들의 집합체로 파악하는 관점이다.

정부를 유기체적 실체로 파악하는 관점은 정부를 개인 선호의 집합체로 보기보다는 정부 스스로의 선호를 가지고 그 선호를 구현하기 위해 노력하는 하나의 실체로 간주한다. 이때 정부의 선호는 사회적 효용(social utility)을 극대화하는 것이라고 할 수 있다. 이에 반해 후자는 사회적 효용과 개인적 효용(individual utility)이 전혀 별개의 개념이 아니라는 입장에서 구성원 개개인의 효용을 중시하는 입장이라고 할 수 있다.

전자는 공익을, 사익을 초월한 실체적 · 규범적 · 도덕적 개념으로 파악하는 공익의 실체설과 연결되며, 후자는 사익을 초월한 별도의 공익이란 존재할 수 없으며, 공익은 사익의 총합이거나 사익 간의 타협의 산물이라는 공익의 과정설과 연결된다. 개인의 효용을 중시하는 개인주의적 관점은 또한 정부 기능의 축소를 주장하는 '작은 정부론', 정부기능제한론, 자유시장주의자들의 주장과 맞닿아 있으며, 전체주의적 접근 방법은 '큰 정부'의 주창자, 적극정부론자, 개입주의자(interventionist), 복지국가론자들의 주장과 논리적으로 연결된다.

근대 시민혁명기에는 국가 권력의 확대가 개인의 자유를 제한한다는 논거에서 정부기능을 강력하게 제한해야 한다는 고전적 자유주의 사상이 지배적이었다. 이러한 관점은 정부의 기능이 구성원의 생명, 신체 및 재산의 안전을 도모하기 위한 국방 및 치안 질서 확보라는 최소한의 임무에 그쳐야 한다는 야경국가관(夜警國家觀)과 연결된다. 이러한 자유주의적 국가관의 전통을 따르는 근대 국가에서는 국가의 초월적 · 절대적 권위가 부정되고, 개인의 기본적 권리 및 자유의 보장이 국가 권력 행사의 목적이라는 인식이 보편화되고 있다.

오늘날의 자유민주주의의 지적 뿌리를 형성한 고전적 '자유주의'는 본질적으로 개인의 자유를 위협할 소지가 있는 정부의 권한 강화에 반대하는 반국가주의(antistatism) 교의를 지지한다. 자유주의 사상은 특히 정부가 민간 부문의 경제 활동에 대해 파괴적 간섭(destructive interference)을 하는 것을 체질적으로 반대한다. 벤담은 정부에 대해 "입을 다물라(Be quite!)"고 간결하게 충고한다. 이들은 가장 최선의 정부라 할지라도 기껏해야 그것은 필요악(necessary evil)에 불과할 뿐이라고 생각한다.

20세기 초반 시장실패의 경험을 딛고 강조된 적극정부론은 사회공동체의 정치경제적 목적 달성을 위해, 그리고 시장실패를 교정하기 위해 정부 기능이 적극적으로 작용해야 한다고 주장한다. 다시 말하면, 시장 질서를 공정하게 유지하기 위해, 자본주의적 경쟁에서 낙오한 사회적 약자를 공동체의 일원으로 편입시킴으로써 사회적 안정을 확보하기 위해, 그리고 시장에서 과소 공급되는 공공 서비스의 적정 수준을 확보하기 위해 정부가 민간 영역에 적극적으로 관여할 것을 주창한다. 이러한 관점은 20세기의 적극국가(positive state), 행정국가(administrative state), 케인스주의 복지국가(Keynesian welfare state) 및 혼합자본주의(mixed capitalism) 체제론과 연결된다.

한편 20세기 말 적극정부론의 반명제(antithesis)로 제기된 신자유주의(新自由主義, neo-liberalism)[4] 이념은 고전적 자유주의를 재강조한 것이다.

정부의 기능을 다른 관점에서 본다면, 공공정책을 통해 사회적 가치를 권위 있게 배분하는 것(authoritative allocation of social values)이라고 할 수 있다. 인류의 역사는 공동체 사회를 영위해 온 이래 권력·부·명예와 같은 사회적 가치의 분배를 둘러싼 갈등의 역사라고 할 수 있을 것이다. 동서고금의 무수한 사상가들은 사회적 가치 배분의 합리적 원칙을 찾기 위해 고심해 왔으며, 역사적으로 발전해 온 여러 정치·경제·사회적 제도는 이러한 사회적 가치 배분의 원칙을 제도화한 것으로 이해할 수 있다. 사회적 가치는 이러한 여러 사회적 제도와 정부 정책을 통해 배분된다.

자유방임주의자와 같은 정부기능제한론자는 정부 정책의 이러한 가치 배분 기능을 줄여 시장 기구에 맡기자고 주장하는 데 반해, 복지경제학자 등 적극정부의 주창자들은 공동체의 건전한 유지·발전을 위해 정부의 가치 배분 기능을 확대할 것을 주장한다.

---

4) 신자유주의는 국가 권력의 개입 증대라는 현대 복지국가의 경향에 대해, 경제적 자유방임주의 원리의 현대적 부활을 지향하는 사상적 경향을 말한다. 개개인의 지식과 창의를 최고도로 발휘케 하는 시장기구의 경제적 효율과 사회적 의의를 강조한 하이에크(F. A. von Hayek)의 사상과, 경제적 효율이라는 견지에서 경쟁 제도를 가능한 한 넓게 확충해서 개인의 자유를 옹호하려고 한 시카고학파의 경제사상이 이러한 범주에 든다.

'신자유주의'는 오늘날 '신보수주의(新保守主義, new conservatism)'와 동일한 의미로 사용된다. 신보수주의는 당초에는 19세기 시민혁명을 통해 재확립된, 유럽의 자유주의적 질서와 타협한 새로운 보수주의를 지칭했으나, 오늘날에는 20세기 후반 등장한 신자유주의와 같은 의미로 사용된다. 시민혁명을 통한 자유주의의 보편적 승리는 보수주의의 전환을 불가피하게 했는 바, 19세기 말의 보수주의자들은 기성 질서의 보존을 위해서도 온건한 개혁을 받아들이지 않을 수 없었으며, 20세기 들어서는 더한 수정이 불가피하게 되었다. 오늘날에는 1970년대 후반 이후 미국과 영국 등에 등장한 지배적인 정치 조류, 즉 신자유주의와 동일한 의미로 사용된다(이종수, 2009c).

어는 특히 미국 사회에서는 보수주의(conservativism)와 같은 의미로 사용된다. 원래 민간 경제 활동의 '자유'를 주창하는 것은 미국의 공화당과 같은 보수주의 집단이 추구하는 기본 가치이기 때문이다. 오늘날 신자유주의(neo-liberalism)라는 용어가 신보수주의(neo-conservativism)라는 용어와 같은 의미를 지니는 이유가 여기에 있다. 리버럴리즘(liberalism)이란 용어가 오늘날 미국 사회에서 정부 간섭의 최소화를 지향하는 고전적 '자유주의'의 의미와 함께, 정부 간섭을 선호하는 '진보주의(progressivism)'의 상반된 의미를 동시에 지니게 된 것은, 누구도 거역할 수 없는 보편적 가치어로서의 '자유'라는 용어를 미국의 진보주의자들이 선점했기 때문이다.

고전적 자유주의자들은 국가와 사회, 그리고 집단은 개인의 자유를 보장하기 위해 존재한다고 본다. 따라서 자유주의자들은 국가가 개인의 가치관이나 삶의 방식에 간섭해서는 안 된다고 본다. 고전적 자유주의는 정치적으로는 자유민주주의 체제를, 경제적으로는 자유시장경제 체제를 지향한다. 고전적 '자유주의'는 본질적으로 개인의 자유를 위협할 소지가 있는 정부의 권한 강화에 반대하는 반국가주의(antistatism) 교의를 지지하며, 역동성과 창의성의 발휘를 가능케 하는 자유시장을 선호한다.

자유주의 사상은 특히 정부가 민간 부문의 경제 활동에 대해 파괴적 간섭(destructive interference)을 하는 것을 체질적으로 반대한다. 벤담은 정부에 대해 "입을 다물라(Be quite!)"고 간결하게 충고한다. 이들은 가장 최선의 정부라 할지라도 기껏해야 그것은 필요악(necessary evil)에 불과할 뿐이라고 생각한다. 자유시장에 의한 가치 분배를 정의로 보는 자유주의는 따라서 조세권을 활용한 정부의 재분배 정책에 대해 분명한 반대 입장을 취한다. 경제적 자유주의는 결국 자유경쟁의 결과로 인한 결과적 불평등을 자연스러운 것으로 받아들이는 입장을 취한다.

자유주의는 이 자연권적 소유권에 바탕해 시장적 자유를 옹호하고, 재분배적 조세 정책(redistributive taxation schemes)에 반대하는 것이다.

자유주의는 지난 4세기 동안 서구 문명을 이끌어 온 대표적 사조(思潮)다. 17~18세기 로크(John Locke)와 스미스(Adam Smith) 등에 의해 정치적 자유주의와 경제적 자유주의로 발전해 온 고전적 자유주의는 오늘날 대부분의 선진 자본주의 국가에서 정치·경제적 제도의 이념적 바탕을 이루고 있다. 그러나 다른 한편 19세기 말 서구에서 발전된 이른바 '사회적 자유주의'는 정부가 사회 문제 해결을 위해 시장에 어느 정도 개입하는 것을 용인하는 입장을 취한다. 즉, 사회적 자유주의의 주창자들은 공정거래 제도의 확립과 최저임금제의 시행, 환경오염 규제 등 시장에 대한 정부의 규제를 일정한 정도 인정한다. 이들은 또한 정부가 기본적 수준의 복지를 시민들에게 제공하는 복지국가를 주창하기도 한다. 이들이 내세우는 '자유'의 의미를 '적극적 자유'로 파악, 고전적 자유주의자들이 부르짖는 '소극적 자유'와 구별짓는 이유도 여기에 있다.

비록 '사회적 자유주의' 이념을 추구하지 않는, '고전적 자유주의'에 이념적 기반을 둔 정부라 할지라도 오늘날 많은 나라에서는 무상교육, 노동자의 재해보험, 장애인·노약자·실업자 지원 정책, 건강보험, 최소임금법 등 여러 사회적 정책을 제도화하고 있다. 그러나 자유주의 전통을 따르는 대부분의 정부는 조세 수단을 통한 분배 정의 구현에 소극적 입장을 취함으로써 사회 양극화 현상을 심화시키고 있다.

현대 자유주의 정치철학자 속에는 여러 학자가 포함될 수 있을 것이나 그 가운데 노직이 대표적인 학자다. 노직(Robert Nozick, 1938~2002)과 같이, 국가에 의한 강제적 재분배 정책에 대해 기본적으로 반대하는 정치적·경제적 자유주의자들은 시장 메커니즘에 의한 분배를 정의로운 것으로 본다. 그러나 노직은 1989년의 저술 『성찰적 삶(*The Examined Life: Philosophical Meditations*)』에서 "내가 한때 주창했던 자유지상주의적 입장은 이제 나에게는 매우 부적절한 것처럼 보이는데, 그러한 이유의 한 가지는 그것이 여지로만 남겨 뒀던 인간적 고려 사항들과 연대적 협동 활동을 더 정연한 구조 속에 충분히 짜맞출 수 없었다는 데 있다"고 자유지상주의적 입장에서 선회한 것처럼 기술하고 있다(Nozick, 1989: 286-287; 박정순, 2009: 48).

3) 평등주의 정의론

평등주의자들은 정치·경제·사회적으로 평등한 사회를 정의로운 사회로 생각한다. 정치적 측면에서의 평등 규범은 15~19세기의 제한선거(restricted suffrage, beschränktes Wahlrecht) 시기를 거쳐 20세기의 보통선거(universal suffrage) 시기로 발전하면서 제도적으로 정착·진화했다. 경제적 측면에서의 평등 규범은 오늘날 자유주의 경제 체제와 사회주의 경제 체제로 나뉘어 갈등을 빚고 있다. 사회적 측면에서 평등 규범은 오늘날 자유주의 체제와 사회주의 체제가 공통적으로 복지 정책을 추구하게 되면서 널리, 그리고 급속하게 확산되고 있다.

평등의 대상은 다양하다. 일반적으로 분배적 정의는 소득 · 부(富)와 같은 '지배적 재화'를 대상으로 상정한다. 경제적 재화는 일반적으로 사회 구성원들의 능력, 업적, 노력의 차이에 따라 차등 분배된다. 일부 진보적 인사들은 이러한 차이까지 '우연적 요인'이라는 차원에서 이를 부당한 불평등으로 본다. '기회 균등'을 지배적 이데올로기로 채택한 미국 사회에서는 특히 교육 · 보건 의료와 같은 사회적 재화에의 접근 기회의 평등을 강조한다.

오늘날 평등 규범은 정치 · 경제 · 사회의 여러 영역에서 확산 · 제도화되고 있다. 다양한 사회적 경제 제도가 확산되고 있는 북유럽 및 서유럽 여러 나라에서는 사회적 불평등은 물론 경제적 불평등까지 부당한 불평등으로 간주하고 있다.

결론적으로 말해, 오늘날 정치적 측면에서 평등 규범을 이미 제도화한 세계 여러 나라에서는 다양한 복지 정책을 통해 경제적 · 사회적 평등 규범을 확산시키고 있다. 마무리해 얘기하자면 사회적 부를 소수 집단에 집중시킴으로써 사회 양극화 현상을 초래하는 자유자본주의 체제는 근본적으로 재정향되어야 한다는 평등주의 사상이 21세기 들어 더욱 넓게 확산되고 있다고 하겠다.

4) 롤스의 자유주의적 평등주의 정의론

오늘날 적지 않은 정치철학자들은 롤스의 정의론을 자유주의의 범주에 넣어 논한다. 특히 샌델과 같은 공동체주의자[5]는 롤스가 시민 개개인의 권리가 다른 사람이나 공동체 구성원 전체의 이익을 위해 희생될 수 없다는 교조적 입장을 취한다는 점에서 롤스를 현대 자유주의의 전형적인 입장으로 간주한다. 그러나 롤스의 정의론에는 자유주의적 요소와 평등주의적 요소가 다 함께 들어 있다. 그는 개인의 자유에 대한 신념을 강조하고 있다는 측면에서, 그리고 자유롭고 평등한 사람이 합의하는 계약에 따르는 것을 정의로 규정한다는 점에서 자유주의자로 규정될 수 있다.

롤스는 다른 한편 불평등한 분배가 정당화되자면 최소 수혜자 집단에게 더 많은 이익이 돌아가도록 해야 한다고 주장하면서, 개인의 재능과 노력에 의한 성과를 개인의 소유로 할 것이 아니라 사회의 공동 자산으로 해야 한다고 주장한다는 점에서 공동체주의의 요소를 지닌다고 하겠다. 다시 말하면, 롤스는 개인의 자유와 공동체와의

5) 샌델 자신은 스스로 공동체주의자로 불리는 것을 달가워하지 않는다.

관계에서는 자유주의자로, 그리고 분배 문제에서는 공동체주의자로 이해될 수 있다(이종수, 2012: 206). 그러한 논거에서 이 책에서는 롤스의 정의론을 '자유주의적 평등주의'로 별도 구분했다.

롤스는 순수한 절차적 정의가 보장되는 원초 상태(original position)에서 합의되는 일련의 원칙이 곧 사회 정의의 원칙이 된다고 주장한다. 그는 원초 상태, 즉 각 구성원이 동등한 결정권을 갖고 있으나 사회의 어떤 조건이 자신에게 유리한지를 모르는 무지의 베일(veil of ignorance)에 가려져 있는 상태에서 합리적 인간은 최소극대화 원리(maximin principle)[6]에 입각해서 공정한 사회적 규칙을 선택하리라고 본다. 사회 구성원들은 이때 평등한 자유(equal liberty)의 극대화와 정당한 불평등(justifiable inequality)의 기준에 합의할 것인 바, 이것이 바로 정의의 두 원칙이 된다고 롤스는 보는 것이다.

롤스가 상정하는 원초 상태란 사회계약론에서 내세우는 자연 상태(state of nature)와 같은 가설적 상황이다. 원초 상태에서는 어느 누구도 자신의 사회적 지위나 계층상의 위치를 모르며, 누구도 자기가 어떠한 소질이나 능력, 지능, 체력 등을 천부적으로 타고났는지를 모른다. 이 상황에서는 심지어 자신의 가치관이나 특수한 심리적 성향까지도 모르는 것으로 가정된다. 정의의 원칙은 이러한 무지의 베일 속에서 선택되어야 한다고 롤스는 생각하는 것이다.

롤스는 원초 상태에서 채택되리라고 생각되는 정의의 두 원칙을 『정의론』 제11절(Rawls, 1971: 60)에서 다음과 같이 잠정적인 형식으로 진술하고 있다.

> 첫째, 모든 사람은 다른 사람의 유사한 자유와 상충되지 않는 한도 내에서 기본적 자유에의 평등한 권리를 최대한 가져야 한다(First: Each person is to have an equal right to the most extensive basic liberty compatible with a similar liberty for others)는 것을 말한다. 둘째, 사회적·경제적 불평등은 (a) 모든 사람에게 이득을 가져다줄 것으로 합리적으로 기대되도록, 그리고 (b) 모두에게 개방된 직위와 직무들에 결부되도록 정돈되어야 한다(Second: Social and economic inequalities are to be arranged so that they are both (a) reasonably expected to be to everyone's

6) 게임이론에서 의사 결정을 하는 하나의 방식으로, 최악의 상태를 상정하고 그 가운데서 최대의 이익을 가져다줄 것으로 판단되는 대안(maximizing the minimum gain)을 선택하는 결정 원칙을 말한다. 무지의 베일에 가려져 있는 사람들은 그 자신이 가장 가난한 계층으로 전락할 가능성도 고려해야 하기에, 가장 불우한 사람들의 소득이 높아지는 분배 방식을 선택할 것으로 가정된다.

advantage, and (b) attached to positions and offices open to all).

롤스는 정의의 두 원칙에 관한 이와 같은 잠정적인 진술을 『정의론』 제46절(Rawls, 1971: 302)에서 다음과 같은 최종 진술로 바꿔 제시한다.

> 제1원칙: 각자는 모든 사람의 유사한 자유 체계와 양립할 수 있는, 기본적 자유에 대한 총체적 권리를 동등하게 가져야 한다(First Principle: Each person is to have an equal right to the most extensive total system of equal basic liberties compatible with a similar system of liberty for all).
>
> 제2원칙: 사회적 · 경제적 불평등은 다음의 두 가지 요건을 충족시키도록 정돈되어야 한다: (a) 공정한 저축 원칙[7]에 부합하면서 최소 수혜자에게 최대 이득이 되도록, 그리고 (b) 공정한 기회 균등의 조건 아래, 모두에게 개방된 직책과 직위에 결부되도록 정돈되어야 한다(Second Principle: Social and economic inequalities are to be arranged so that they are both: (a) to the greatest benefit of the least advantaged, consistent with the just savings principle, and (b) attached to offices and positions open to all under conditions of fair equality of opportunity).

롤스는 두 원칙이 충돌할 때에는 제1 원칙이 제2 원칙에 우선하고, 제2 원칙 내에서 충돌이 생길 때에는 기회 균등의 원리가 차등 원리에 각각 우선되어야 한다고 한다. 그는 자유 우선성(priority of liberty)의 원칙에 따라, 제1 원칙에 담긴 인간의 기본적 자유와 권리는 어떠한 사회적 · 경제적 이익과도 교환될 수 없다고 주장한다. 롤스가 규정한 인간의 기본적 자유 속에는 생명과 신체 등 인신의 자유, 양심과 사상의 자유, 재산 소유의 자유 등이 포함된다.

사회적 · 경제적 가치의 분배와 관련된 제2 원칙은 '정당화될 수 있는 불평등(justifiable inequality)'의 기준을 밝히기 위한 원칙이다. 그에 의하면 불평등한 분배가 정당화되자면 최소 수혜자 집단에게 더 많은 이익이 돌아가도록 해야 하며, 또한 더 큰 사회적 · 경제적 자원을 차지할 수 있는 지위나 직책은 모든 사람에게 접근 기회가

---

7) 공정한 저축 원칙(just savings principle)이란 사회 협동의 산물 가운데 얼마만큼을 장래 세대의 복지를 위해 저축하는 것이 적절한 것인가를 정하는 원리를 의미한다. 사회 협동의 산물은 사회 구성원에게 모두 분배할 수도 있을 것이며, 설비 등 생산 수단에 투자하거나 교육에 투자함으로써 장래 세대를 위해 저축할 수도 있을 것이다.

균등하게 열려 있어야 한다는 것이다.

롤스의 정의론은 제1 원칙을 통해 자유 우선성을 주장함으로써 자유주의를 명백히 옹호하고 있다. 그러나 그의 정의의 제2 원칙은 평등주의 이념을 제한적이나마 지향하고 있음을 드러내고 있다. 그는 즉, 시민적·정치적 권리 등 기본적 자유에 우선성을 부여하는 가운데 기회 균등의 이상과 사회계약론에 입각해 분배 정의를 추구한다. 이러한 차원에서 우리는 롤스의 정치사상을 자유주의적 평등주의로 규정할 수 있다.

결론적으로 얘기하자면 롤스의 정의관은 자유방임주의에 의거한 전통적 자유주의와 생산 수단의 사회적 소유를 주장하는 사회주의의 양 극단을 지양하고 자유와 평등의 조화를 추구하는 중도적 입장을 취하고 있다. 그는 즉, 평등과 자유 혹은 형평과 효율 사이에서 균형점을 찾는 정치이론을 제시하고자 한 것이다. 롤스의 이러한 입장은 미국의 정치문화 속에서 야기되는 로크 류의 자유와 루소 류의 평등 간 갈등을 칸트적 정의관으로 해결하고 있다고 볼 수 있다(Kukathas & Pettit, 1990: 130-134).

롤스의 정의론에 대한 비판은 노직과 같은 자유지상주의로부터 제기되는가 하면, 다른 한편에서는 샌델과 같은 공동체주의자들로부터 제기된다. 롤스의 이론에 대한 노직의 비판의 핵심은 롤스의 정의론에 담겨 있는 재분배적이고 평등주의적인 요소가 개인의 재산권과 소유권에 대한 침해를 수반한다는 것이다. 노직의 견해에 의하면 롤스와 같은 재분배적 복지국가의 지지자들은 재능을 지닌 부유한 사람들의 재능을 그렇지 못한 사람들을 위해 사용하는 조세 체계를 상정하기 때문에 '개인'을 진지하게 고려하지 못한다는 것이다(Mulhall & Swift, 2001: 17). 노직은 즉, 롤스가 '차등 원칙'에서 상정하듯이 국가가 재분배 기능을 수행하기 위해서는 국가의 기능과 권력은 계속 확대될 수밖에 없고 결과적으로 개인의 자유권과 재산권을 침해하게 된다는 것이다.

샌델은 롤스가 형이상학적으로 문제가 있는 인간관을 지니고 있다고 비판한다. 원초 상태에서 사람들은 자신의 선(善) 관념을 모르는 것으로 가정되는데, 이는 삶을 어떻게 살아야 하는가에 대한 자신의 생각을 모른다는 것을 의미한다. 공동체주의자들이 보기에 사람들이 자신의 선 관념으로부터 분리된 것으로 묘사되는 것은, 사람들이 바로 그런 관념들에 의해 지금의 존재가 되었다는 것을 무시하는 처사다. 공동체주의자들은 이렇게 묻는다. 자신의 삶에 의미와 가치를 부여하는 목적들로부터 독립되어 자유롭게 선택할 수 있는 유령 같은 사람은 도대체 누구인가?(Mulhall & Swift,

2001: 41). 다시 말하면, 자유주의는 사람들의 현재의 상태, 그리고 그들이 지니고 있는 가치가 그들이 살고 있는 사회적 배경(social matrix)에 의해 만들어진다는 점을 무시한다는 것이다.

공동체주의자들은 또한 롤스가 가정하는 국가 중립성과 반완전주의(反完全主義, anti-perfectionist)적 입장에 대해 비판을 가한다. 롤스는 국가가 구성원들의 선 관념을 인도한다는 완전주의(完全主義, perfectionism)적 이상에 따라 행동하려 해서는 아니 되며, 그보다는 시민들이 자유로운 선택을 할 수 있도록 중립적인 틀을 제공해야 한다고 주장한다. 국가가 중립적이어야 한다는 것은 개인들이 종교나 철학, 가치관 등을 선택할 때 국가는 함부로 개입하거나 간섭해서는 아니 된다는 것을 의미한다. 즉, 이러한 선택은 개인의 자유와 자율에 맡겨야 한다는 것이다. 다시 말하면, 국가는 기본적인 헌법적 질서가 유지되도록 하는 역할만을 담당해야 하며, 특정한 가치관이나 철학적・종교적 교리를 옹호하거나 권장해서는 아니 된다는 것이다. 현대 다원주의 사회의 안정성은 국가가 이러한 중립적 태도를 견지할 때 가능하다고 롤스는 본다.

공동체주의자들은 롤스의 이러한 국가 중립성 주장이 환상이라고 공격한다. 역설적으로 개인들의 권리틀을 옹호하며 더 이상의 어떤 행위도 하지 않는 그런 자유주의 국가는, 실제로는 자유주의적 선(善) 관념의 타당성을 전제하고 있다는 것이다. 즉, 정치 영역에서 선 관념을 배제하고자 하는 것 자체가 바로 특정한 선 관념이라는 것이다(Mulhall & Swift, 2001: 279).

왈저와 같은 공동체주의자는 또한 문화적 특수성, 즉 문화에 따라 가치와 사회적 형태가 다를 수 있는데 롤스는 상이한 문화들이 지닌 다양성과 도덕적 중요성을 간과한다고 비판한다. 특히 롤스가 원초 상황을 '아르키메데스 준거점(Archimedian point)'으로 묘사한 것은 그의 이론이 보편적 적용을 염두에 두고 있다는 것이다. 왈저는 한 공동체가 어떻게 정치적으로 조직되어야 하는지를 제대로 이해하기 위해서는 그 문화적 특수성을 인정해야 한다고 주장한다. 그런데 롤스는 문화적 특수성보다는 '보편적 적용'을 강조한다고 왈저는 비판한다. 물론 롤스 자신은 후기의 저작들에서 자신의 이론이 어떤 보편적인 주장도 하지 않는다고 부인했다(Mulhall & Swift, 2001: 51-52).

롤스의 정의론에 대해서는 그 밖에도 다양한 비판이 가해지고 있다. 즉, 롤스가 제시하는 원리 간의 우선순위에 따를 경우 바람직하지 못한 사회적 배분을 낳을 수도 있으며, 또한 정의의 실현이 현실 사회에서 이득을 보는 사람이든 그렇지 않은 사람이든 모두에게 손해를 입히는 결과를 초래할 수도 있다는 점이 지적되기도 한다. 그리고 롤스의 정의론에서 가정하고 있는 사회 체제는 현실적 사회 체제가 아닌 이념적 사회 체제로 롤스는 이상사회에서의 정의를 논하고 있다는 등의 비판이 제기되기도 한다(김항규, 2009: 327-336).

5) 공동체주의 정의론

공동체주의(communitarianism) 정치철학은 공생, 공익 등 공동체의 유지·강화를 중요한 가치로 삼는 정치사상을 말한다. 대표적 공동체주의자 가운데 한 사람인 샌델은 정의로운 사회는 공동선을 추구하는 사회라고 규정한다.

공동체주의는 권리보다는 책임을, 가치 중립적 방임보다는 가치 판단적 담론을 중시한다. 공동체주의자들은 자유주의가 개인의 자유와 권리를 지나치게 강조함으로써 공동선과 유대, 미덕, 헌신과 같은 가치를 무시하고 있다고 비판한다. 공동체주의는, 즉 근대 개인주의적 자유주의의 보편화에 따른 윤리적 토대의 상실, 즉 윤리적 공동체의 상실과, 이기적 개인주의의 확산에 따른 개인의 원자화 현상 등에 대한 이론적 불만의 표출이라고 할 수 있다. 공동체주의는 자유주의가 상정하고 있는 '원자적 개인', '고립된 자아', '이기적 인간들 간의 계약'이라는 자유주의적 인간관과 사회관 대신, '소속된 자아', '공동선과 유대', 그리고 '덕성과 헌신'으로 맺어진 공동체의 건립을 강조한다.

공동체주의 정치사상은 1980년대에 정치철학의 새로운 학파로 대두되었다. 마르크스주의에서도 공동체를 강조하나 샌델, 왈저 등의 저작에서 만나게 되는 공동체주의는 전통적 마르크스주의와는 상당히 다르다. 마르크스주의자들은 공동체를, 자본주의를 전복하고 사회주의 사회를 건설하는 혁명적 변화를 통해서만 성취될 수 있는 어떤 것이라고 생각한다. 반면에 공동체주의자들은 공통된 사회적 관습, 문화적 전통, 그리고 공유된 사회적 이해라는 형태로 이미 공동체가 존재하고 있다고 생각한다. 공동체주의자들은 마르크스주의자들이 착취적이며 소외의 근원으로 간주했던 바로 그 사회적 관습들 속에서 공동체를 발견한다. 굿만(Amy Gutmann, 1949~)의 말처럼 '구 공동체주의자'들이 세계를 재건하려던 마르크스의 소망에 의지한 반면, '신공동체주의자'들은 사람들을 그들이 살고 있는 세계와 화해시키려 했던 헤겔(Georg W. F. Hegel, 1770~ 1831)의 소망에 의지한다(Kymlicka, 2006: 294).

김미영(2006: 15)은 공동체주의와 마르크스주의와의 차이에 관해 다음과 같이 지적한다.

> "공동체주의는 어떤 의미에서 영미식 사회주의(사민주의)라 할 수 있다. 마르크스주의나 사회주의와 연계되지 않으며 어떤 의미에서는 그것에 대해 비판적 입장을 취한다는 점, 그리고 심하게 말하면, 시민공화주의조차 루소, 헤겔 등의 좀 더 급진적인 유럽 전통보다 미국 건국기의 시민 공화주의 전통에 기대 있다는 점에서 그렇다."

샌델은 1982년 출간된 『자유주의와 정의의 한계(*Liberalism and the Limits of Justice*)』를 통해 롤스의 자유주의를 비판하면서, 1980년대의 '자유주의 대 공동체주의의 논쟁'을 불러일으켰다. 샌델은 롤스가 사회 이전에 존재하는 개인이라는 형이상학적 인간관을 지녔다고 비판한다. 그는 자아가 사회 이전에 개인으로 존재한다면 공동체에 대한 근원적 애착을 증진시킬 가능성이 배제되며, 공동체적 틀을 창조하고 유지하며 그 속에 사는 일이 개인의 자아 인식에 필수적이라는 점을 제대로 이해하지 못할 것이라고 주장한다. 롤스가 이러한 인간관을 지닌 것으로 샌델이 간주하는 것은 롤스가 개인의 자율성 보호에 부여하는 절대적 우선성 때문이다. 샌델은 개인의 자율성을 강조하는 롤스의 자유주의적 입장을 비판하면서, 개인과 공동체는 별개로 생각할 수 없다는 기본 입장을 밝혔다.

샌델의 공동체주의는 공화주의로 이어진다. 그는 현대 자유주의를 비판하면서 그에 대한 대안 가운데 하나로 공화주의 정치이론(republican political theory)을 옹호한다. 공화주의 이론의 중심에는, 자유는 자치정부(self government)의 공유에 달려 있다는 생각이 놓여 있다. 그것은 동료 시민들과 함께 공동선에 대해 숙고하고 정치공동체의 운명을 함께 만들어 가는 것을 의미한다. 공화주의는 다시 말하면, 자유로운 시민 세력의 자발적 연합에 의한 참여자치라고 할 수 있다. 자발적 참여는 단순한 개인의 결사체가 아닌, 공동의 목적 의식을 통해 깊이 연대하고 있는 공동체의 바탕 위에서 가능하다.

복지국가에 대한 공동체주의의 입장은 이중적이다. 평등적 가치 지향, 그것을 위한 정치 행위는 반대하지 않으나 그것이 관료제 확장으로 이어질 가능성에 대해서는 예의 주시한다. 공동체 구성원의 직접적 참여가 강조되는 것은 그 맥락에서이기도 하다. 따라서 공동체주의는 관료, 전문가에 비해 시민, 아마추어의 활동을 강조하는 민중주의 색채를 띠기도 한다. 공동체주의는 다른 말로 표현하자면 "개인주의와 전체주의 간의 제3의 길"(Tam, 1998)을 모색하는 것으로 볼 수 있다(김미영, 2006: 17).

뮬홀과 스위프트(Mulhall & Swift, 2001: 217)는 자유주의자와 공동체주의자가 강조하는 상이한 내용들 간에 전면적인 대립이나 모순이 있을 필요는 없다고 주장한다. 그들은 개인이 그 공동체와 별개로 생각될 수 없다는 공동체주의의 입장은 선(善)으로서 개인의 자율성이 전적으로 폐기되거나 폄하되어야 한다는 의미는 아니라고 한다. 그보다는 자유주의자들이 인간의 자율성에 부여하는 우선성이 절대적이고 또한 그 범위가 보편적이라고 주장하는 데 대해 의문을 제기하기 위한 것이라는 것이다.

정의로운 사회는 공동선을 추구하는 사회라고 규정한 샌델은 공동선을 추구하는 새로운 정치의 모습과 관련해 다음의 네 가지 주제에 대한 논의를 전개한다. 먼저 샌델은 '시민의식 · 희생 · 봉사'와 관련해 정의로운 사회에서 강한 공동체 의식이 필요하다면, 사회는 시민들이 사회 전체를 걱정하고 공동선에 헌신하는 태도를 키울 방법을 찾아야 한다고 말한다. 즉, 사회는 좋은 삶에 관한 지극히 사적인 견해를 배격하고 시민의 미덕을 키울 길을 찾아야 한다고 제안한다.

샌델은 또한 '불평등 · 연대 · 시민의 미덕'과 관련하여 오늘날 미국 내 빈부 격차는 최근 10~20년 사이에 점점 벌어지더니 급기야 1930년대 이전 수준까지 이르게 되었다고 하면서, 정치권이 시민성 회복의 핵심인 불평등 해소 주장을 간과하고 있다고 주장한다. 그는 2008년 미국의 대선 당시 소득세율을 1990년대 수준으로 되돌리겠다는 지극히 소박한 제안을 내놓은 버락 오바마는 공화당 후보로부터 사회주의자라는 소리를 들어야 했다고 지적하면서, 미국인의 삶에서 불평등 심화를 걱정하지 않을 수 없는 이유들을 설명한다.

샌델은 빈부 격차가 지나치면 부자와 가난한 자의 삶이 점점 더 괴리됨으로써 민주 시민 의식의 토대가 되는 연대와 공동체 의식을 키우기가 어려워진다고 지적한다. 그는 결국 불평등은 공리나 합의에 미치는 영향과는 별개로 시민의 미덕을 좀먹는다고 하면서, 시장에 매료된 보수주의자들과 재분배에 주목하는 진보주의자들은 이러한 손실을 간과한다고 지적한다. 그는 불평등 시정에 초점을 맞춘다면, 재분배 주장만으로는 불가능한 바람직한 정책을 찾아내 시민들의 호응을 이끌어 낼 수 있을 것이라고 하면서, 이와 더불어 분배 정의와 공동선의 연관성을 강조할 수도 있을 것이라고 제안한다.

한편 공동체주의자 가운데 왈저는, 앞서 살펴봤듯이, "상이한 사회적 재화는 상이한 절차와 주체에 의해, 상이한 이유에 입각해서 분배되어야 한다"는 점을 강조한다. 그는 "어떤 재화를 소유한 개인이 그 재화를 가졌기 때문에 여타의 재화를 광범위하게 소유할 수 있다면 그 재화를 지배적이라고 부른다"고 하면서, 정의로운 분배 체계는 부와 같은 특정한 영역의 불평등이 보건의료나 정치 권력과 같은 다른 영역들을 침범하지 않도록 하는 분배 체계라고 주장한다.

왈저는 특히 자본주의 사회의 부정의는 부(富, wealth)가 불평등하게 분배된다는 데 있다기보다는 부를 지닌 사람이 다른 분배 영역에 속하는 보건의료나 교육과 같은 재화까지 차지하는 데 있다는 점을 암묵적으로 강조한다. 다른 말로 하면 공직자가 공직자라는 사실에 기인해 부, 명예와 같은 다른 재화를 더 많이 갖게 된다면 그것은 정의로운 사회가 아니라는 것이다.

왈저의 주장을 요약하면 지배적인 재화는 그것이 무엇이든 평등하게 분배되어야 하며, 분배 방식은 자율적인 분배, 즉 각 재화에 고유한 의미에 따른 분배가 이뤄져야 한다는 것이다. 우리 사회에는 '특정한 재화에 고유한 분배 방식'이 다른 재화의 분배에 허용되지 않는 특별한 전환들이 있다. 예를 들어, 선거법에서는 유권자의 표나 정치적 직위는 사고팔 수 없도록 하고 있다. 마찬가지로 교육 및 보건의료와 같은 재화는 대단히 중요하고 또한 직접적인 소비재와 질적으로 다르기에, 지불 능력에 따라 분배되어서는 안 된다고 할 수 있다. 부자가 자신이 소유한 부(富) 때문에 질이 더 좋고 빠른 의료 서비스를 구매할 수 있게 된다면 그것은 무엇인가 정의롭지 못하다고 느끼는 것은 당연하다고 하겠다(Mulhall & Swift, 2001: 200-201). 특정 재화의 사회적 의미에 대한 해석을 통해 실질적인 사회 문제에 대한 결론을 제시해 주고자 한다는 점에서 왈저의 정의 이론은 추상적 정의 원칙을 논하는 다른 정의 이론들과 차별성을 지닌다고 하겠다(이종수, 2012: 211-225).

공동체주의 정치철학은 그러나 자유, 개인적 권리와 같은 자유주의적 가치의 훼손을 초래할 우려가 있으며, 극단적 공동체주의는 인류 사회를 전체주의의 늪에 빠뜨릴 우려가 있다는 비판을 받는다. 공동체주의는 공동체적 가치와 전통, 연대성을 강조하면서 개인에게 이러한 가치와 사회적 책무를 적극적으로 받아들이기를 요구한다. 이러한 상황에서는 따라서 개인이 공동체의 전통과 가치관에 억눌려 자유로운 삶을 살기 어려우며 기존의 질서를 넘어서는 새로운 시도를 하기가 힘들다. 그 결과 다양한 삶의 가치를 인정하는 다원주의가 위협받을 수 있으며, 기존의 질서를 옹호하는 보수주의가 강화될 수 있다(손칠성, 2007). 그리고 다른 한편에서는 공동체주의가 추구하는 '사회적 선'과 '공동체적 삶'이 구체적으로 무엇을 의미하는지에 관한 설명이 부족하다는 점이 지적되기도 한다.

공동체주의에 대해서는 그 밖에도, 질서 있고 조화로운 공동체의 상태를 지향하기 때문에 전제주의화될 가능성(totalitarian possibilities)이 있다는 점이 지적된다(Fox, 1994: 97; 임도빈, 2008: 105-107).

제2절 공익

생각해 보기

'공익' 관련 '생각해 보기' 과제

(1) 공익의 곡해

미국의 원자력위원회(Atomic Energy Commission: AEC)에서는 1950년대에 네바다 주에서 일련의 핵실험을 수행했다. 이 위원회는 핵실험 지역 인근의 유타 주와 네바다 주가 방사능 낙진의 피해를 입을 수 있다는 위험성을 인지하고 있었다. 일부 실험에서는 방사능 낙진이 특히 심할 수 있다는 의미에서 폭발 장치가 '더러운(dirty)' 것으로 알려졌다.

수년 뒤 해당 지역에서 많은 수의 백혈병 환자가 발생했는데, 그들 가운데 대다수는 혈액암의 가족 병력이 없는 사람들이었다. 뒤이어 미국 정부를 상대로 소송이 제기되었으나, 백혈병 발병과 사망에 대한 책임은 부인되었다. 결국 1984년에 이르러 연방법원은 270만 달러의 배상책임이 미국 정부에 있다는 평결을 내렸다. 이 판결에서 판사는 다음과 같은 윤리 원칙을 밝혔다. "미국의 법규는 모든 사람에게 다른 사람들의 생명에 해로운 행위를 해서는 안 된다는 책무를 부과하고 있다."

이 사건과 관련해 공익(public interest)이 과연 무엇인지를 생각하면, 방사능 낙진 지역의 거주자들에게 방사능에 오염된 '눈(snow)'을 어린이들이 먹게 내버려둬서는 아니 된다는 경고를 연방 당국이 해야 하는 것이 바로 공익이라고 할 수 있을 것이다. 그럼에도 불구하고 미국 정부는 이 평결에 불복해 항소를 제기했다.

(2) 공익 보호를 위한 정부의 역할

태국 정부가 강력한 미국 제약업계에 도전장을 던졌다. 일부 에이즈와 심장병 치료약에 대해 지적재산권자의 승인 없이 특허기술을 사용할 수 있도록 '강제실시권'(합리적 조건으로 사용 허가가 나지 않는 경우나 비상사태 때, 공공의 이익을 위한 비영리 목적의 경우에 승인 없이 특허기술을 쓰는 개념)을 도입한 것이다. 공공의 이익을 내세운 이 조처는 약값을 70% 가까이 떨어뜨려 지금보다 훨씬 많은 국민에게 건강을 가져다줄 것으로 기대된다.

태국 정부의 정책은 의약품 자유무역에 희망을 불어넣고 처방약 연구 재원에 대한 새로운 접근법을 제시한다. 공중보건과 경제 성장에 관심 있는 이들의 지지를 받을 만한 아주 중요한 본보기다. 모든 나라가 이를 따른다면, 특허료로 신약 연구 재원을 마련한다는 낡은 시스템은 제조법을 공개해 연구를 촉진하는 오픈소스 방식으로 바뀔 수 있다. ……

그간 소비자들은 특허 독점을 휘두르는 제약사들 때문에 건강과 생명에 필수적인 약을 비싸게 살 수밖에 없었다. 하지만 특허권 보호가 없으면 사실상 모든 약품 가격을 낮출 수 있다. 태국 제약업체들한테 주어진 강제실시권에 따라 복제약 제조업체들은 특허권자에게 판매가의 5%만 주면 된다.

미국과 유럽 제약업계는 격노하고 있다. 다른 나라들까지 태국을 따르면 자신들의 이익률이 크게 떨어질 것이기 때문이다. 이윤 감소가 결국 신약 개발 능력을 떨어뜨릴 것이라는 게 미국과 유럽 제약업계의 주장이다. 물론 미국을 비롯한 모든 나라가 태국 모델을 채택하면 현재의 연구 시스템 지속이 불가능할 수 있다. 미국 터프츠대의 조사결과를 보면, 신약 연구비는 매년 7% 이상 늘고 있다. ……

복제약 제조사들은 기존 약품 기능을 본뜬 제품을 개발하는 데 막대한 돈을 쓴다. 제약업계 집계로는 70% 가까운 연구비가 복제약 개발에 들어간다. 획기적인 신약 개발과 기존 약품 개선은 뒷전일 수밖에 없다.

특허 독점을 추구하지 않더라도 연구비를 조달할 방법은 있다. 미국 정부는 생물의학 연구에 연간 300억 달러를 투입한다. 미국 제약사들은 자신들이 연간 400억 달러의 연구개발비를 쓴다고 주장한다. 각국 정부는 제약업계가 대지 못하는 비용을 메울 수 있다. 공적자금으로 연구가 진행되면 특허는 공공재가 될 테고, 신약은 쉽게 복제·판매될 수 있다. 이에 따른 소비자 혜택은 연간 3,000억 달러로 추산된다. 비싼 약값 탓에 생명과 직결되는 약을 못 구하는 사람은 크게 줄 것이다(한겨레신문, 2007.3.27).

* 기고자: Dean Baker, Co-director of the Center for Economic and Policy Research

1 공익의 개념

공익(公益, pub1ic interest)은 공공의 이익, 즉 사회 구성원 전체의 이익을 말한다. 공익이라는 용어는 현실 행정에서 많이 사용되고 있으나, 공익 개념은 논자에 따라 그 의미가 다양하게 규정될 정도로 모호할 뿐만 아니라, 심지어 무의미하다고까지 주장된다. 소로프(Frank J. Sorauf, 1928~2013) 등의 일부 학자들은 공익이 특정 집단의 이해관계를 합리화한다고 주장하면서(Sorauf, 1962: 188), 공익 개념의 모호성으로 인해 공익이라는 이름 아래 공익에 반하는 특수 이익을 추구하는 행정을 정당화시킬 우려가 있다는 점을 지적하고 있다. 사실 어떤 측면에서 보면, 정치인을 비롯한 공직자들은 부분 이익, 즉 사익(private interest)를 '공익'으로 포장하는 기술이 뛰어난 사람들로 이해될 수 있다.

공익과 유사한 개념으로 '공동선(common good)'이라는 용어가 사용된다. 공동선이라는 개념은 인간이 사적인 이익을 추구하기보다는 타인을 위해 선한 행동을 하는 것이 신의 뜻임을 강조하는 종교적 교리에 입각해 생성된 개념이다. 그런데 무엇이 공동선인가를 판단하는 권한이 성직자들에게 있다고 봄으로써 도덕적·종교적으로 타락한 성직자들이 공동선의 이름으로 개인의 생명과 신체·자유를 유린하고 수탈하게 되었다. 이후 종교개혁이 일어나고 청교도가 중심이 된 의회파가 왕당파에 승리하게 된 17세기 말엽에서는 공동선이라는 용어가 사라지게 되고 그 대신 '공익'이라는 용어가 사용되기 시작했다(Morgan, 1994: 126).[8]

공동선의 개념은 개인 이익을 무시하고 전체 이익을 강조한데 비해, '공익'의 개념

8) 그러나 '공익'과 '공동선'은 동일한 의미를 지니는 것으로, 오늘날 대부분의 학자에 의해 상호 교호적으로 사용된다.

은 개인 이익을 떠나서 전체 이익은 존재할 수 없다는 자유주의적 정치 이념을 내포한 것으로 이해된다(정정길, 2003: 271). 이와 같이 공익의 개념은 개인의 자유와 권리의 불가침성을 강조하는 자유주의적 정치 이념 하에 생성된 개념으로, 사익을 보호하고 증진시키는 것이 공익이며, 따라서 사익이 고려되지 않는 공익은 존재할 수가 없다는 사고가 형성되었다(김항규, 2009: 415-416).

2 공익을 보는 관점

공익 개념은 공익을 보는 접근 시각에 따라 달리 규정된다. 대표적인 접근 방법이 과정설과 실체설이다. 과정설을 취하는 학자들은 사익을 떠난 별도의 공익이란 있을 수 없으며, 공익은 사익의 총합이라고 본다. 이에 반해 실체설을 취하는 학자들은 공익을, 사익을 초월한 '실체'로 파악한다.

부연하면, 과정설은 사익을 초월한 별도의 공익이란 존재할 수 없으며, 공익이란 사익의 총합이거나 사익 간의 타협 또는 집단 상호 작용의 산물이라고 본다. 현실주의적이고 개인주의적인 공익 개념을 주장하는 과정설은 공익이 실질적으로 과정적·제도적·절차적 국면을 통해 형성되며, 여러 사회집단이 대립·투쟁·협상·타협을 벌이는 과정에서 결과적으로 다수 이익에 일치되는 것이 도출된다고 인식한다. 공익을 민주적 정치 체제 내의 개인과 집단 사이의 정치 활동의 결과로 나타나는 산물이라고 규정하고 그 과정의 중요성을 강조한 하몬(Harmon, 1969: 485)과, 공익 개념이 민주적 정부이론의 중심에 놓여 있다고 주장하는 슈버트(Schubert, 1960: 7) 등이 이 범주에 속한다.

공공선(public good)은 그것을 별도로 추구하려는 노력보다는, 사익을 최대한 추구하려는 각 개인의 노력에 의해 더 잘 확보될 수 있다고 주장한 스미스(Adam Smith) 등 자유방임주의자들의 관점은 곧바로 과정설로 이어진다. 스미스는 그의 저서 『국부론(*An Inquiry into the Nature and Causes of the Wealth of Nations*)』(1776)에서 자본주의 체제에서는 개인의 사적 이익의 추구가 공동체의 선, 즉 공익을 증대하게 되는 것(in a capitalist system an individual acting on his own good tends also to promote the good of his community)이라고 주장한다.[9] 근대 유럽에서 형성된 이러한 개인 중심의 공공선 개념이 공익의 과정설로 이어진 것이다.

실체설(實體說)을 취하는 학자들은 공익을, 사익(私益)을 초월한 실체적 · 규범적 · 도덕적 개념으로 파악하며, 공익과 사익과의 갈등이란 있을 수 없다고 본다. 실체설에서 인식하는 공익 개념의 구체적인 내용은 논자에 따라 자연법 · 정의 · 형평 · 복지 · 인간 존중 · 공동사회의 기본적 가치 등 다양하다. 그런데 그 공통적 특징은 공익이 사익의 단순한 총화가 아니고 사익과는 구별되는 실체적 적극적 개념이라고 보고 공익의 존재성을 인정하고 있다는 점이다. 이러한 공익관은 자연법적 사고에 기초하고 있다. 대표적 학자로는 플라톤, 아리스토텔레스, 루소, 헤겔, 마르크스로부터 플래스맨(Ridnard E. Flathman, 1934~2015), 헬드(Virginia P. Held, 1929~), 벤디트(Theodore M. Benditt), 리프만(W. Lipman), 카시넬리(C. W. Cassinelli), 오펜하임(Felix Oppenheim, 1913~) 등을 들 수 있다(이종수 외, 2012: 161-162).

3 정책 과정에서 공익의 역할

행정 과정에서 공익이 어떠한 역할을 수행하는가의 문제를 살펴보기에 앞서 공익과 행정의 관계를 먼저 고찰해 보자. 벤디트는 공익과 행정의 관계를 규명하기 위해 다음의 여섯 가지 질문을 제기한다(Benditt, 1973: 292; 윤영진, 1988: 116). ① 공익은 어떻게 정의되어야 하는가? ② 어떠한 행위 및 정책이 공익에 해당되는가? ③ 어떠한 행위 및 정책이 공익에 해당되는가 하는 문제는 어떻게 결정되어야 하는가? ④ 해야 할 최선의 일, 채택해야 할 최선의 정책은 무엇인가? ⑤ 해야 할 최선의 일이 무엇인지는 어떻게 권위적으로 결정되어야 하는가? ⑥ 어떠한 것이 공익에 해당되는지 또는 무엇이 해야 할 최선의 일인가를 누가 권위적으로 결정해야 하는가?

공익은 통상적으로 정책 과정에서 정책 결정 당국자들에 의해 규정된다. 정책 결정 당국자라 함은 입법부에서 법률을 제정하는 의원들과 행정부에서 정책을 담당하는 고위공직자들이 해당된다. 이들은 정책 입안 과정에서 의식적 · 무의식적으로, 특정 정책과 관련된 각 집단의 편익과 비용을 계량해 투입하게 된다. 특정 정책의 편익

9) 스미스는 『국부론』에서 "우리가 (맛있는) 저녁을 기대할 수 있는 것은 푸줏간 주인, 양조장 주인, 빵집 주인의 자비심 때문이 아니라, 그들의 자애(self-love) 때문이다"라고 말한 바, 스미스의 이 말은 사익(self-interest) 추구가 사회 전체의 경제 발전과 공익 확보의 엔진이 된다는 의미로 이해된다.

(benefit)을 누가 또는 어느 집단이 얼마만큼 차지하고, 그 비용(cost)은 어느 집단이 얼마만큼 부담하게 되는지와 관련된 판단이 이에 해당된다.

공익은 정책 과정에서 다양한 역할을 한다. 여기서는 그 역할을 정책 정당화의 기반, 정책 평가의 기준, 공직자들의 행동 규범 세 가지로 나눠 설명하고자 한다.[10)]

첫 번째, 공익은 정책 과정에서 정책 정당화의 기반을 이룬다. 특정 정책의 입안 단계에서 정책 관련자들은 해당 정책이 얼마만큼의 사회적 편익, 즉 공익을 가져다줄 것인지를 먼저 가늠해 봐야 한다. 특정 정책이 추진될 수 있기 위해서는 국민 일반 또는 그 정책의 직·간접 영향을 받는 관련 집단의 동의와 지지를 얻어야 하며, 그러기 위해서는 해당 정책이 얼마만큼의 사회적 편익을 초래할 것인지를 국민들에게 납득시켜야 하기 때문이다.

의약분업 정책의 입안 단계에서 보건 당국이 의약 분업이 시행될 경우 항생제 오·남용이 얼마나 줄어들게 되고, 의료 서비스의 질이 얼마나 향상될 것인지를 국민들에게 열심히 홍보한 것은, 의약분업이 가져다줄 '공익'의 크기를 국민들에게 내보이기 위한 것이다. 또한 '4대강 정비사업'을 둘러싸고 많은 사회적 논란이 인 것은 결국 4대강 정비사업이 궁극적으로 '공익'의 증대를 가져다줄 것인지 그렇지 않을 것인지를 둘러싼 논란으로 볼 수 있다. 그러나 '공익성'의 유무와 정도를 측정할 수 있는 설득력 있는 객관적 지표는 아직 개발되지 않고 있다. 개념의 조작화가 이뤄지지 않은 상황에서 공익에 대한 주장의 정당화는, 따라서 각자 자기 주장의 유리한 증거를 제시하는 '논변적 접근'을 할 수밖에 없다. 공익성의 유무를 논변에 의거해 추상적 수준에서 주장하든 아니면 대리지표(proxy indicators)를 사용해 객관적 증명을 시도하든, 어떻든 공익은 특정 정책에 정당성을 부여하는 기반이 된다.

두 번째, 공익은 일반적인 정책 평가의 기준이 된다. 공공정책의 궁극적 목표는 공익의 증진에 있기에 특정 정책의 정당성을 입증하는 기준으로 공익이 활용될 수 있다. 그러나 앞서 밝혔듯이 현실적으로 공익성의 유무를 판단해 줄 수 있는 설득력 있는 객관적 지표는 아직까지 개발되지 않고 있다. 그러나 비용편익분석이나 비용효과분석 등 능률성 또는 효율성의 판단 기준을, 공익성을 나타내는 간접적 기준 또는 부분적 지표로 활용할 수 있을 것이다. 특정 정책의 능률성 또는 효율성은 분명 공익성

---

10) 김영종은 공익이 행정 과정에서 정책 정당화의 기초, 조직 관리의 토대, 행동 규범의 세 가지 역할을 한다고 주장한다(김영종, 1995: 208-214).

을 구성하는 주요 지표 가운데 하나가 된다. 그러나 능률성은 공익성의 구성 지표 가운데 일부분을 나타낼 뿐이다. 공익성에는 형평성 등 다른 가치 기준이 포함되어야 한다.

효율성을 이론적으로 뒷받침하는 기준으로는 파레토 최적 상태(Pareto optimality)를 들 수 있다. 파레토 모형에서 집단 전체의 후생은 ① 집단 내의 모든 개인의 후생이 증대되거나, ② 어느 누구의 후생도 감소됨이 없이 최소한 한 사람의 후생이 증대될 때, 증대된다는 전제에 입각해 있다. 파레토 최적 상태란 다른 사람의 후생을 감소시키지 않고는 누구의 후생도 증대시키는 것이 불가능하도록 자원이 효율적으로 배분되어 있는 상태를 말한다. 파레토 최적 상태는 그러나 자원 배분의 효율성을 의미하지만, 그것이 분배의 형평성을 확보해 주는 것은 아니라는 한계를 지닌다(이종수 외, 2012: 169). 다시 말하면, 행정의 능률성이나 효율성의 개념은 비용 및 편익의 비율 또는 총량만을 고려할 뿐 그 비용과 편익의 형평성은 고려하지 않는다. 즉, 능률성의 개념에는 비용과 편익의 부담자와 향유자가 누구인가, 그리고 그들이 얼마만큼 부담하고 향유하는가 하는 요소는 들어 있지 않다.

능률성과 형평성을 두 기둥으로 하고, 그 밖의 정책 평가 기준들이 부가된 '공익성'의 지표가 개발될 경우, '공익성' 여부가 어느 정도 객관적으로 평가될 수 있을 것이다.

형평성은, 프레데릭슨(Frederickson, 1980: 6)에 의하면, 행정 과정에서 공공 서비스의 평등성(equility in government services), 의사 결정과 사업 수행에서의 행정관의 책임성 및 시민의 요구에 대한 대응성의 확보를 의미한다. 그러나 공공 영역에서 중요한 의미를 지니는 정책의 형평성을 분석하기 위한 기법들은 아직 본격적으로 개발되지 않고 있다. 다만, 정부 서비스 배분의 형평성을 측정하기 위한 분석 기법으로 쿨터 모형(Coulter model), 브러더스 모형(Brothers model) 등이 개발되어 일부 경험적 연구에 적용되고 있다.[11] 또한 정부 정책의 소득분배 효과를 측정하기 위한 분석 기법으로 재정귀착 이론(fiscal incidence theory)이 일부 경험적 연구에 적용되고 있다.

우리나라에서는 1999년부터 총 사업비가 500억 원을 넘는 대규모 국책사업 등에 대해 예비타당성조사를 하도록 규정하고 있다. 예비타당성조사 제도는 비용편익분석

---

11) 이 모형들에 대해서는 다음의 논문들을 참조하기 바란다. Coulter, 1980 및 Brothers, 1981.

등에 의거해 사업 추진의 타당성이 낮은 사업을 걸러 내기 위한 데 주된 목적이 있다. 이를 다른 측면에서 보면, 넓은 의미에서 공익 확보를 위한 장치로 볼 수 있다.

그러나 이 제도는 우리나라에서 제도 본래의 취지를 살리는 방향으로 운용되지 않는 경우를 종종 발견할 수 있다. 예를 들면, 여·야당의 중진 의원들이 역점적으로 추진하는 대형사업의 경우에는, 비록 그 비용-편익비가 0.5 이하로 사업 타당성이 전혀 없음에도 불구하고[12] 의회에서 쉽게 승인되는 것을 볼 수 있다. 또한 일부 사업의 경우, 정책분석 과정에서 비용-편익비가 의도적으로 조작되기도 한다. 수많은 민자유치 사업들에서 사업 추진의 정당성을 확보하기 위해, '비용' 항목은 의도적으로 축소되고 '편익'은 부풀려지는 조작이 이뤄지는 것을 흔히 볼 수 있다. 또한 일부 국책사업 등에서는 예비타당성조사를 피하기 위해 사업 규모를 500억 원 이하로 의도적으로 축소하거나, 몇 개의 단위 사업으로 쪼개기도 하는 사례를 쉽게 찾아볼 수 있다. 공직자들의 이러한 행태는 공직자들의 공익 수호에 대한 윤리 의식이 그만큼 확립되어 있지 않다는 것을 나타낸다. 이와 같이 '공익'은 모든 정책이 정당성을 획득하는 근거가 되며, 다른 한편 정책 활동의 평가 기준이 된다.

이상의 논의는 또한 공익의 마지막 세 번째 역할인, 공직자의 행동 규범으로서 공익의 역할로 자연스럽게 이어진다. 공익은 공직자의 행동 규범이자 동시에 책임성 판단의 기준이 된다. 즉, 행정공무원은 공익의 일반적 기준에서 벗어나는 행위를 하거나 공익보다 사익을 앞세우는 행위를 할 때는 그런 행위에 대해 책임을 져야 한다. 따라서 관료들은 특정한 행정 행위를 할 때마다, 행정의 궁극적 목표 가운데 하나인 공익 증진에의 기여도를 고려하지 않으면 안 된다. 즉, 공직자들은 정책을 형성하고 집행하는 정책 과정마다 '공익'의 기준에 부합되는지의 여부를 따져봐야 한다. 특정한 정책이 더 많은 사람의 이익에 넓게 봉사하는지 아니면 특수한 소수 집단의 사익에 봉사하는지 등의 문제를 따져봐야 한다.

공익의 개념이, 아직 조작화가 시도되지 않고 있는, 추상적이고 모호한 개념이긴 하나, 각종 행정 활동에서 명시적으로 추구되고 있는 행정 가치임에 틀림이 없다. 공익 개념을 구성하는 구체적 내용에 대해서는 논자들 간에 쉽게 합의될 수 없을 뿐 아니라, 시대와 장소에 따라 다를 수 있겠지만 정책결정자와 집행자들은 행정 과정에서

---

12) 비용-편익비가 0.5라는 것은 비용이 100억 원이 소요되는 사업의 편익이 50억 원밖에 되지 않는 것을 의미한다.

항상 유념해야 할 행정 가치 가운데 하나다. 공직자들은 기본적으로 공익을 수호하고 증진할 사회적 책무를 지고 있다. 소수의 이익보다는 다수의 이익을 존중하며, 자신의 사익보다는 공동체의 이익, 즉 공익을 우선시해야 한다. 동양의 고전적인 멸사봉공(滅私奉公)의 자세가 바로 공익을 존중하는 정신이다.13) 집단이기주의나 지역이기주의보다 국가 전체의 국익을 앞세우는 자세가 필요하다.

그러나 '공익'의 개념이 행정 현장에서 실효성 있는 규범의 위치를 차지하기 위해서는 '공익'의 개념이 좀 더 조작적으로 정의될 필요가 있다. 행정학자들에게 남겨진 과제 가운데 하나다.

4 공익 확보의 원리

수많은 행정학 문헌은 '공익'의 정의(定義)를 시도하고 있다. 그러나 많은 학자가 합의하는 성공적 정의는 찾아보기 힘들다. 그 주된 이유 가운데 하나는 '공익' 개념의 '조작적 정의(operational definition)'에 성공하지 못했기 때문이다.

공익 개념을 이해하기 위해서는 '내용'에 초점을 둔 접근 관점과, '절차'에 초점을 둔 접근 관점으로 나눠 볼 수 있다. 전자는 공익 개념의 '조작적 정의'를 시도하는 것으로, 공익 개념을 사회 구성원 다수의 이익, 공동체 자체의 이익, 공공 의사 등의 구성 요소로 분해해 보는 접근 방식이다. 그러나 이러한 접근 방식은 공익의 단편적 속성을 이해시키는 데는 도움을 줄 수 있을지언정, 공익 개념을 구성하는 실질적 내용을 체계적으로 이해시키는 데는 한계가 따른다. 그리고 각자가 제시하는 공익의 구성

---

13) 베일리(Bailey, 1980: 442)와 같은 학자는 그러나 비이기적 공직자(nonself-interested public officials)의 개념은 민주주의와 상반된다고 주장한다. 그는 공직자가 개인적 목표를 추구하는 것은, 다음과 같은 이유에서 문제가 되지 않는다는 것이다. 즉, 공직자는 사적 이익의 존재를 올바르게 인식함으로써, 공적이든 사적이든 강력한 동기를 갖게 된다는 것이다. 일반적으로 얘기하면, 공익이라는 위성을 궤도에 쏘아 올리기 위해서는, 추진 연료의 일부로 일단의 특수이익이 필요하다는 것이다.

공공 서비스 기술의 대부분은 사적·개인적 이익을 공익의 대의(大義)로 동력화하는 능력이다. 공익과 사익에 다 같이 도움이 되는 대의를 지니고 있음에도 불구하고(법 테두리 안에 있는) 개인적·사적 이익과 교섭하지 않고 그것을 지원하지 않으려는 사람들은, 도덕적 기질(moral temperament)이라는 측면에서 볼 때, 공적 책임에 부적합하다고 베일리(Stephen Bailey)는 말한다. 그는, 고위직에의 승진과 위신 및 권력의 추구와 같은 공직자의 개인적 동기는, 정당성이 있는 공공의 목적을 지향하는 한, 받아들여질 수 있다고 본다(이종수, 2010a: 96).

요소가 각기 다를 뿐 아니라 분석 수준도 다를 우려가 있다.

일부 학자들은 공익의 실질적 내용을 규명하기 위해서는 경제학에서 정치(精緻)하게 발달된 사회후생함수의 개념을 살펴보는 것이 도움이 될 것이라고 제안하기도 한다(윤영진, 1988: 117-118). 이익과 후생 또는 효용 간의 개념적 차이, 공익과 사회후생 간의 이질적 속성을 차치한다면 사회후생함수의 내용은 공익의 실질적 내용을 설명해 줄 수 있을 것이라는 것이다. 사회후생함수는 사회적 선택 문제의 최종안을 제시해 주는 것으로, 개인들의 선호를 사회적 선호로 전환한 것이다.

공익을 어떠한 관점에서 이해하든 간에 공익에 관한 논의의 초점은 누가, 어떠한 과정을 거쳐, 어떤 기준에 입각해 공익성의 여부를 결정하느냐에 있다. 이러한 관점은 공익 결정의 절차적 접근으로 이어진다. 레이즈와 페리가 제시하는 공익의 절차적 개념이란 적절한 정책 결정 절차의 채택을 의미한다(Leys & Perry, 1959; 안해균, 1983: 230; 윤영진, 1988: 120). 공익은, 그것이 어떤 정책결정체가 되었건 간에, 현실적으로 정책결정체 참여자들의 투표에 의해 결정된다.

사회적 맥락에서 본다면, 공익은 그 사회 구성체 및 사회 구성원의 가치 체계 속에서 투표 등의 정치 과정을 통해 결정된다고 봐야 할 것이다. 그러나 일상적 정책 과정에서는 공익의 해석자(interpreter)이자 실행자(implementor)인 행정 관료들이 그 역할을 위임받아 수행한다.

국가 사회는 다양한 이해관계를 가진 개인 및 집단에 의해 공유되는 세계다. 그 속에서 개인 및 집단 상호 간의 이해가 연결되고 조정되며 확대되어 간다. 미국과 같은 다원사회에서는 다양하게 조직화된 이익들 간의 균형된 게임을 통해 다수의 이익에 일치되는 공익이 도출된다고 할 수 있을 것이다. 그러나 성숙된 다원사회로 발전하지 못한 사회에서는 다양한 집단의 이익이 정치 과정을 통해 균형 있게 조정되지 못하고 있다. 이러한 상황에서는 잘 조직화된 포식집단(捕食集團)이 조직화되지 않은 사회적 약자 집단과 시민 일반(public at large)의 이익을 약탈하게 된다.

이와 같이 이익집단의 균형 있는 성장이 확보되지 않은 상황에서는, 공공정책의 편익과 부담을 공평하게 분배하는 데 '공익' 및 '공공성'에 대한 공직자의 가치 기준이 중요한 역할을 한다. 행정 과정은 관료제를 통한 행정 가치의 구현 과정이다. 행정 과정의 각 단계에서 이뤄지는 구체적 가치 판단은 관료들에 의해 이뤄진다. 다시 말하면, 정책 문제를 인지하고 그 문제를 해결하기 위한 정책 대안을 입안, 결정하고 시행하는 전 과정에서 관료들의 가치가 투입되고 반영되기에 공직자들의 가치 기준과 윤리는 그만큼 중요하다(이종수, 2010a: 94).

제3절 사회적 형평성

생각해 보기

'사회적 형평성' 관련 '생각해 보기' 과제

신행정학과 사회적 형평성: 1968년 9월 시라큐스대학교 미노브루크(Minnowbrook) 회관에서 왈도(Dwight Waldo) 교수 주관 하에 일단의 소장 학자와 실무가들이 모여 회의를 개최했다. 이 회의에서 그들은 적실성(relevance), 참여(participation), 변화(change), 가치(values), 사회적 형평성(social equity) 등에 기초한 행정학의 독자적 주체성을 강조했다.[14)]

신행정학 운동은 행정학의 실천적 성격과 적실성을 회복하기 위해 정책 지향적인 행정학을 요구했으며 전문직업주의, 가치 중립적인 관리론에 대한 집착을 비판하면서 민주적 가치 규범에 입각해 분권화, 고객에 의한 통제(client control), 가치에 대한 합의 등을 강조했다. 또한 행정은 정치적·경제적·사회적으로 불리한 입장에 있는 집단을 위해 양질의 서비스를 제공해 사회적 형평을 실현해야 한다고 주장하면서 행정인의 적극적인 역할을 강조했다.[15)]

이와 같이 신행정론은 정통 행정학의 능률지상주의를 탈피해 사회적 형평, 민주적 가치, 인본주의에 입각한 능동적 행정, 고객 중심 행정을 주창하면서 탈관료제 조직설계 대안을 제시했다. 이들은 특히 논리실증주의에 인식론적 근거를 둔 행태주의 방법론을 비판했다는 점에서 행정학 분야에서 대두된 탈행태주의 운동으로 볼 수 있다.

신행정론은 가치 중립적이기보다는 규범적이며, 기술적이기보다는 처방적이며, 제도

---

14) 마리니(Marini, 1971)는 신행정학이 지향하는 방향으로 현실적합성이 있는 행정학, 탈행태주의, 격동적 변화에 대한 적응력, 새로운 조직모형, 고객 중심주의 등을 제시한 바 있다.

15) 신행정학 운동의 대표적 학자의 한 사람인 프레데릭슨(Frederickson, 1980)은 사회적 형평을 행정봉사의 공평성, 정책의 책임성, 변화 지향성, 시민의 욕구에 대한 대응성 등으로 규정하고 있다.

지향적이기보다는 고객 지향적인 행정과 행정학을 강조했다. 즉, 신행정론에서는 행정의 정책 결정 기능을 적극적으로 요청하면서도, 이의 관료주의화를 견제하기 위해 이념으로서의 형평성을 강조하고 시민의 참여를 강조했다. 신행정론의 지적 전통은 1980년대를 전후해 등장한 비판행정학으로 이어지고 있다.

1 정부는 공정한가?

공정한 사회질서를 논구하는 오늘날의 정치 철학은 고대 그리스의 윤리학과 근대 계몽주의 사상에 그 지적 뿌리를 두고 있다. 계몽주의 사상가 가운데는 특히 불평등한 사회 제도를 인간 사회의 모든 악의 근원으로 규정, 그 타파를 주창한 루소(Jean-Jacques Rousseau, 1712~1778)가 큰 영향을 미쳤다. 그의 『인간불평등기원론(*Discours sur l'origine et les fondements de l'inégalité parmi les hommes*)』은 양극화 현상이 날로 심화되는 오늘날의 자본주의 질서를 이해하는 데 깊은 통찰력을 제공한다.

19세기 프랑스의 정치사상가인 토크빌(Alexis de Tocqueville, 1805~1859)은 인류 사회의 발전 방향에 관해 다음과 같이 예언하였다. "평등을 향한 점진적 진보는 운명 지워진 것이다(The gradual progress of equality is something fated)"(Tocqueville, 1969: 12). 그는 대표 저서 『미국의 민주주의(*Democracy in America*)』에서 서구 사회의 점증하는 사회적 조건의 평등화(rising equality of social conditions) 경향에 주목하면서 이같이 말하였다. 토크빌은 비록 평등의 원리가 획일화나 무절제한 방종으로 빠져서는 아니 된다는 점을 강조하였으나, 민주주의의 본질을 자유와 평등의 균형 상태로 파악한 그는 평등한 민주주의 사회의 도래를 피할 수 없는 역사적 흐름으로 파악하였다(이종수 2013a).

국가란 누구를 위한 국가이며, 국가 관료는 어느 계급의 이해를 반영하는가? 국가 또는 국가 관료제가 계급적 성격을 지니는지에 관한 문제는 국가의 본질적 기능에 대한 이해로부터 접근될 수 있다. 국가이론(theory of the state)은 다양한 기준에 의해 다양하게 분류될 수 있을 것이나, 여기서는 정통 마르크스주의에 입각한 도구주의(instrumentalism) 국가론과 그 대척점에 있는 다원주의(pluralism) 국가론, 그리고 절충적 입장을 취하는 네오마르크시즘의 구조주의(structuralism) 국가론으로 나눠 살펴보고자 한다.

자유민주주의 체제를 옹호하는 다원주의 국가론은 국가를 사회 내에 존재하는 다양한 집단의 이익갈등을 중재하고 해결하는 '공정한 심판관(fair referee)' 또는 '공정한 조정자(impartial arbiter)'로 파악한다. 이러한 다원주의 국가론은 국가란 기업과 정치 사회적 계급(estates) 등 특수이익 집단들에 맞서 일반이익(general interest)을 대표하는 기능을 수행한다고 보는 헤겔(Georg Wilhelm Friedrich Hegel, 1770~1831)의 국가관과 맞닿아 있다. 헤겔에 있어 국가장치로서의 관료제는 국가와 시민사회를 조정하는 것이었다(이종수 2013a).

물론 헤겔의 국가관에 대해서는 상반되는 평가들이 이뤄지고 있다. 칼 포퍼(Sir Karl Raimund Popper, 1902~1994), 아도르노(Theodor Ludwig Wiesengrund Adorno, 1903~1969)와 같은 학자들은 헤겔의 사상이 전체성(전체주의)을 목적하고 있다고 주장하면서 헤겔주의를 극렬히 비판하였다. 특히 포퍼는 헤겔이 플라톤과 함께 전체주의를 정초한 권위주의적인 학자의 대표라고 비판했다. 그리고 '부정변증법'을 주장한 아도르노는 헤겔 철학이 '부정의 부정을 긍정'으로 본다고 하면서, 모든 개인을 국가에 동일시시켜 그 나라를 파시즘에 빠지게 만든다고 비판하였다.

그러나 다른 한편에서는 적지 않은 학자들이 헤겔의 국가 이론이 오랫동안 오해받아 왔다고 주장하면서 반대되는 견해를 피력한다. 즉, 그들은 헤겔의 국가 개념이 전체주의, 국가주의의 한 유형으로 간주되어 왔지만, 실제로 헤겔은 개별자들의 자유로운 삶을 보장하는 데 국가가 의무를 진다는 점을 강조한 것이라고 주장한다. 그들은, 즉 헤겔의 '사회적 국가'는 시장근본주의적인 탈규제가 아니라, 개인의 기본권과 자유를 위해 법적·재정적·물질적 조치를 취하는 민주주의 국가를 가리킨다고 주장한 것이다.

헤겔은 사회 형태가 '가족-시민사회-국가'로 발전한다고 보았는데, 이때의 국가는 전체주의적 국가를 의미하는 것이 아니라는 것이다. 헤겔의 국가 개념은 가족과 시민사회를 지양한 형태로서 그 속에는 개별성과 공동체성이 통합되어 있다는 것이다. 따라서 거기에서는 개인의 자유와 자율성이 보장된다. 다른 말로 하면, 헤겔은 계몽주의의 이성주의적 전통을 계승하고 있기 때문에 시민 혁명의 성과물인 개인의 권리와 자유를 인정한다는 것이다. 이에 반해 전체주의 국가는 시민들의 기본적 권리와 자유를 억압한다는 것이다. 이처럼 헤겔의 국가 개념과 파시즘의 국가 개념은 근본적으로 차이가 있다는 것이 이들의 주장이다.

정통 마르크스주의 국가이론으로서의 도구주의 국가론은 국가를 단순히 '지배 계급의 도구'로 보는 관점을 말한다. 마르크스는 국가와 시민사회를 구분하는 헤겔의 관점은 수용하였으나, 국가가 일반이익을 대표한다는 주장은 받아들이지 않았다. 그는 국가란 다만 부르주아가 그들의 재산과 이익을 수호하기 위해 필연적으로 채택하는 한 조직 유형에 불과하다고 보았다(Marx, 1969: 77).

요약하면, 마르크스 이론은 자본주의 국가 체제가 부르주아 이익을 위한 착취기구이며, 자본주의 사회가 공산주의 사회로 진행함에 따라 국가는 소멸하게 된다는 기본 인식을 가진다. 즉, 마르크시즘은 기본적으로 국가를 자본 계급, 즉 경제적 지배계급의 지배를 가능케 해주는 도구에 불과한 것으로 본다. 따라서 마르크스 이론에서는 사회를 지배하는 통제기구로서의 관료제는 지배 계급에 대해 중립성이나 자율성을 지니지 못하는 것으로 간주된다. 마르크스주의자들은 국가가 일정한 발전 단계에서는 독립성을 지닐 수 있으나, 일단 부르주아가 지배 계급으로 스스로를 확립하게 되면 국가는 독립성을 상실하고 단지 지배 계급의 에이전트(agent)로 전락하게 된다는 것이다.

우리 사회는 어느 정도 공정한 사회인가? 우리 사회 구성원의 78.8%는 우리 사회를 공정하지 않은 사회로 인식하고 있다. 그리고 우리 사회는 계층 간 이동가능성이 크게 낮은 사회로 인식되고 있다. 물론 '공정성'의 개념에 대한 정의(定義)도 논자에 따라 각기 다를 뿐 아니라, 사회적 불공정성의 원인에 대한 진단도 다르고 처방 또한 상이할 것이다.

한국보건사회연구원과 한겨레사회정책연구소가 2012년 2월 우리 사회의 20~40대 구성원 1,500명을 대상으로 벌인 여론조사 결과, 조사대상자의 78.8%는 우리 사회를 '부모의 지위에 의해 계층 상승 기회가 결정되는 폐쇄적 사회'라고 응답하였으며, 75.5%는 '노력한 만큼 보상과 인정을 받을 수 없는 불공정한 사회'로 인식하는 것으로 나타났다.

그리고 '소득분배의 불공평성'에 대한 인식도 사회 전반의 공정성에 대한 인식과 유사하게 국민의 약 70%는 우리 사회의 소득분배가 불공평한 것으로 평가하고 있다. 통계청이 2009년 15살 이상 인구 3만 7,000명을 대상으로 조사한 결과를 보면, 우리 사회의 소득분배가 불공평하다고 생각하는 사람이 70.1%에 달하였다. '경제적 불공평성'이 아닌 '소득의 차이'를 묻는 다른 조사에서는 국민의 92.8%가 한국 사회에서의 소득의 차이가 크다고 생각하고 있는 것으로 밝혀졌다. 소득분배가 '공평하다'고 여기는 사람은 4.1%에 불과했다.

한국종합사회조사(Korean General Social Survey: KGSS)에서 주기적으로 실시하고 있는 조사결과는 국민들의 이러한 인식이 해마다 큰 변화를 보이지 않고 있음을 나타내고 있다. 소득 격차를 줄이는 것이 정부의 책임이라고 생각하는 사람도 79.8%에 달하였다(장인성, 2009: 26, 29-32). 소득 격차에 대한 인식이 라트비아(96%), 러시아(93.9%) 등 사회주의권 국가에서와 같이 매우 높게 나타난다는 것은 우리 국민의 평등에 대한 욕구가 그만큼 높다는 것을 나타낸 것이라고 하겠다(이종수, 2013a: 43-44).

우리나라의 소득 양극화의 원인은 여러 곳에서 찾을 수 있다. 대한상공회의소 분석과 같이, 미시적 차원에서 전반적인 재분배 정책이 미흡하다는 점을 지적할 수도 있을 것이다. 그러나 보다 근원적 측면에서 기업과 자산 계층에 유리한 경제 정책 기조에서 그 원인을 찾기도 한다. 지난 30여 년에 걸친 개발연대(development decades) 동안 정부는 친기업 정책을 통해 자본의 축적을 지원해 온 것이 사실이다. 일부 학자들은 또한 경제 사회의 게임 규칙이 공정하지 않다든가 경제적 기회가 구성원 간에 균등하게 주어지지 않았다는 기회 균등의 측면에서 경제적 불평등의 원인을 찾기도 한다. 어떻든 소득 양극화의 주된 원인은 가치 배분과 관련된 정부 정책과 사회 제도에서 찾을 수 있을 것이다. 소득분배를 개선하기 위한 국가적 차원의 노력이 보다 적극적으로 경주되어야 하는 이유가 여기에 있다.

2 국가 장치의 가치 배분 편향성

사회적 공정성에 관한 일체의 논란은 결국 사회적 가치를 분배함에 있어 결과적 평등을 지향하느냐 아니면 기회의 평등을 강조하느냐에 관한 논란으로 귀결된다고 하겠다. 사회 구성원들의 절대 다수가 우리 사회를 불공정하다고 생각하는 것은 사회적 가치들이 '결과적으로' 불평등하게 분배될 뿐만 아니라, 가치 획득을 위한 '기회' 또한 불공평하게 주어지는 것으로 인식한다는 것을 의미한다.

정부는 공공정책을 통해 사회적 가치를 권위 있게 배분(authoritative allocation of social values)하는 기능을 수행한다. 국가는 사회 구성원 개개인의 생활에 가장 강력한 영향을 미치는 제도다. 모든 사회 구성원은 국가의 영향으로부터 이탈할 수 없으며, 개인의 소중한 인권과 자유, 그리고 자아의 실현도 국가 없이는 성취될 수 없다. 그러나 오늘날의 선진 민주 국가에서는 국민 개개인의 자유가 폭넓게 인정되며, 국가의 통제력은 한정되어 있다는 생각이 일반화되어 있다(김명, 1995: 42). 그러나 국가 장치는 과연 가치 배분을 구성원들에게 공평하게 하는가?

국가의 궁극적 목표는 공동체 구성원들의 생존과 발전을 도모하는 데 있다. 국가는 이러한 목표의 달성을 위해 대내적으로 개인 및 집단의 활동을 규제하는 기능을 수행한다. 더 구체적으로 살펴보면 국가는 공공의 안녕을 해치는 범죄 행위를 단속하고 공정한 거래 질서를 흩트리는 불공정 경제 행위를 규제하며, 국민의 건강을 위협하는 공해를 단속하는 등 사회 구성원들의 여러 행위를 통제하고 규제한다. 안게르만(Angermann, 1976: 112)은 국가의 기능과 관련하여 국가를 '…… 관료제적으로 훈련되고, 내부의 질서와 외부로부터의 안보를 책임지며 최고의 권위가 부여된 신시대의 조직 국가'로 정의한다(이종수, 2010a: 12-13).

국가의 통치 구조로서의 정부(government)는 다른 측면에서 보면, 공공정책을 통해 사회적 가치를 배분하는 기능을 수행한다. 미국의 정치학자 이스턴(D. Easton)은 정치 체제를 '가치의 권위적 배분을 위한, 사회 속의 가장 포괄적인 행동 체제(the most inclusive system of behavior in a society for the authoritative allocation of values)'로 정의하고 있다(Easton. 1965: 51-56). 인류의 역사는 사회적 가치의 분배를 둘러싼 갈등과 투쟁의 역사라고 할 수 있다. 동서고금의 무수한 사상가들은 사회적 가치 배분의 합리적 원칙을 찾기 위해 고심해 왔으며, 역사적으로 발전해 온 여러 정치 · 경제 · 사회적 제도는 이러한 가치 배분의 원칙을 제도화한 것이다. 사회적 가치는 이와 같은 여러 사회적 제도와 정부 정책을 통해 배분된다.

자본주의 사회에서 소득분배는 기본적으로 시장에 의해 이뤄진다. 그러나 시장에서의 소득분배는 개인의 재능과 노력 등의 요인에 의해 결정되기도 하지만 상속을 통해 소유하게 되는 경제적 자원의 영향을 크게 받기에, 순수한 시장경제 아래서의 소득 격차는 더욱 커지는 경향이 있다. 더욱이 시장 기구를 통한 생산력의 증대는 소득의 불평등을 더욱 악화시킬 가능성이 높은 데 비해, 시장 기구 자체는 그것을 시정할 메커니즘을 갖고 있지 못하다. 따라서 시장에 의해 발생하는 소득 격차는 공공 부문의 재분배 기능을 통해 시정되어야 한다. 현대의 재정 정책은 이러한 소득분배의 공평화를 주요 목표의 하나로 삼고 있다. 그런데 소득분배 상태를 조정하고자 할 때 제기되는 어려운 문제는 바람직하고 적정한 분배 상태란 어떤 상태를 가리키는가를 판단하는 문제이다. 현실적으로 무엇이 적정한 분배 상태인가를 판단하는 것은 경제 분석의 범위를 넘어선, 정치적 과정을 통하여 결정해야 할 문제라고 할 수 있다(김동건, 1988: 21, 187).

소득분배에 영향을 미치는 정부 정책으로는 시장에서의 독점이윤의 배제와 공정거래 제도의 확립 등 여러 가지가 있을 수 있으나, 정부의 가장 직접적인 조치로는 조세 정책과 지출 정책을 들 수 있다. 조세 정책은 정부 활동의 비용을 어느 집단에 얼마만큼 부담지울 것인가의 문제와 관련되며, 지출 정책은 세출로 인한 편익과 혜택을 어느 집단에 얼마만큼 분배할 것인가의 문제와 관련된다.

재분배를 위한 조세 수단으로는 소득세의 누진 제도와 면세 제도 등을 들 수 있다. 정부 지출을 통한 재분배 정책의 수단으로는 교육·보건·주택 등 공공재의 공급, 빈곤층에 대한 각종 공적 부조와 사회보장 제도, 그리고 정부보조금 제도 등을 들 수 있다. 그런데 이러한 재분배 정책은 그 정도가 지나칠 경우 근로의욕을 저해하고 기업가정신을 훼손함으로써 국가 사회 전반의 생산성을 떨어뜨리는 부작용을 초래한다. 이른바 형평성(equity)과 효율성(efficiency) 사이에는 상충관계(trade-off)가 있다. 시장경제 체제를 채택하고 있는 자본주의 국가에서는 따라서 형평성과 효율성 사이의 적절한 균형점을 찾는 것이 중요한 정책적 과제가 된다(이종수, 2013a: 115-122).

앞서 언급한 바와 같이, 이스턴은 정치·행정 체제가 공공정책을 통해 사회적 가치를 배분하는 기능을 수행한다. 그런데 공공정책은 편익과 비용을 모든 구성원에게 공평하게 배분하는 것이 아니라 불평등하게 배분하는 성질을 지닌다(이종수, 2013a: 115-122).

문제는 정부의 다양한 재분배 정책에도 불구하고 계층 간의 소득 격차는 크게 개선되지 않고 있다는 점이다. 오히려 대부분의 국가에서 소득 양극화 현상은 시간이 흐를수록 더욱 심화되고 있다. 분배 개선을 위한 정부의 다양한 노력에도 불구하고 소득 격차가 커지는 것은 정부의 재분배 정책은 미미한 데 비해, 성장 촉진을 위한 여러 경제 정책과 조세 정책 등이 부유집단에 유리하게 작용하기 때문이라고 할 수 있을 것이다.

대부분의 정부 정책은, 그것이 비록 특정한 분배 의도를 지닌 정책이 아니라 하더라도, 장기적 · 거시적으로 볼 때 부유 집단의 사회경제적 지위를 강화하는 방향으로 작용한다. 우리나라의 경우 기업이나 자산부자들이 돈을 벌 수 있었던 것은 개발연대(development decades) 동안 조세 부담이 다른 계층에 집중되었기 때문이라고 할 수 있다(정태헌, 2011).

우리나라에서 1990년대 이전까지는 서민들에게 상대적으로 세 부담이 가중되는 소비세의 집중적 증징(增徵)을 통해 경제 개발 재원이 마련되었다. 반면에 기업에는 각종 조세감면 제도와 공제 제도를 통해 실효세율이 현저히 낮게 적용되었다. 그리고 과세당국은 행정편의상 소득이 훤히 들여다보이는 투명유리 안의 근로소득에 대한 과세에 집중하는 반면, 자산 및 자본 소득에 대한 세원 포착과 과세에는 상대적으로 주력하지 않았다. 개발연대 동안 자산 축적을 통해 사회적 영향력이 커진 부유층은 자산과 자본소득에 대한 과세에 거세게 반발했으며, 이들에 포획(capture)된 관료 집단은 친기업 · 친자본 정책으로 호응하였다.

일반적인 경제 정책이 소득분배에 미치는 영향을 좀 더 구체적으로 살펴보자. 어떤 집단에 얼마만큼의 조세부담을 지우고, 정부 지출의 편익을 어느 계층에 얼마만큼 분배할 것인가 하는 분배 정책이 소득분포에 영향을 미치는 것은 당연한 일이다. 그러나 공공재(public goods)와 민간재(private goods) 간의 생산 비율을 얼마로 정할 것인가, 어떠한 공공주택 정책을 어느 정도 추진할 것인가, 경제 안정화를 위해 어떠한 물가 정책과 고용 정책을 추진할 것인가 하는 일반적 경제 정책도 사회 집단과 개별 구성원의 경제적 지위에 큰 영향을 미치게 된다.

특히 계급 중립적 정책으로 인식되는 경기부양 정책도 결과적으로 부유 계층에 유리한 분배 효과를 초래하게 된다. 정부는 2010년 말 경기부양책의 일환으로 자금난을 겪고 있는 건설사를 지원하기 위해 수도권 미분양 아파트를 정부가 매입해주고, 2011년 3월 종료되는 분양가상한제와 주택 재당첨 제한의 한시적 폐지를 연장하겠다는 방침을 발표하였다. 2011년 3월에는 또한 부동산 경기 활성화를 위해 취득세 50% 추가 감면 대책도 발표하였다. 이러한 주택 정책 전환의 주된 목표는 물론, 전체 산업에 대해 전후방 연관 효과(forward and backward linkage effects)가 큰 건설 산업의 활성화를 통해 침체된 경기를 부양하는 데 있을 것이다. 그러나 '건설 경기 부양'을 위한 이러한 정부 정책의 혜택이 건설업계와 부동산 자산을 많이 소유한 부유 계층에 돌아갈 것이라는 점은 불을 보듯 뻔하다.

이와 같이 대부분의 경제 정책은 부익부 빈익빈을 심화시키는 분배 효과를 초래한다. 문제는 이러한 경기부양 정책에 의해 초래된 부(負)의 분배 효과를 상쇄시키기 위한 개별적·대응적 재분배 정책이 시행되지 않는다는 점이다. 그리고 사후적으로 뭉뚱그려 시행되는 복지 정책이 다양한 경제 정책에 의해 초래되는 소득 양극화를 상쇄하기에는 너무나 미미하다고 하겠다. 자본주의 사회에서 시간이 흐를수록 심화되는 소득 양극화 현상을 교정하기 위해서는 정부의 보다 적극적인 재분배 정책이 필요한 이유가 여기에 있다(이종수, 2013a: 118-121).

3 형평성의 개념적 기초

형평성(equity)의 개념은 일반적으로 공정성(公正性, fairness) 혹은 사회 정의(social justice)의 개념과 거의 같은 의미로 쓰인다.

형평에 관한 견해를 처음 체계적으로 논한 아리스토텔레스는 형평(epieikeia)을 여러 개인 간의 관계에서 사물의 적절하고 마땅한 분배로 이뤄진 '공정한 평등'으로 정의한다(Aristotle, 1962). 형평의 원리는 로마 시대 이래 "각자의 몫은 각자에게로(suum cuique tribuere: to each according to his or her own merits)"라는 격언으로 간결하게 표현된다. 이는 각자의 공헌에 비례해 가치를 배분하는 것을 뜻한다.

돌바흐는 형평은 각자의 재능과 업적에 따라 대우하는 것을 의미한다면서 정의가 곧 형평이라고 주장한다. 그는 기계적 평등은 사회 정의에 어긋날 뿐만 아니라 사회 공동선과 양립하지 않는다고 주장한다. 차별과 계급의 기원이 오직 개인의 덕성, 능력 또는 사회 공익에의 기여 등에 있으며, 그 결과 발생하는 불평등은 당연하다고 주장한다(Perelman, 1963: 17-29).

형평성의 개념은 자의적 차등(arbitrary inequality)을 배제하려는 것으로 이것은 다음의 다섯 가지로 요약될 수 있다(Sidgwick, 1981; 차하순, 1983: 33-34; 김인, 1988: 140-41).

첫째, 동일 범주의 구성원에게 동일한 것을 주어야 한다. 이것은 동일한 범주의 구성원을 동등하게 대우해야 함을 의미한다.

둘째, 동일한 공과에 대해 동일한 상벌을 주어야 한다. 이것은 공적이나 과실을 감안한 응분의 대우를 의미한다.

셋째, 수행된 일에 따른 대우를 해야 한다. 이것은 지식의 전문성, 기술의 수준이나 정밀도, 업무의 수행량 또는 생산의 결과 등에 비례해 거기에 상응하는 대가를 지불하는 것을 의미한다.

넷째, 필요(needs)의 긴급도에 따라 배분되어야 한다. 이것은 원래 사람마다 각자의 필요가 다르고 그 충족이 긴급하고 완만한 정도가 다르므로 이러한 것들을 고려해야 한다는 것이다. 구체적으로 얘기한다면, 부양 가족 수, 구휼의 필요, 질병이나 신체장애자 유무, 교육비 지출 등의 요인들이 지적될 수 있다.

다섯째, 지위(rank)에 따라 배분되어야 한다. 이것은 군대의 하사관과 장교, 관청의 상하직, 회사나 기업체의 사장과 직원 등의 지위, 계급에 따라 권리와 책임, 권한과 부담이 부여되어야 한다는 것이다.

페렐만(Charles Perelman)은 이와 같은 형평의 원리를 다음과 같이 여섯 가지로 공식화하고 있다. ① 동일 범주에 속한 성원들에게 동등한 대우를 할 것, ② 공적과 과실에 상응하는 응분의 대우를 할 것, ③ 수행한 일에 비례해 그에 상응하는 대우를 할 것, ④ 각자의 필요에 따라 배분을 할 것, ⑤ 지위(rank)에 따라 그에 상응하는 대우를 할 것, ⑥ 각자에게 법적 권리를 줄 것(Perelman, 1963: 17-29) 등이 있다. 이와 같은 기준에 입각해 볼 때 형평의 원리는 평등의 원리와 불평등의 원리를 다 함께 포괄하고 있다고 하겠다.

그런데 이러한 배분 원칙이 실제 문제에서 어떻게 구체적으로 적용되어야 하는가의 문제와 수량적으로 계산이 가능한가의 문제가 남아 있다. 게다가 더욱 어려운 문제는 현실적으로 각 원칙 상호 간에 병립이 가능하지 않은 경우가 많다는 것이다. 따라서 실제 형평의 원칙을 적용할 때 어떤 요인이 우선되어야 하는가를 결정하는 것은 중요한 문제다.

요약하면, 형평이란 동일한 것은 동일하게 취급하고, 서로 다른 것은 서로 다르게 취급하는 것을 의미한다. 이러한 형평의 개념 속에는 '정당한 불평등'의 개념이 내포되어 있다. 따라서 형평 개념으로서의 분배적 정의의 핵심 문제는 어떠한 불평등이 사회적으로 용인될 수 있는 것인가를 밝혀내는 것이라고 하겠다.

일반적으로 정당화될 수 있는 사회적 불평등으로 능력이나 업적에 따른 차별과 기본적 필요(need)에 따른 차별을 생각해 볼 수 있다. 능력과 업적의 기준이 정당화되는 이유는 그것이 생산성을 자극하며, 나아가 공공의 이익을 증진할 것이라는 공리주의적 이유에서다. 또한 기본적 필요의 기준이 정당화되는 이유는 그 능력이나 업적에 관계없이 최소한의 생활을 보장한다는 의미를 지니기 때문이다. 즉, 기본적 필요의 충족은 인간이 인간으로서의 자격을 갖추게 되는 조건을 부여한다는 의미에서 정당화되는 것이다.

그러나 앞서 살펴봤듯이 오늘날의 공동체주의자들은 자유시장 체제에서 부의 분배 기준으로 삼는 개인의 천부적 자질과 사회적 지위, 심지어 개인적 노력과 같은 요소까지를 우연적(incidental) 변인으로 봐 그 성과를 개인에게 오로지 귀속시키는 것은 사회적 정의가 아니라고 하면서, 그것을 사회 공동의 자산(common asset)으로 간주해야 한다고 주장한다.

4 행정 이념으로서의 사회적 형평성

행정 이념으로서의 사회적 형평성(social equity)은 1960~1970년대 신행정론의 등장과 더불어 강조되기 시작했다. 신행정론자들은 기존 행정학에서 강조했던 가치 중립적 입장에서 벗어나 규범성을 강조하게 되었다. 그들은 행정학의 새로운 가치 규범으로 사회적 형평성을 강조하게 되었다. 신행정론자들의 주장에 따르면, 1960년대 이후 미국 사회에 실업, 빈곤, 무지 등의 악순환이 계속된 것은 기존의 관료제가 비민주적이고 공리주의적인 총체적 효용의 개념에 사로잡혀 정치적 · 경제적으로 소외되어 온 소수집단에 대한 무관심 때문이었다고 주장한다. 따라서 이를 극복하기 위해서는 행정가가 적극적으로 사회적 형평을 실현해야 한다고 주장한다(Frederickson, 1980; 이종수 외, 2012: 165).

프레데릭슨(H. George Frederickson)은 1971년의 '신행정학을 향하여(Toward a New Public Administration)'라는 논문에서 기존의 행정학이 경제성과 능률성을 추구했다면, 신행정학은 그 위에 사회적 형평성을 추가했다고 주장했다. 사회적 형평성의 이념은 기존의 행정 절차가 의회의 위원회 제도, 선임 원칙(seniority rule), 견고한 관료제, 비민주적 정당 제도, 연방제 하의 주(州)정부와 지방정부들의 불평등한 세입 구조 등으로 인해 불이익을 받는 소수자들에 대한 차별을 철폐하지 못하거나 또는 아주 점진적으로 철폐하는 방향으로 운영되고 있기 때문에, 이렇게 차별받고 있는 소수집단의 정치적인 힘과 경제적인 능률을 향상시키는 활동을 포함하는 것이다. 사회적 형평성은,

예를 들어 조직의 분배 과정, 통합 과정, 경제 교환 과정 및 사회 정서화 과정 등에서 정부의 재화와 서비스 배분이 공평한가, 조직의 통합은 자발적이고 분산적이며 덜 권위주의적인가, 조직의 경제 교환 과정은 고객 지향적이고 참여적이며 분권적인가, 그리고 사회정서화 과정은 개인과 단체의 훈련을 통한 조직의 '병리'를 치유하는가 하는 질문과 관련되어 추구된다고 한다(Frederickson, 1971: 310-311).

사회적 형평성이 추구하는 가치는 대응성, 시민 참여, 공평한 배분, 시민의 선택, 행정의 책임성 등으로, 이러한 가치는 분권·분산·참여·관여·중복 등을 인정하고 보장하는 제도 속에서 구현된다고 한다(Frederikson, 1980: 31-37). 그러나 행정 이념으로서의 사회적 형평성은 종래에 지나치게 경제성과 능률성을 추구해 누구를 위한 경제성이며 능률성이냐 하는 반성과 더불어, 평등 이념을 행정이 앞장서서 주창해야 한다는 근본적 취지에서 행정 서비스의 분배에 공정을 기함으로써 차별받는 개인과 집단을 보호하려는 것이다. 이러한 개념은 행정으로 하여금 적극적으로 사회적 불평등을 해소하는 데 앞장서도록 하는 것으로, 행정의 영역을 정치의 영역으로 더욱 확대해 분배와 복지 문제에 적극 개입하도록 했다(유종해 외, 2010: 101-102).

한편 경제학에서 형평성이란 용어는 통상적으로 소득이나 부 혹은 좀 더 넓게 복지 배분에서의 공정성(fairness)을 의미한다(Heibrum, 1981: 5). 따라서 정책에 대한 경제적 입장에서의 형평성 평가는 소득분배상의 공평을 뜻한다. 원래 재화와 용역의 배분과 관련해 경제적 정의에 대한 학자들의 견해는 다양하게 제시되어 왔다. 자유근본주의자들(libertarians)은 자유시장의 메커니즘이 정의를 보장해 준다고 하며, 공리주의자들은 국민의 필요와 이익이 가장 중요한 관심사가 되어야 한다고 한다(Arthur & Shaw, 1978: 1). 어떤 학자들은 노동 시간, 기여한 정도, 노력의 양을 측정해 분배의 기초로 사용해야 한다고 주장한다(Rawls, 1971: 302). 또한 다른 일단의 학자들은 균등한 배분이 경제적 정의의 핵심이라고 하기도 하며, 최저 소득자의 후생 극대화를 가져오는 것이 배분적 정의라 하기도 한다(Heilbrum, 1981: 5; 김인, 1988: 142).

5 사회적 형평성은 왜 필요한가?

사회적 형평성은 무엇보다 공동체의 유지·발전을 위해 필요하다. 공동체의 유지·발전을 위해서는 사적 이익을 넘어 타인의 이익까지 배려하는 공공성(publicness)

의 가치가 기반이 되어야 한다. 아리스토텔레스 이래 인간은 사회를 형성하고 그 속에서 정치적 상호 관계를 맺으면서 살아가는 '정치적 동물'로 묘사되어 왔다. 이상적 사회 또는 이상적 인간관계가 무엇인가의 문제를 붙들고 씨름해 온 대부분의 사상가들은 공정성이 사회통합의 기초가 된다는 점을 공통적으로 지적하고 있다.

많은 사상가들은 공정 사회 구현의 당위(當爲)의 근거를, 정치공동체를 구성하여 그 속에서 살아가는 인간의 생활 방식에서 찾는다. 사회공동체의 핵심 개념은 공공성(publicness)이다. 공공성의 개념에는 이기적 관심 또는 사적 이익(self-interest)을 넘어 타인의 이익까지 고려하는 '성숙(maturity)'의 개념에 더해, '공동(common)'과 '배려(care with)'의 의미가 부가되어 있다. 국가 사회라는 공동체를 함께 이루고 유지하기 위해서는 사적 이익을 넘어 타인의 이익까지 배려하는 구성원들의 관계가 중요한 의미를 지닌다.

인간들이 사회를 형성하여 '함께' 살아가기 위해서는 사회적 게임이 공정해야 한다. 경쟁에서 탈락한 불우집단에 대한 따뜻한 배려는 물론 있어야 할 것이나, 그 이전에 사회적 게임이 공정해야 구성원들은 공동체의 게임에 참여할 것이다.

일반적으로 '경쟁'은 인간 사회에 해로운 영향을 끼친다. 그러나 경쟁은 다른 한편 적응과 혁신의 계기를 마련해 주기도 한다. 다수의 진화론자들은 이종(異種) 및 동종(同種) 간 경쟁을 생물진화(進化)의 주된 추동력으로 간주한다. 생물진화론의 기초를 정립한 다윈(Charles R. Darwin, 1809~1882)은 '자연선택(Natural Selection)'[16]의 개념으로 그 메커니즘을 설명한다.

경쟁은 자연 세계에서뿐만 아니라 사회 체제에 있어서도 종(種)의 발전에 긍정적 영향을 미친다. 자연 세계에서는 환경 변화에 가장 성공적으로 적응한 우수 유전자만이 생존을 유지해왔다. 사회진화론자(social Darwinists)들은 자연 세계의 이와 같은 경쟁 메커니즘을 사회 체제의 발전에 활용하기 위해 고심해 왔다. 그 가운데 하나가 공정거래 제도다. 19세기까지만 해도 경제학자들은 대기업에 의한 '독점'을 적자생존의 원리에 따른 자연스러운 진화 과정으로 이해하였다. 그러나 오늘날 대부분의 경제학자들은 '경쟁'을 해치는 '독점'을 법적으로 규제할 것을 주창한다.

지나친 경쟁은 그러나 생태계에 적지 않은 부작용을 초래하기도 한다. 자연 세계

---

16) 자연선택(natural selection)은 일정한 생태계 속에서 생존에 적합한 형질을 지닌 특정한 종(種)이 살아남아 번식하게 된다는 이론을 말한다. 자연도태(自然淘汰)라고도 한다.

에서의 경쟁은 유기체에 손상을 입히거나 절멸을 초래하기도 하며, 귀중한 자원과 에너지의 낭비를 초래한다. 인간 사회에서 과도한 경쟁은 또한 공동체의 규범을 파괴하고 생산성을 떨어뜨리는 부작용을 초래한다. 소규모 단위 사회에서는 경쟁이 불필요할 뿐만 아니라 비효일적일 경우도 있다. 경쟁은 특히 경제 사회에서 자원과 노력의 낭비와 중복을 초래하기도 한다. 경쟁이 체제에 파괴적으로 작용하지 않도록 하기 위한 장치 가운데 하나가 공정 경쟁 제도다. 공정 경쟁은 한 공동체의 구성원들이 심리적 연대감을 유지하기 위해 필요불가결한 전제 조건이기도 하지만, 체제의 건전한 발전을 위한 진화의 기제(機制)로 작용하기도 한다(이종수, 2013a: 140-144).

일부 경제학자들은 형평성의 의제를, 경제 체제의 효율성이라는 관점에서 접근한다. 자유주의 경제학자들은 역동적 자유시장의 생산력 증대 효과를 강조하면서 정부의 가치 분배 기능을 시장 기구에 맡기자고 주장하는 데 반해, 복지경제학자(welfare economist)들은 공동체의 건전한 유지 · 발전을 위해 정부의 가치 배분 기능을 확대할 것을 주창한다. 복지경제학자 가운데 일부는 심지어 시장경제의 지속적 성장을 위해서도 형평성의 확대가 필요하다고 주장한다(이종수, 2010a: 제12장).

진보적 경제학자 가운데 일부는 또한 자본주의 국가 유형 가운데서도 국가가 민간경제에 어느 정도 간섭하는 산업 정책 국가와 사회적 조합주의 국가의 정치경제 시스템이 앵글로색슨계 국가의 자유방임적 자본주의보다 우월하다고 주장한다. 이들은 한국, 일본, 대만 등 동아시아 국가와 프랑스를 산업 정책 국가의 유형으로 분류하고, 스웨덴, 핀란드, 노르웨이 등 스칸디나비아 반도 국가들을 사회적 조합주의 국가의 유형으로 구분한다(Chang, 2006: 97). 이들 학자들은 특히 분배의 공정성을 추구하는 사회적 조합주의 국가의 경제 시스템이 자유방임적 자본주의보다 우월하다고 주장한다.

그러나 자유주의 경제학자들은 오늘날의 선진국들이 잘살게 된 것은 자본주의 시장경제 덕분이라고 주장하면서, 분배에 초점을 둔 복지 정책을 우선적으로 추구한 나라치고 선진국이 된 나라가 없다고 강조한다. 그들은 오늘날의 서구 복지사회는 자본주의 방식을 통해 먼저 선진국의 지위에 다다른 다음에 이뤄진 결과임을 역사가 보여준다고 주장한다. 어떻든 자유주의 경제학자들과 복지경제학자들의 이러한 논쟁은 쉽게 결말이 나지 않는 '열린 문제(open question)'라고 할 수 있다.

문제는 앞으로 우리 사회가 추구해 가야 할 발전 방향이다. 선진 사회 진입을 앞

두고 있는 우리 사회의 구석구석에서는 현재 기득권 구조의 고착화가 시도되고 있다. 시장에서의 경쟁의 제한과 특혜의 고착화는 소수 기득권층에 풍요로움을 가져다줄지언정 적지 않은 사회적 비용(significant social cost)을 발생함으로써 사회 전반에 부정적 영향을 미칠 수 있다. 결국 경쟁의 제한을 통해 기득권 구조가 고착화될 경우, 변화를 위한 역동성은 사라지고 더 이상의 정치·경제·사회적 진전은 기대할 수 없을 것이다. 요약하면, 공정 경쟁의 촉진은 분배 측면에서도 중요하지만, 사회 진화의 기본 메커니즘이라는 측면에서도 중요성을 지닌다.

그러나 사회적 형평성은 무엇보다 사회 통합의 기초가 된다는 측면에서 중요성을 지닌다. 사회적 형평성에 대한 구성원들의 부정적 인식은 사회갈등을 심화시키고 공동체 질서를 붕괴시키는 심각한 부작용을 초래한다. 특히 정치적·경제적 불공정성에 대한 사회 구성원들의 불만이 심화될 경우, 일체의 기존 질서를 파괴하는 폭력적 변혁 운동으로 이어질 수 있다는 점에서 공적 제도의 관리자들은 공정한 경쟁질서의 유지에 각별히 유의해야 할 것이다.

20세기의 위대한 정치철학자 롤스(John Rawls)는 정의의 원칙이 어떻게 사회 구성원들의 공고한 결합을 가능하게 해 주는지 그 근거를 다음과 같이 제시한다. 그에 의하면 사회란 비록 구성원의 상호 이익을 위한 협동체이기는 하나, 이해관계의 상충이라는 특성도 함께 지닌다. 사람들은 그들의 노력에 의해 산출되는 이득의 분배 방식에 대해 무관심하지 않으며, 서로 큰 몫을 차지하고자 하기 때문에 이해관계가 부딪치게 된다. 따라서 이러한 이득의 분배를 결정해 줄 사회적 장치를 선택하고 적절한 분배 몫의 합의에 필요한 일련의 원칙이 필요하게 된다. 이러한 원칙들이 바로 사회 정의의 원칙인 것이다. 이 원칙들은 사회 제도 내에서 권리와 의무를 할당하는 방식을 제시해 주며 사회협동체의 편익과 부담의 적절한 분배를 결정해 준다(Rawls, 1971: 4-5).

샌델(Michael J. Sandel) 또한 불평등의 심화를 걱정하는 주요 이유 가운데 하나는 그것이 민주 시민에게 요구되는 연대의식을 약화시키기 때문이라고 한다(Sandel, 2010a: 368). 그는 불평등이 심화될수록 부자와 가난한 자의 삶은 점점 더 괴리된다고 하면서, 그렇게 될 경우 부유층 자녀들은 시설과 서비스가 좋은 사립학교에 다니고 도심의 공립학교에는 다른 선택의 여지가 없는 가난한 집안의 자녀들만 남게 된다는 것이다. 그리하여 서비스 수준이 떨어지는 공립학교와 공공 서비스를 더 이상 이용하지 않는 시민들이 늘어나게 되면서 이들이 납세를 꺼리게 되면 또다시 공공 서비스의 질이 떨어지는 악순환이 되풀이된다고 샌델은 지적한다.

엘리엇과 미커(Eliott & Meeker, 1986: 755) 또한 자원의 평등한 배분은 사회 구성원들의 심리적 연대의식의 공고화를 위해 필요하다는 점을 강조한다. 그들은 사회 구성원들에게 자원을 평등하게 배분하는 것은 일체감(sense of sameness)을 강조하는 것이 되며, 이는 다시 구성원들 사이의 유대와 응집성, 그리고 집단적 사기를 앙양하게 된다는 것이다. 결국 사회적 평등화 조치(equalising measures)는 정의와 사회통합이라는 관점에서 정당화될 수 있는 것이다(Parekh, 2000: 210-211, 240). 공정한 경쟁 규칙 또한 평등화 조치와 마찬가지로 사회 통합의 기초가 된다.

제4절 민주성

1 관료제와 민주주의

일반적으로 관료제는 민주주의와 대척점에 서 있는 것으로 묘사된다. 즉, 다수의 지배를 의미하는 민주주의와 계층제적 지배 구조와 능률성과 합리성을 특징으로 하는 관료제는 기본적으로 그 성격이 근본적으로 다르다. 관료제(bureaucracy)는 공공 목표를 수행하도록 임명된 관료들의 계층조직을 말한다. 다른 말로 하면 관료제는 민주적 구조와는 달리 수직적 계층제와 지배복종 관계에 기반하여 방대한 자원 배분권과 정보 독점권으로 특징지워진다. 관료제의 특징을 다시 한 번 요약하자면 '능률성'이라고 할 수 있다.

베버는 관료제의 정치적 함축성, 특히 민주주의와의 관계에 대해 두 가지 가치를 뒀다(Etzioni-Halevy, 1983: 54-55). 베버는 한편으로 관료제는 민주주의와 동시에 발전했으며, 위에 언급한 바와 같이 민주주의는 무엇보다도 전통적인 귀족지배에 대항하는 싸움에 의하여 관료제의 발전을 촉진했다고 강조했다. 베버는 또한 많은 민주적 대중정당들은 그들 스스로 관료제적으로 조직되었다고 강조했다. 반면에 어떤 조건하에서는 민주주의가 관료제적 조직에 대해 방해물을 만든다고 주장했다. 어디에서든지

가능한 곳에서는 관료제가 전문 지식과 관직의 임기에 의해 사람들로부터 유리되는 관료 계급으로 존재한다는 이유로 민주주의에서는 관료제를 반대한다.

민주주의는 선거와 후보자로 하여금 특별한 전문성을 갖도록 의무를 지우지 않음으로써 관직의 임기를 단축시키려고 애쓴다. 하지만 이러한 관행은 조직으로부터 합리성과 효과성을 저하시킨다. "그 때문에 민주주의는 불가피하게 귀족의 지배에 대항하는 투쟁을 통하여 민주주의가 만들어 낸 관료제적 경향과 갈등을 겪에 된다"(Gerth & Mills, 1958: 226).

또한 베버는 민주주의에서는 관료제가 그가 속하는 (정치적) 주인인 정치가에 종속되는 것을 강조했다. 반면에 그는 관료를 하고 있는 사람들은 국가의 주인이라는 점에 관심을 갖고 있었다. 크리기어(Krygier, 1979: 67)가 말했듯이 우리 모두가 관료가 되는 것은 우리 모두가 관료에 의해 지배당하는 것보다는 덜 무서운 것이다. 베버는 관료제를 다른 사람들에 의해 장악된 권력의 도구로 간주했다.

베버는 이어 같은 관료제는 순수하게 경제적일 뿐만 아니라 순수하게 정치적인, 혹은 다른 어떤 종류의 아주 다양한 이익을 처리하게 될 수 있는 정밀한 기구(precision instrument)이다. 따라서 민주주의에서 그것은 선출된 정치가들의 정밀한 기구이다. 그는 또한 집행부란 정치적 권력의 장악자에 복종할 의무가 지워진 것으로 간주했다. 그리고 "공복의 명예는 상급자의 명령을 양심적으로 집행하는 그의 능력에 기인한다. …… 비록 그 명령이 그에게는 잘못되어 보일지라도 ……"라고 언급했다(Gerth & Mills, 1958: 95). 하지만 그는 덧붙여 말하기를 실제는 복종을 확실히 확보하는 상위자의 능력은,

> 기술적 전문가가 아닌 사람들에게는 상당히 제한된 범위 내에서 가능하다. 일반적으로 말해 훈련된 직업적 관리는 그이 명목상 상위자이며 비전문가인 장관보다 결국에 가서는 자신의 길을 갈 수 있는 가능성이 더 높다.

정치적 주인이 스스로 아마추어의 입장에 있음과는 대조적으로 관리는 전문가이다. 더욱이 그의 의무를 행하는 과정에서 관리는 많은 양의 구체적인 정보를 필요로 한다. 이러한 정보는 정치적 상위자가 자유로이 사용할 수 있는 것이 아니므로 그것은 또 하나의 관료제의 권력의 근본이 된다. 따라서 관료제적 행정은 근본적으로 지

식을 통한 지배를 의미한다.

관료제를 현대 사회에 매우 필수적으로 만든 바로 위와 같은 관료제의 우월성이야말로 현대 민주주의에 위협을 가한다는 결론이 나온다 이보다 더한 위협은 사실상 가장 중요한 관료제적 활동이 공공의 감시로부터 회피되는 관료제의 비밀엄수 규정에서 나온다(Etzioni-Halevy, 1983: 56). "'공적 비밀'의 개념은 관료제의 특별한 발명이며, 이러한 자세만큼은 그 무엇보다도 관료제에 의해서 광신적으로 수호된다 ……" (Gerth & Mills, 1958: 233).

공식적으로 시민들은 관료제의 활동에 대해 정치가들에게 정치가들에게 불평할 수는 있지만, 그러한 활동의 비밀은 그 개선을 어렵게 한다. 관료제적 지배는 어느 정도까지는 선거에 의해 구성된 대의기구에 의해서 견제될 수 있다. 하지만 관료제가 의회에 대해 비밀을 지키고 또한 지식을 얻으려 하는 의회의 모든 시도에 투쟁함으로써 이러한 견제는 제한을 받는다. 궁극적으로 관료제가 그의 정치적 주인에게 권력을 행사하고, 따라서 민주주의를 위험에 처하게 할 수 있는 정도는 관료제 그 자체에 크게 의존한다. 만일 관료제가 그 주인을 권력으로 뒤엎을 것을 선택한다면 그것을 막을 수는 없다. 즉, 지배자인 주인은 관료제에 대항하여 권력을 행사하는 채로 있어야 한다.

무력하게 베버는 또한 사회적 평등에 미치는 관료제의 영향에 관해 애매한 견해를 가졌다. 관료제적 규칙의 비인간성은 공평을 가져온다. 그 까닭은 법 앞에서의 민주적 이상과 확실히 일치한다. 관료제는 또한 관료적 지배 계급에 반대하는 피지배자들을 평등하게 한다. 더 나아가, 관료제는 가능한 한 광범위한 인력 충원을 위하여 폐쇄적이고 세습적인 관료 집단의 발전을 저지한다. 그러나 동시에 관료제는 사회, 혹은 관료제 내에서의 실질적인 평등을 가져오지 않는다. 관리의 전문적 자격에 필요한 훈련은 부유한 사람들에게 뚜렷한 이익을 준다. 베버는 이러한 현상을 "최대한의 기술적 훈련 기간에서 얻을 수 있는 금권정치(plutocracy)의 경향이라고 말한다"(Gerth & Mills, 1958).

요컨대, 관료제는 민주주의와 평등의 양면에서 그것이 함축하는 의미가 오히려 의심스럽다. 하지만 관료제를 제거하려고 시도하는 것은 효과가 없는 것이다. 왜냐하면 시간이 경과함에 따라 스스로 관료제가 될 대안적 조직(alternative organization)의 도움을 받아야만 그것이 가능할 것이기 때문이다. 장래에는 자본주의의 폐지가 가능할지라도 그것이 관료제의 쇠퇴를 가져오지는 않을 것이다.

마르크스와는 대조적으로, 그러면서도 모스카(Gaetano Mosca)와 마찬가지로, 베버는 사회주의나 공산주의 치하에서 관료제는 쇠퇴하지 않을 것이라고 믿었다. 반면에 관료제는 더욱 거대해지고 더욱 강력해질 것이다. 국유화된 기업의 관리는 국가 관료제의 일부가 될 것이며, 관료제의 권력은 독점적이 될 것이다. 베버는 "당분간은 관리의 독재와 노동자의 피독재가 진행될 것이다"라고 썼다(Weber, 1924: 508). 굴드너(Alvin Gouldner)가 지적하였듯이, 마르크스는 사회주의 혁명을 통해서 노동자들이 잃을 것은 아무 것도 없다고 주장한 반면에, 베버는 또한 사회주의 혁명을 통해 노동자가 얻을 것은 아무 것도 없다고 주장했다는 것이다(Etzioni-Halevy, 1983: 54-57).

마르크스는 '헤겔 철학 비판(Critique of Hegel's Philosophy of Right)'이라는 1843년의 논문에서 관료제에 대한 그의 사상을 최초로 전개하였다. 헤겔에 있어 국가는 상충하는 이익을 대표하는 시민사회나 집단들의 집합체, 기업과 정치 사회의 계급 등에 대조되는 '일반이익'을 대표했다. 관료제의 역할은 다시 말하면 국가와 시민 사회를 중재하는 것이었다.

마르크스에게 있어 국가는 시민 사회보다 오히려 일반이익을 대표하지 않는 것이며, 이것은 국가의 일부인 관료제에도 또한 적용되었다(Etzioni-Halevy, 1983: 26). 관료제는 공공의 복지를 증진시키는 것을 그 취지로 하지만 보편성의 구실 아래 실제로는 그 자신의 이익만을 도모한다. 그의 외관상의 이상주의는 단지 그의 유물론적 목적을 위한 구실에 불과하다. 관료제는 그 활동을 둘러싼 비밀을 통하여, 그리고 그들의 활동을 신성하게 하는 특별한 신화를 창조함으로써 그 진정한 역할을 숨길 수 있다. 더욱이 이러한 것은 외부자들에게 뿐만 아니라 내부자들에게 또한 적용된다. 이러한 방식으로 관료제는 다음과 같이 그 자신의 구성원뿐만 아니라 세상까지도 조작한다.

> 관료제는 그 자신의 소유물 속에 …… 국가라는 존재를 갖는다. 국가는 관료제의 사적인 재산이다. 관료제의 일반적 정신은 내부적으로는 계층제의 수단에 의하여, 밖으로는 폐쇄된 단체로서 유지되는 비밀과 신비이다. 하지만 관료제의 바로 그 핵심에서는 이러한 관념론이 조잡한 유물론으로 변화한다. 개개 관료에 관련시켜 보면 국가의 목적은 더 높은 지위를 추구하고 경력을 쌓으려는 관료 자신의 사적인 목적이 되어 버린다(Marx, 1970: 47).

앞서 밝혔듯이 마르크스는 1845~1846년에 쓴 『독일의 이데올로기(*The German Ideology*)』에서 국가란 다만 부르주아가 그들의 재산과 이익을 상호 수호를 위하여 필연적으로 채택하는 조직의 형태에 불과한 것으로 보았다(Marx, 1969: 77).

관료제의 본질을 이해하기 위해서는 행정국가(administrative state)의 특성을 살펴볼 필요가 있다. 행정국가란 국가의 입법 및 사법 기능에 비해 행정 기능이 특별히 우월한 국가를 말한다. 20세기 들어 국가의 복지 기능이 강조되면서 행정이 사회안정자(stabilizer)로서의 역할뿐만 아니라 사회 변동의 촉진자(fertilizer of social change) 역할까지 수행하는 행정국가화 현상은 선·후진국을 막론하고 보편적인 현상으로 나타나고 있다. 현대 국가에 있어 행정부가 준입법적·준사법적 기능까지 수행함으로써 입법부와 사법부의 기능이 상대적으로 약화되고, 행정 기능이 양적·질적으로 확대되고 있다.

독일계 미국인으로 정치 및 행정학자인 프리츠 마르크스(Fritz Morstein Marx 1900~1969)는 그의 1961년도 저서 『행정국가와 관료제(*The Administrative State: An Introduction to Bureaucracy*)』에서 정부의 의사 결정 과정에서 관료 집단의 참여가 있다는 점을 지적하면서, 정부의 정치적 의사 결정 과정에 관료의 참여가 증가가 참여하는 현재의 추세가 결코 민주주의적 정부에 대한 위협이 되지 않는다고 주장한다. 그는 즉, 현대의 관료제적 기구의 복잡성, 그 속에서의 분업에 대한 요구, 그리고 관료제의 합리적 조직화는 자의적인 지배 및 통제와 양립할 수 없는 복합적 태도를 배양시키며, 전체주의적 정부에 대해서도 내적 한계를 부여한다고 지적한 것이다.

이 책의 번역자인 안해균 교수는 공무원을 폭군이라고 하거나 아니면 새로운 군국주의 국가의 보루라고 표현하거나, 또는 대기업의 관리자와 공모하여 민주적 제도를 파괴하려고 꿈꾸는 사람이라고 묘사하고 있는 최근의 몇 저술들과 몰스타인 마르크스의 냉철한 분석을 대조해 봄으로써 큰 이익을 얻을 수 있을 것이라고 주장하고 있다.

행정국가의 발전은 관료제를 기축으로 하여 전개된다. 왜냐하면 국가 활동을 담당하는 것은 계서제적으로 조직화된 관료제를 빼고는 따로 없기 때문이다. 국가 목적은 물론 관료제에 추구되는 것은 아니다. 그럼에도 불구하고 관료제가 결정적인 역할을 하고 있음은 엄연한 사실이다. 주지하는 바와 같이 근대 관료제는 근대 사회에 합치된 전문적 교양과 철저한 분업 체계에 의거한 종신고용적 성격의 것으로 출현하였다. 이러한 근대적 관료제가 확립되기 위해서는 헤겔이 주장한 바와 같이 "국무(國務)와 권력(權力)은 사유물일 수 없다"는 관념을 전제로 해야 된다.

관료제와 민주주의의 관계에 대해 독일계 미국인 교수이자 정치 이론가였던 프리드리히(Carl Joachim Friedrich, 1901~1984)은 관료제와 민주주의가 서로 대립되는 것으로 이해하는 것은 잘못된 것이라고 주장하였다(Fridrich & Cole, 1967: 85; 서원우, 1981: 138). 서원우 교수는 관료제에 의하여 민주주의가 달성되기 위해서는 특수적 이익과 구별되는 공공 목적을 실현하려는 강력한 의사가 관료제의 온몸에 침투되어 있지 않으면 아니 될 것이라고 주장한다.

한편 자노비츠(Morris Janowitz, 1919~1988)는 관료제가 민주적 합의에 바탕을 두고 행동을 할 때에 균형이 이뤄진다는 가설을 제시한다. 그에 의하면 관료제가 민주적 합의에 의거함이 없이 그 균형이 깨뜨려질 경우에는 관료제가 두 극단으로 흘러갈 가능성이 있다는 것이다(Janovitz et al., 1958: 5-6). 그 하나는 관료제가 전제적(專制的)이 되는 경우이고 다른 하나는 굴종적(屈從的)이 되는 경우가 그것이라는 것이다. 전제적 관료제라 함은 국민의 요구나 선거를 무시하고 스스로의 판단을 위로부터 강제적으로 내리누르려는 것과 같은 것이며, 굴종적 관료제라 함은 특정한 이해 집단의 요구에 굴종한 나머지 본래적인 조직 목표를 희생시켜 공적인 권위의 침식을 허용하는 것과 같은 것을 의미한다는 것이다.

자노비츠의 이른 바 균형 있는 관료 개념은 한편 알몬드(Gabriel Abraham Almond, 1911~2002)와 버바(Sidney Verba, 1932~2019)에 의해 민주주의를 위해 바람직한 정치문화 유형으로 제시된 '혼합문화(mixed culture or hybrid culture)'와 공통된 바탕 위에 서 있는 것처럼 생각된다(Almond & Verba, 1963). 혼합문화란 국가 문화와 세계 문화 간의 경계가 희미한 문화를 가리킨다. 혼합문화는 세계 지역에서 광범위하게 발전되어 있으며, 기원 전후 수 세기에 걸쳐 파키스탄 북서부 간다라 지방을 중심으로 발달한 불교 문화, 헬리니즘 문화의 영향을 받은 간다라 문화는 우리로서 혼합문화를 잘 알 수 있게 해준다. 동시에 고대 오리엔트 시대 이래의 서아시아 문화의 전통을 계승하고, 여기에 인도·그리스의 문화를 혼합하여 융합시킨 사라센 문화 또는 아라비아 문화도 세계적 문화로서 혼합문화 양식을 띤다.

알몬드와 버바는 능동형의 시민과 신민형(臣民型)의 시민이 계층적으로 고정되지 않고 문제의 성질에 따라 신민형의 시민으로부터 능동형의 시민에로, 또는 능동형의 시민으로부터 신민형의 시민으로 신축성 있게 이행하는 잠재가능성을 강조하고 있거니와, 이러한 시민의 신축성 있는 변신을 기대하기란 매우 어려운 일이 아닐 수 없다. 오늘날 행정국가의 진전은 정부에 의해 배분되는 가치를 수동적으로 받아들이는 신민형의 시민을 증대시킬 뿐만 아니라 그러한 입장을 고정시켜 버리는 경향을 가지고 있다. 행정국가로부터의 해방은 시민이 시민으로서의 보편성과 동정에 의해 단결하고 능동성을 모든 시민의 특징으로 할 수 있는 상태 하에서만 비로소 그 가능성이 발견되는 것이 아닌가 생각된다(서원우, 1981: 140).

2 관료제의 권력과 민주주의의 딜레마

'관료제'는 어떤 공공 목표를 수행하도록 임명된 관리들의 계층조직으로 정의된다. 이와 같은 조직이 베버의 모델(예컨대, 객관적 기준에 의해 관리의 임명과 승진, 그리고 이들의 행동을 지도하는 일반적, 객관적, 비정의적 규치과 관련되는 모델)과 어느 정도 일치하는지의 여부는 경험적 조사에 맡겨야 되는 것이다. 그리고 '권력'은 타인들이 의존하는 자원의 할당에 대한 통제력 또는 결정능력)이라고 정의된다. 따라서 권력은 타인들의 삶의 기회에 영향력을 행사하는 능력이라고 본다. 엘리트는 이와 같은 권력을 행사하는 사람들 혹은 그러한 사람들의 집단이라고 정의된다. 국가 엘리트는 국가의 제도적 구조 속에서 자신들의 지위를 이용하여 권력을 행사하는 사람들이다. 여기에는 정치 엘리트, 고위 정치인들, 관료 엘리트, 또는 고위 관료들이 포함된다.

민주주의 또는 민주주의적 정치 구조는 둘 이상의 조직화된 집단 또는 정당이 자기가 주장한 정책의 장점에 입각하여, 또는 그들이 투영한 이미지에 입각하여 권력 또는 엘리트 지위의 장악을 위한 경쟁에 참여하는 제도적 질서 내지 성인 유권자 전체가 참여하는 자유선거에 의하여 그러한 지위를 획득하는 제도적 질서라고 정의될 수 있다. 이러한 정의는 자유선거의 개념에 함축된 어떤 시민적 자유(civil liberty)를 전제로 한다. 그러나 이러한 정의는 대체로 이상적(혹은 처방적)이기보다는 현실적 또는 기술적(descriptive)인 것이다. 그렇다고 해도 어떠한 정치 체제(regime)도 이러한 제도적 질서를 실제로 구현한다는 가정을 반드시 할 필요는 없다. 다만, 대부분의 서구 국가들이 비서구 국가들보다 이러한 제도적 질서의 구현에 가까워졌으며, 또한 일부 서구 국가들이 여타의 서구 국가들보다 가까워졌음이 충분히 가정된다.

민주적 정치 구조 하에서 이뤄지는 권력투쟁과 권력의 행사는 그 이전의 권력투쟁을 통해서 이뤄진 어떤 '게임의 규칙(rules of the game)', 즉 과거 수 세기에 걸쳐 권력투쟁을 통해서 전개되고 헌법, 율령 내지 불문율에 통합된 '게임의 규칙'에 따라서 이뤄진다는 것은 일반적으로 수용되는 가정이다. 이러한 규칙들은 엘리트들의 이익 추구에 대하여 규범적 제약을 가하며, 엘리트의 권력투쟁과 권력행사를 제한하는 역할을 한다.

동시에 이러한 규칙과 윤리적 제약 자체의 효능에 대한 제약도 존재한다. 정치적 생존 내지 중요한 이익이 문제가 될 경우, 이러한 규칙에 반하거나 우회하는 일이 발생할 수 있다. 이러한 규칙들은 항시 명확하게 규정되지도 않는다. 즉, 때로는 모호하고, 일관성이 없으며, 논란의 여지가 많고, 또는 이 세 가지가 모두 뒤범벅인 경우도 있다. 이러한 경우 엘리트의 권력은 증대되고 권력투쟁이 격렬해져 패자에게는 비참한 결과를 가져다 주며, 이러한 일이 발생하는 과정에서 민주 제도에 대한 위협을 야기한다. 그 까닭은 부분적으로 민주주의가 사실상 하나의 취약한 제도적 질서인 탓도 있다(Etzioni-Halevy, 1983: 122-139).

이와 같은 정의와 가정에 기반하여 에치오니 할레비(Eva Etzioni-Halevy)는 민주주의 하에서 관료제의 역할이 문제가 많다고 주장한다. 그 까닭은 민주주의적 게임의 규칙이 제대로 정의되지 않고 애매모호하며, 자체의 모순과 논란의 여지가 있는 여러 가지 영역 가운데 하나가 바로 관료제의 역할 문제이기 때문이다. 결국 이것은 "관료제가 민주주의의 딜레마를 창출한다"는 에치오니 할레비의 첫 번째 논의와 연결된다.

관료제는 결국 민주주의 정치 구조와 이를 담당하는 정치인들에게 하나의 위협이 된다는 것이다. 즉, 권력이 강하고 독자적인 관료제는 정치적 부패의 방지를 위해 필요하고 적절한 민주적 절차를 위해 필요불가결하면서도 동시에 민주주의에 대한 위협이 된다는 것이다.

이러한 논의는 "민주주의는 관료제와 그것을 운영하는 관료들의 딜레마"라는 에치오니 할레비의 두 번째 논의와 연결된다. 즉, 민주적 규칙이 자체 모순적이며 관료제를 이중으로 구속한다는 것이다. 민주적 규칙에 의하여 관료제는 독자적이야 하는 동시에 종속적이어야 하고, 스스로의 행동에 책임을 지는 동시에 장관의 책임(ministerial responsibility)에 종속되며, 정치적인 동시에 비정치적이어야 하기 때문이라는 것이다.

이러한 논의는 자연스럽게 "정치 무대에서의 권력투쟁과 긴장을 심화시킨다"는 그의 세 번째 논의와 연결된다. 에치오니 할레비에 의하면, 이러한 권력투쟁은 여타의 민주적 권력투쟁과는 달리 민주적 게임 규칙이 와해되는 순간에 발생하기 때문에 필연적으로 민주주의에 문제가 된다는 것이다(Etzioni-Halevy, 1983: 126).

베버도 지적하였듯이 관료제는 계층제, 전문 지식, 분석주의, 직업의 전념화 등에 의하여 행정의 주요 이념인 능률성과 효과성의 제고에 적지 않게 이바지하고 있다(Weber, 1947: 329-330). 그러나 관료제는 그 개념이 다양하게 정의되고 있기는 하지만 궁극적으로는 다수에 의한 소수의 지배라고 하는 일면을 지니고 있다. 따라서 거대한 관리적 도구로서의 관료제가 국민이 기대하는 행정 가치를 실현하기에 의심스러운 속성이 한두 가지가 아닌 것이다.

한편 민주주의는 소수의견의 존중을 전제로 하는 다수결의 원칙, 의사소통의 원활, 책임주의 등을 포함하고 있으며 자유와 평등을 근본 이념으로 하고 있다. 민주적 행정은 이러한 민주주의의 요소와 이념이 행정 과정에서 실현될 것을 요구한다. 즉, 행정의 민주성이 확보될 것을 기대하는 것이다. 행정의 민주성을 확보하기 위해서는 관료제의 활용이 필요하다. 즉, 소수의견의 존중과 다수결의 원칙, 반대의 자유보장 등과 같은 민주적 절차를 통하여 행정이 공동 목표를 설정하고 그 목표를 효과적으로 달성하기 위해서는 능률을 기본 원리로 하는 관료 조직이 필요하게 되는 것이다(김영종, 1995: 130-132).

그래서 관료제는 이론적으로 민주주의의 가치와 기본 원리에 상반되는 측면을 많이 가지고 있으면서도 정치와 행정 과정에 있어서 민주주의 이념을 실현에 기여하는 바도 적지 않은 것이다. 에치오니 할레비는 따라서 민주주의에 대한 관료제의 기여는 ① 민주적 목표의 실현, ② 법 앞에서의 평등, ③ 공직의 기회 균등 등 세 가지 측면에서 설명될 수 있다고 주장한다(Etzioni Halevy, 1983: 85-95).

민주주의는 관료제와 여러 측면에서 서로 부딪친다. 왈도(Dwight Waldo, 1913~2000)는 무엇보다 관료제의 계층의 원리가 민주주의의 평등의 원리와 배치된다는 점을 지적한다. 그는 또한 관료제의 규칙과 규율의 원리가 민주주의의 자유의 원리와 부딪친다고 주장한다(Waldo, 1980: 88). 관료제는 소수에 의한 지배의 형태를 취하고, 권력이 조직의 상층부에 집중되는 상명하복의 업무 체계를 가지고 있는 데 비해, 민주제에 있어서는 다수에 의한 지배와 자유의 평등, 의사 교환과 의사 결정의 개방성,

그리고 공익의 대중화와 대표성의 원리가 지배한다. 이와 같이 두 가지의 지배원리가 상반되는 연유로 인하여 현대 행정국가에서의 관료제는 결과적으로 한편 민주주의의 발달을 촉진하면서 다른 한편 조직 내외적으로 민주주의의 발전을 저해하는 역할을 수행하기도 한다.

관료제의 민주주의에 대한 저해 요인을 김영종은 ① 조직 외적 민주주의에 대한 저해와 ② 조직 내적 민주주의에 대한 저해의 두 가지로 나눠 설명한다. 그는 먼저 관료제가 조직 외적으로 정치와 행정 과정에서 다음과 같은 세 가지의 비민주적 영향을 행사한다고 본다. 첫째, 관료제는 행정 결과에 대하여 국민에게 책임을 지지 않는 경향이 생긴다는 것이다. 그리고 둘째, 행정의 대응성의 저하 현상이 발생한다는 것이다. 셋째, 관료들이 특권 집단으로 변질되는 현상이 발생한다는 점을 지적한다(김영종, 1995: 134-135).

그는 나아가 관료제의 조직 내적 민주주의에 대한 저해 요인으로 다음의 두 가지를 지적한다. 첫째, 권력의 독점과 소수지배 현상이 조직 내적 민주주의에 대한 저해 요인으로 작용한다는 것이다. 둘째, 문서주의, 형식주의가 조직 내 비공식 집단의 출현을 저해하고 이런 집단의 활동을 보수적 성격으로 기울어지게 한다는 점을 그는 지적한다.

김영종은 결론적으로 관료제의 민주화와 쇄신을 위해 다음의 세 가지를 제시한다. 첫째, 쇄신적이고 창조적인 분위기의 조성이 필요하다. 둘째, 관료제의 역할과 기능을 적절하게 사부문(私部門)으로 이전하여 분권화한다. 셋째, 행정에 대한 시민의 참여와 행정조직 내외적 통제를 강화한다.

3 행정통제와 민주화

행정통제(administrativr control)는 행정책임을 확보하기 위한 수단적 의미를 지닌다. 행정통제란 미시적 차원에서 보면, 설정된 행정 목표 또는 정책 목표와 기준에 따라 성과를 측정하고 이를 달성할 수 있도록 시정하려는 노력이다. 다른 측면에서 보면 행정 관료의 일탈행위를 억제하는 조치를 말한다. 행정통제는 무엇보다 행정의 민주성 제고를 위해 필요하다.

행정통제에는 많은 어려움이 따른다. 객관적으로 성과평가를 하는 것도 쉽지 않고 불법부당한 행정 행위를 발견하는 데도 적지 않은 노력과 경비가 소요된다. 더욱이 행정통제가 지나치게 엄격해지면 행정인의 저항과 반발이 따르고 행정의 창의성과 능률성을 저하시키는 역기능이 수반되기도 한다.

그럼에도 불구하고 행정통제는 날로 그 중요성이 증대되고 있다. 오늘날 행정권이 확대·강화되는 데서 그 중요성이 특히 더 증대되고 있다. 몬센과 오도넬은 행정통제의 중요성이 증대되고 있는 현상을 다음과 같이 지적하고 있다(Monsen & Cannon, 1965: 228-236). 첫째, 행정인이 집행하는 막대한 예산을 들 수 있다. 둘째, 행정기술의 전문화, 기술성의 증대를 들 수 있다. 셋째, 정경유착 현상의 보편화를 들 수 있다.

행정통제의 문제는 이 책의 제7장 [제3절 행정책임의 확보와 행정통제] 부분에서 상세히 다루고자 한다. 행정통제를 이론적 측면에서 유형화한 학자는 길버트(C. E. Gilbert)다. 다시 한 번 강조하거니와 행정통제는 행정의 민주화를 확보하기 위한 데 주된 목적이 있다.

4 행정 이념으로서의 민주성

행정의 민주성이란 민주주의 이념을 반영하는 행정 윤리나 이념, 또는 이론을 지칭하는 말로, 민주주의라는 보편적인 개념을 행정 이념의 차원에서 사용한 것이다. 행정학에서 민주성을 강조한 학자로는 왈도(Dwight Waldo, 1913~2000), 프레데릭슨(H. G. Frederickson), 오스트롬(Vincent Ostrom, 1919~2012) 등을 들 수 있다. 이들은 인간적·민주적 행정에 초점을 뒀다.

1880년대 미국 행정학의 건학기에는 윌슨(Thomas Woodrow Wilson, 1856~1924)이 '행정의 연구(The Studyof Administration)'에서 제시한 '절약과 능률의 원리'를 당연한 것으로 받아들였다. 정치와 행정을 명백히 구분하는 당시의 정치·행정이원론의 입장에서는, 정치의 영역인 입법부에서 법률의 형식으로 정책을 결정하면, 행정부에서는 이를 단순히 집행하는 것으로 인식했다.17) 이들 정치·행정이원론자는 행정을 정책의 효율적 집행을 위한 전문적인 관리 기술로 파악했다. 그러나 이러한 정치·행정이원론은 "무엇을 위한 행정학인가?"라는 문제 의식의 상실을 가져왔고, 그 이후 행정

---

17) 예를 들어, 굿노(F. J. Goodnow, 1859~1939)는 모든 국가는 '국가 의지의 표현'과 '국가 의지의 집행'이란 두 가지의 궁극적인 기능을 지니고 있는데, 이러한 기능을 각각 정치와 행정으로 봤다.

학은 국가의 여러 목적에 대한 관심을 잃어 버리고, 오직 조직과 관리의 문제에 관심을 집중하게 되었다는 비판이 제기되기도 한다.

정치·행정이원론(政治·行政二元論, politics-administration dichotomy)은, 정책 결정 기능을 담당하는 정치와, 집행을 담당하는 행정은 명백히 구분된다는 초기 미국 행정학의 관점을 말한다. 이러한 입장을 기술적 행정학(技術的 行政學)이라고도 부른다. 대표적 학자로는 윌슨(T. W. Wilson)과 굿노(F. Goodnow) 등을 들 수 있다.

행정의 개념이 "정부 관료제를 중심으로 이뤄지는 활동"으로 정의될 때도 그 구체적 의미는 논자에 따라 다양하게 규정된다. 이 경우에도 행정이 "국가 목적을 실현하기 위한 사람과 물자의 관리"(White, 1926)로 규정되기도 하며, 정책 결정과 집행에 초점을 두어 "행정은 공공정책의 집행을 위해 공동노력을 조정하는 것"(Pfiffner & Presthus, 1955: 5)으로 정의되기도 했다.

여러 학자들의 관점을 포용하여 이 책에서는 행정의 개념을 "행정은 공익을 증진시키고 공공 문제를 해결하기 위해 공공정책을 형성하고 집행하는 공공 부문의 활동"으로 정의하고자 한다. 행정의 이와 같은 정의 속에는 다음과 같은 속성 개념이 들어 있다.

첫째, 행정은 공익을 증진시키고 공공 문제를 해결하기 위한 활동이다. 국가안보와 치안질서를 유지하고, 시장의 공정거래 질서를 유지시키며, 환경오염을 감시하고, 도로·항만의 건설과 같은 사회간접자본을 확충하며, 각종 복지 정책을 펴는 정부의 여러 활동은 공익을 보호·증진하고 공공 문제를 해결하기 위한 데 근본 목적이 있다. 이와 같은 의미에서 공직자의 공적 책무(public obligation)는 기본적으로 공익을 수호·증진하는 데 있다고 할 것이다.

둘째, 행정은 공공정책을 형성하고 집행하는 활동이다. 행정학의 발달 과정을 보면, 19세기 말 정치·행정이원론(politics-administration dichotomy)에서는 '정책의 집행' 기능에 초점을 두어 행정의 개념이 '관리(管理, administration) 활동'으로 정의되었으나 (행정관리설), 1930년대 이후에는 정책의 집행뿐만 아니라 형성 기능까지 포괄하는 것으로 개념화되고 있다.

행정의 정책 형성 기능 속에는 각 부처의 구체적인 정책 입안 활동뿐만 아니라, 의회에서 제정될 법률안의 초안을 작성하고 각종 시행령과 규칙, 규정을 만드는 활동이 포함된다. 1930년대 이후 대두된 정치기능설(政治機能說)에서는 정치·행정일원론의 입장에서, 행정을 정책 집행뿐만 아니라 정책 형성 기능까지를 함께 수행하는 통치 과정의 일부로 보고 있다.

셋째, 행정은 공공 부문에서 이뤄지는 활동이다. 국가 사회는 공공 부문과 민간 부문으로 크게 나눌 수 있는 바, 행정은 공공 부문에서 공공재와 공공 서비스를 생산하여 소비자로서의 국민에게 제공하는 일을 주로 수행한다. 이러한 공공 부문에는 정부 부처 등 정부 부문과, 정부산하기관 · 공기업 등 준정부 부문이 포함된다. 행정의 개념을 좁게 정의할 경우 정부 부문의 활동에만 국한할 수도 있을 것이나, 민관공동생산(coproduction) 등의 형태로 민간 부문도 공공 서비스 생산에 참여한다는 관점에서, 최근에는 공공 부문과 민간 부문의 영역을 엄격하게 구분하지 않는 뉴거버넌스의 개념이 강조되기도 한다.

사익을 추구하는 민간 부문과는 달리, 공공 문제를 다루는 행정에서는 공공성(publicness)이 핵심 개념을 이룬다. 공공성의 속성 개념에는, 이기적 관심 또는 사적 이익(self-interest)으로부터 자기 자신을 넘어 타인의 이익을 이해하는 '성숙(maturity)'의 개념에 더하여 '공동(common)'과 '배려(care with)'의 의미가 부가되어 있다. 국가 사회라는 공동체를 함께 이루고 유지하기 위해서는 사적 이익을 넘어 타인의 이익까지 배려하는 구성원들의 관계가 중요한 의미를 지닌다(이종수, 2010a: 61-64).

정치 · 행정이원론에 뒤이어 등장한 정치 · 행정일원론은 행정을 민주성의 관점에서 새롭게 조명하기 시작했다. 특히 1930년대의 뉴딜(New Deal) 정책 이후, 고우스(John M. Gaus, 1894~1969), 화이트(Leonard D. White, 1891~1958), 디목(Marshall E. Dimock, 1903~1991), 애플비(Paul H. Appleby, 1891~1963) 등은 행정의 전문화, 신속한 정책 결정의 필요성 등으로 행정부가 정책 결정에서 적극적인 역할을 수행할 수밖에 없다는 논거에서 이전의 정치 · 행정이원론을 비판하고 정치와 행정이 불가분의 관계에 있다는 정치 · 행정일원론을 제기하면서, 행정 이념으로서의 민주성을 강조했다.

정치 · 행정일원론(政治 · 行政一元論)은 행정도 정책 결정 기능을 수행한다는 입장에서 정치와 행정은 하나라는 학문적 관점을 말한다. 이를 기능적 행정학(機能的 行政學)이라고도 한다.

전통적으로 민주주의 정치 체제에서 정치는 국민들의 의사를 수렴하는 '가치 개입적 행위'이며, 행정은 수렴된 의사를 실행에 옮기는 '가치중립적 행위'로 간주되어 왔다. 행정과 정치를 이런 식으로 구별하는 것은, 정치는 국민들에 의한 국가의 목표를 설정하는 과정이며, 행정은 설정된 목표를 달성하기 위한 효율적 수단을 모색하는 과정으로 보고 있기 때문이다.

19세기 후반 정치와 행정이 분리되지 않은 상황에서, 엽관 제도(spoil system)의 폐해를 극복하고 행정의 능률성을 확보하기 위해 행정의 정체성을 관리 기술에서 찾은 정치·행정이원론의 주장은 당시의 시대적 상황에서는 상당한 설득력을 지녔었다. 그러나 1930년대의 뉴딜(New Deal) 정책 이후, 화이트(L. D. White) 등은 행정의 전문화, 신속한 정책 결정의 필요성 등으로 행정부가 정책 결정에서 적극적인 역할을 수행할 수밖에 없다는 논거에서 이전의 정치·행정이원론을 비판하고 정치와 행정이 불가분의 관계에 있다는 정치·행정일원론을 제기했다.

생각해 보기

'민주성' 관련 '생각해 보기' 과제

(1) 2008년 10월, 네덜란드 재무장관인 보스(Wouter Bos)는 의회에 보고도 없이 ABN(AMRO Bank)을 국유화했음을 시인했다. 네덜란드는 행정부가 우선적으로 의회에 보고하지 않고 민간기업의 국유화를 포함한 이해관계를 가질 수 없도록 법률상 제한하고 있기 때문에 이러한 재무장관의 정책 결정은 위법한 것이다. 하지만 재무장관 보스는 당시 세계적인 금융위기로 인해 포티스(Fortis)를 포함한 네덜란드 금융기관들이 도산하는 급박한 상황에서 어쩔 수 없는 정책 결정이었다고 말한다. 나아가 그는 향후 유사한 상황이 닥쳐도 위법하지만 동일한 결정을 할 것이라고 덧붙였다.

자료 출처: de Graaf & van der Wal(2010: 625)

위 사례에서 네덜란드 재무장관은 해당 정책 결정의 시점에서 민주성과 능률성이라는 두 행정 이념 간의 갈등 상황에 직면해 있다고 판단할 수 있다. 민주성 측면에서 재무장관은 간접민주주의 체제에서 관료의 정치적 책임을 고려할 수밖에 없다. 사회적 합의 결과인 법률과 국민의 대표로 선출된 의원들의 뜻에 따르는 것이 곧 국민주권의 이상을 실현하는 것이기 때문이다. 반면 능률성 측면에서 재무장관은 세계적으로 유수의 금융기관들이 도산하는 급박한 상황에서 신속한 정책 결정을 하지 않으면 국가적 재앙으로 번질 수 있다는 위기감을 가질 수밖에 없다. 이러한 위기감에서 재무장관은 신속한 정책 결정이 우선이라고 인식했을 것이다.

(2) 2017년 7월 한국의 한 국회의원은 산업통상자원부가 '통상조약의 체결 절차 및 이행에 관한 법률'을 위반했다고 주장했다. 통상절차법상 행정부는 (조약의) 개정을 포함한 통상 협상 전에 국회에 보고할 의무가 있음에도 불구하고, 산자부는 이러한 절차를 무시하고 2015년 말부터 3차례에 걸쳐 유럽연합(EU)과 FTA 관련 개정 협상을 진행해 왔다는 주장이다. 이에 산자부 관료는 해당 회의는 EU의 개정 협상 요구 사항을 알아보는 사전 단계로 개정 협상이 아닌 실무 자리로 합의 사항은 없다고 해명했다.

또한 1960년대 후반에 대두된 신행정론에서는 행정의 정책 결정 기능을 적극적으로 요청하면서도, 이의 관료주의화를 견제하기 위해 이념으로서의 형평성과 민주성을 강조하고 수혜자로서 시민의 참여를 강조했다. 신행정학운동은 행정학의 실천적 성격과 적실성을 회복하기 위해 정책 지향적인 행정학을 요구했으며, 전문직업주의, 가치중립적인 관리론에 대한 집착을 비판하면서 민주적 가치 규범에 입각해 분권화, 고객에 의한 통제(client control), 가치에 대한 합의 등을 강조했다. 또한 행정은 정치적·경제적·사회적으로 불리한 입장에 있는 계층을 위해 양질의 서비스를 제공해 사회적 형평을 실현해야 한다고 주장하면서 행정인의 적극적인 역할을 강조했다.[18] 이와 같이 신행정학은 정통 행정학의 능률지상주의를 탈피해 사회적 형평, 민주적 가치, 인본주의에 입각한 능동적 행정, 고객 중심 행정을 주창하면서 탈관료제 조직 설계 대안을 제시했다.

한편 행정의 민주성은 1970년대에 '공공선택론'을 주창한 오스트롬 부부(Vincent Ostrom & Elinor Ostrom)에 의해 다시 한 번 강조되었다. 공공선택론에서는 정부를 공공재(public goods and services)의 생산자라고 규정하며, 시민들은 공공재의 소비자라고 규정한다. 이러한 관점에서 시민의 편익을 극대화할 수 있는 서비스의 공급과 생산은 공공 부문의 시장경제화를 통해 가능하다는 것이다. 공공선택론을 행정학에 적용한 빈센트 오스트롬은 윌슨 이후의 전통적인 행정이론을 윌슨 류의 패러다임이라 부르면서, 자신들의 이론은 그와 대비되는 민주적 행정이론으로 소개했다. 권력이 분산되지 않거나 혹은 권력 상호 간에 제약과 통제가 가해지지 않는다면 이기적인 목적을 위해 권력을 남용하려는 사람들에 의해 정치 권력은 독점된다고 주장한 오스트롬

18) 신행정학운동의 대표적 학자의 한 사람인 프레데릭슨(H. George Frederickson)은 사회적 형평을 행정봉사의 공평성, 정책의 책임성, 변화 지향성, 시민의 욕구에 대한 대응성 등으로 규정하고 있다.

은, 특정한 관할권 내에서 복수의 거부권을 지닌 다양한 결정체 사이에 권한을 분산하거나 다수의 중첩적인 관할권을 개발할 필요가 있음을 역설한다(이종수 외, 2012: 제4장).

행정 이념으로서의 민주성은 행정이 민주주의의 가치와 제도에 따라 이뤄져야 함을 의미한다. 행정책임, 행정통제, 시민 참여 및 자유와 평등을 강조하는 것은 민주성을 반영하는 것이다.

행정에서 민주성의 개념은 다음의 두 가지 측면에서 논의된다.

첫째, 정치적 민주주의(political democracy)라는 관점에서 파악한 민주성은 대외적 민주성이라고도 한다. 대외적 민주성은 국민 의사를 존중하고 국민의 요구를 수렴해, 이를 행정에 반영시킴으로써 대응성 있는 행정을 실현하고, 국민에게 책임을 지는 책임행정의 구현을 의미한다. 이는 민주성을 행정과 행정환경으로서의 국민과의 관계라는 측면에서 살펴본 것이다.

대외적 민주성에서 강조되는 속성 가치는 행정의 정치적 책임(political responsibility), 대응성(responsiveness), 그리고 시민 참여(citizen participation)다.

여기서 정치적 책임은 행정이 국민의 뜻을 충실히 반영한 정책을 수행하는 데 책임을 져야 한다는 것을 의미한다. 선거를 거쳐 선출되지 않으면서 신분 보장을 받고 있는 임명직 행정 관료들은 국민에 대해 직접적인 책임을 지긴 어렵다. 따라서 현실적으로는 국회의원과 대통령을 포함한 선출직 공직자에 대한 책임이 강조된다. 간접민주주의 체제에서 행정 관료들은 선출직 공직자들의 뜻에 따르는 것이 곧 간접적으로 국민에 대해 책임을 지는 것과 마찬가지라는 논리다(정정길, 2000).

그러나 국민의 대의기관인 국회가 복잡하고 변화하는 행정 환경에 맞춰 시의적절한 법률의 제・개정은 물론 구체화하기란 사실상 불가능하다. 더구나 주기적인 교체에 따라 입법부가 전문성을 축적하기 어려울 뿐만 아니라 안정성도 저하된다. 이와 같은 대의기관의 한계를 보완하기 위해 행정은 폭넓은 재량권을 부여받고 입법 의도에 기반해 상황에 따라 신축성 있게 운영할 수 있게 되었다. 따라서 오늘날에는 이러한 행정 관료의 정치적 책임은 대통령과 국회의원뿐만 아니라 언론(여론)을 포함한 외부 이해관계자의 기대와 요구에 부응하는 것을 의미하기도 한다.

대응성은 정부가 국민의 의사를 존중하고 국민의 요구에 민감하게 반응하는 행정, 즉 정책 수요자인 국민 중심의 행정을 실현하면 대응성이 확보된다는 것을 의미한다. 정부가 옴부즈맨(ombudsman)과 국민신문고를 포함한 국민의 요구를 다각적으로 파악해 해결하고, 행정 만족도 조사를 통해 수요자 중심의 행정 서비스가 제공되고 있는지 확인하고 문제점을 개선하며, 국민이 권리, 재산, 신체상의 부당한 침해를 받았을 때 이를 구제하는 제도를 마련하는 등의 정부 노력도 마찬가지다.

그리고 시민 참여는 '국민의 정부'라는 민주주의 원칙을 실현하기 위해 행정이 정책 과정에서 시민들의 참여를 도모해야 한다는 의미다. 여기서 '국민' 참여가 아닌 '시민' 참여로 불리는 이유는 시민이 특수 이익의 대변자도 아니고 사익적인 요구만을 하는 사람도 아닌, 공정하고 객관적인 일반 시민으로 공동체 의식을 지닌 구성원을 의미하기 때문이다(정정길, 2000; 임재진, 2017: 42-43).

행정의 대외적 민주성을 확보하기 위해서는 효과적인 행정통제, 특히 외적 행정통제가 실효성을 거둘 수 있어야 하며 책임 행정을 확보할 수 있어야 한다. 그리고 행정 과정에 대한 시민의 참여가 활성화되어야 하며, 관료제의 대표성이 확립되어야 한다.

둘째, 행정조직 내부의 민주화를 의미한다. 조직 내적 민주화를 위해서는 조직 구성원을 기계적·합리적·경제적인 존재로 보고 이에 기초해 인간 관리를 행할 것이 아니라, 인간의 비합리적·감정적·사회심리적 요인을 중시하는 관리가 행해질 것을 요구한다. 따라서 권위주의적인 상의하달적 의사 전달이 아니고 계급과 권한에 개의치 않는 충분하고 자유로운 의사 전달이 행해지고, 행정의 분권화를 이룩하며, 자발적 의사 결정의 기회가 증대되고 능력 발전의 기회가 부여되며, 자아실현의 욕구가 충족되도록 조직의 관리가 이뤄질 것을 요구한다. 즉, Y이론적 인간관에 입각한 관리 방식이 요청되는 것이다(이종수 외, 2012: 170).

제5절 능률성

1 행정 이념으로서의 능률성

귤릭(Luther Gulick, 1892~1993)은 윌슨(Thomas Woodrow Wilson) 이후 미국 행정학

의 흐름을 추적한 결과를 토대로 "능률성은 행정 가치의 제1의 공리"라고 단정했다(Gulick & Urwick, 1937: 192). 능률성의 이념은 비단 미국에서뿐만 아니라 다른 나라들에서도 행정의 기본 목표로 간주되어 왔다. 특히 1880년대 미국 행정학의 건학기에 행정학이 정치학으로부터 독립을 선언하면서, 행정은 '정책을 집행하는 것'이라고 규정하면서 이념으로서 능률성을 추구한다는 명분을 내건 이후 능률성은 행정의 제1 공리가 되었다. 사실 1940년대까지 미국 행정의 연구는 능률성의 연구에 지나지 않았다.

행정에 관한 전통적인 관리적 접근은 특히 행정책임을 확보하는 수단으로 능률성을 강조한다. 능률성을 확보하기 위해서는 과업이 구성원들에게 명확하게 부과되어야 한다. 조직 구조에서 기능의 중첩은 책임 소재를 흐리게 되고 행정책임의 확보를 어렵게 하는 바, 조직 구조를 형성할 때 기능 중첩은 최소한으로 줄여야 한다.

생각해 보기

'능률성' 관련 '생각해 보기' 과제

신공공관리론의 변증법적 극복과 탈신공공관리론의 대두

1980년대 이래 세계 각국에서는 기업식 관리기법의 도입, 성과 관리, 민영화, 규제 완화, 준자율적 단일 목표 기관(single-purpose organization)의 창설 등 공공 부문의 능률성 제고를 위한 급진적인 여러 개혁 조치를 의욕적으로 추진해 왔다. 이러한 신공공관리적 개혁은 공공 부문의 효율성을 제고하는 데 적지 않게 기여했다.

그러나 이와 같은 신공공관리 개혁에 대해서는 다른 한편에서는 적지 않은 비판이 제기된 것도 사실이다. 일단의 학자들은 신공공관리론에 대한 이러한 비판적 관점에 기반해 신공공관리 개혁의 부작용 및 한계를 보완하기 위한 반작용적(reactive) 또는 사전적(proactive) 조치들을 탈신공공관리(post-NPM)로 개념화하고 있다(이종수, 2009b).

탈신공공관리의 기본 목표는 신공공관리의 역기능적 국면을 교정하고 통치 역량을 강화하며, 정치·행정 체제의 통제와 조정을 개선하기 위해 재집권화와 재규제를 주창하는 것이라고 말한다. 탈신공공관리의 인식론적 가정은 신공공관리의 그것과 크게 다르지 않은 것처럼 보인다. 즉, 구조적·제도적 접근은 실증주의 및 기능주의적 패러다임의 전통에 기초를 두고 있다는 점에서 양자의 인식론적 가정은 유사하다고 할 수 있다(Jun,

2009: 162).

크리스텐센(Tom Christensen)과 래그레이드(Per Lægreid)는 공공조직의 기관화(agencification)와 규제 개혁 및 자율화 문제를 다룬 『자율과 규제(*Autonomy and Regulation*)』(2006)에서 개혁 추진 중에 나타나는 가치 간의 균형 이동 가운데, 특히 신공공관리의 주된 수단인 규제 개혁과 행정기관 개혁을 추진한 국가에서 재규제화, 재집권화, 구조 통합 등 신공공관리 개혁과 거꾸로 된 움직임, 즉 탈신공공관리 현상이 나타나는 점에 주목했다. 즉, 그들은 규제 완화가 실제로 재규제(reregulation)를 다시 초래하게 되고, 통합된 중앙부처 모형(integrated ministerial model)을 다양한 단일 목표 기관으로 분절화시킨 기관화 개혁이 중심기관(centre)의 필요성을 다시 주창하게 만들었다는 점을 지적한다.

행정능률성의 확보를 위해서는 따라서 조직 구조상의 계선의 권한이 명확하게 규정되어야 한다. 관리적 접근은 또한 능률성의 확보를 위해 엄격한 복종(strict subordination)의 필요성을 강조한다. 상명하복 구조는 계서제의 다른 측면이다. 하급자들은 상관의 지시와 명령을 따라야 한다. 이는 조직 효과성과 책임의 확보를 위해 필요하다. 명령 불복종은 조직에 대한 중대한 도전이다. 명령 불복종은 관료제 조직에서는 명백한 해고 사유가 된다. 전통적인 관리적 접근에서 상관의 명령을 따르지 않는 부하 직원은 전직이나 사임을 통해 조직을 떠날 것으로 기대된다. 이러한 계서제적 권위 구조로 인해, 행정 관료들에게 법적·윤리적 책임을 묻는 것이 합리적인가 하는 행정 윤리의 근본적인 문제가 제기된다.

2 능률성의 개념

능률성의 개념은 일반적으로 투입(input) 대 산출(output)의 비율로 표현된다. 이는 목표의 달성도(degree of goal attainment)를 나타내는 효과성(effectiveness)의 개념과 대비된다. 능률성이 산출에 대한 비용의 관계라는 조직 내의 조건으로 이해되는 데 비해, 효과성은 조직과 그 효과가 나타나는 환경과의 관계를 나타낸다(Urban, 1982: 35). 일부 학자들은 능률성과 효과성의 개념을 혼합한 '효율성(efficiency and effectiveness)'의 개념을 사용하기도 한다.

능률성(efficiency)의 개념을 체계적으로 완성한 사람은 사이먼(Herbert A. Simon, 1916~2001)이다. 그는 능률성을 다섯 가지의 구성 개념 간의 연쇄 고리를 형성시킴으로써 측정하고자 했다. 다섯 가지 개념은 행정이 해결해야 할 필요량(needs), 행정 서비스의 성과 정도를 의미하는 능률도(efficiency), 사업 목적과의 대비에서 성과를 뜻하는 성취량(performance), 인원 · 비품 · 설비 등 물리적인 가동량을 의미하는 작업량(effort), 작업에 소요되는 재원인 비용(expenditure)이다. 여기서 사이먼은 비용의 투입 결과로서 작업량이 산출되고, 작업량으로부터 성취량이, 그리고 성취량으로부터 능률도가 산출된다고 한다(Simon, 1937; 김영종, 1995: 221). 사이먼에 의해 개발된 이와 같은 능률성의 개념은 상당히 정교하고 체계적인 것이다. 그러나 가치 중립적 관점에서 출발한 이러한 공리적이고 기계적인 능률성(mechanical efficiency)의 개념은 행정의 본질에 대한 이해가 달라지면서 비판의 도마 위에 오르지 않을 수 없게 되었다.

특히 행정을 인위적 · 개념적으로 정치와 분리된 것으로 봐, 기계적 능률성을 최고의 원리로 추구한다고 본 기존의 정치 · 행정이원론적 관점에 대한 회의가 일게 되면서, 행정의 실체를 정치와의 관계에서 유기적으로 파악하고 능률의 개념도 시민의 입장에서 재구성하려는 시도가 이뤄졌다. 디목(Marshall E. Dimock, 19003~1991)에 의해 제시된 '사회적 능률성(social efficiency)'의 개념이 바로 그것이다.

기계적 능률성의 개념은 행정과 경영의 유사성이 강조된 정치 · 행정이원론 시대에 중요시된 능률관으로, 이는 능률을 수량적으로 명시할 수 있는 기계적 · 물리적 · 금전적 측면에서만 파악한 개념이다. 이에 반해 사회적 능률성은 행정의 사회 목적 실현, 다원적인 이익들 간의 통합 조정 및 행정조직 내부에서의 구성원의 인간적 가치의 실현 등을 내용으로 하는 능률관이다. 사회적 능률성은 민주성의 개념으로 이해되기도 한다. 사회적 능률성은 1930년대 중반 이후 인간관계론의 등장과 더불어 강조된 가치다.

일반적으로 정책분석에서 정책 대안의 능률성을 판단하는 기준으로는 비용편익분석(cost-benefit analysis)이나 비용효과분석(cost-effectiveness analysis)에서 말하는 편익/비용 비율(B/C ratio), 순현재가치(net present value), 내부수익률(IRR) 등이 사용된다.

행정 이념으로서의 능률성은 구체적으로 정책 결정 기준으로서의 능률성과 조직 내부 관리상의 능률성의 두 차원에서 해석될 수 있다. 정책 결정 기준으로서의 능률성은 정책 과정에서 더 적은 비용(투입)으로 더 많은 정책 효과(산출)를 추구하는 의사 결정을 해야 한다는 규범적 기준을 의미한다. 그리고 조직 내부 관리상의 능률성은 정책 과정에서 더 적은 예산과 인력으로 가장 바람직한 결정을 하고 실행하는 것, 다시 말해 '결정 과정상의 능률성'을 의미한다고 하겠다(임재진, 2017: 45-46).

3 능률성의 저해 요인과 향상 방안

행정능률성의 저해 요인은 여러 가지가 있다. 그 요인들은 행정 체제마다 다르다. 능률성의 저해 요인으로는 일반적으로 ① 인적 · 제도적 요인, ② 관리 기술적 요인, 그리고 ③ 정치적 요인의 세 가지가 지적된다(김영종, 1995: 233-236).

첫째로, 행정 공무원의 인적 · 제도적 요인이 행정능률성 향상의 저해 요인이 될 수 있다. 행정능률성 향상의 저해 요인으로는 공무원의 자질 부족을 들 수 있다. 나라마다 행정공무원의 능률성에 차이가 나는 것은 공무원들의 전문화의 정도와 숙련도에 차이가 있기 때문이다. 그 외에 조직 관리상의 결함도 행정능률성을 저하시키는 주요 요인이 된다. 조직 구조의 합리적 편성과 관리의 효율적 조정이 행정능률성 향상의 주요 요인 가운데 하나가 된다.

또한 인사 관리 제도가 잘못 운영되면 행정능률성이 저하되기도 한다. 공무원의 경우 직급이 동일하면 보수의 차이가 없기에, 직무 동기가 잘 자극되지 않는 경우가 많다. 그리고 공무원의 낮은 보수 수준도 공무원의 사기와 근무의욕을 떨어뜨리는 요인 가운데 하나가 된다.

둘째로, 관리 기술적 요인이 행정능률성 저하의 요인이 될 수 있다. 현대 행정의 특징 중 하나는 전문성과 기술성이 현저하게 증대된다는 점이다. 복잡한 사회 문제를 해결하고 국가 발전을 위한 장단기 계획을 제대로 수립하자면 많은 정보와 자료의 수집과 이것들의 효율적이고도 과학적 분석이 전제되어야 한다. 오늘날 특히 구태의연한 사무 관리 방식은 행정능률성을 저하시키는 주된 요인이 된다. 외부 자극이 적은 공무원 조직은 상황의 변화에 둔감할 수밖에 없다. 선진국의 경우 행정의 기계화, 사무의 자동화를 통하여 이러한 관리 수단적 애로 요인이 크게 해소되었다.

셋째로, 정치적 요인이 행정능률성을 저해한다. 정치권은 행정능률 향상 방법을 알고 있으면서도 다른 행정 가치를 추구하거나 정치적 이유 때문에 이를 추진하지 못하는 경우가 적지 않다. 일반적으로 능률성은 민주성과 배치되는 성격을 갖는다. 즉,

능률성을 제고하기 위해서는 민주성을 희생해야 되는 경우가 적지 않다. 정책 결정 과정에서 시민의 위원회 관여, 공청회 개최 등 참여 기회가 많이 부여될수록 민주성은 제고된다. 그러나 다른 한편 이러한 상황은 시간과 경비 소요 측면에서 비능률을 초래하게 된다.

행정능률성은 정책 과정에서 중요하긴 하나 그것이 유일한 가치는 아니다. 다른 중요한 정책적 목적을 훼손하지 않으면 행정능률성의 확보가 어려울 경우 그것을 포기할 수도 있을 것이다. 예를 들면, 미국의 일부 지방 정부에서는 청소 업무를 민간에 위탁하는 것이 예산을 절약하는 길임을 발견하였다. 그러나 이렇게 되면 많은 청소부가 해고되어야 하는데 이들의 숫자는 민간 기업이 청소 업무를 위탁받아 재고용할 수 있는 숫자보다 훨씬 많을 것으로 예측되었기 때문에 청소 업무의 민간 위탁은 신중히 처리될 수밖에 없었다.

다음에서는 행정능률성의 향상 방안을 고찰해 보자. 행정능률성을 제고하기 위해서는 앞에서 살펴본 능률성의 저해 요인들을 제거하면 된다. 여기서는 앞의 저해 요인과 관련되는 이슈를 중심으로 그 향상 방안을 살펴보고자 한다. 행정능률성의 향상 방안을 여기서는 ① 조직 관리의 개선, ② 관리 기술의 쇄신, ③ 인사 관리의 쇄신, ④ 참여 체제의 확립의 네 가지로 나눠 살펴보고자 한다.

행정능률성을 향상하기 위해서는 첫째로, 먼저 조직 관리를 개선해야 한다. 행정 환경과 행정 수요의 변화에 부응하지 못하는 조직의 정리 및 새로운 차원에서의 정부 조직 재편성이 필요하다. 폐쇄 체제를 전제로 한 행정조직은 개방화, 국제화의 새 물결을 맞아 개방 체제로 바뀌어야 할 것이다. 국제경쟁력을 강화시키는 데 도움이 되는 조직은 강화시키고 반면에 국민의 사회경제적 생활을 규제하는 정부조직, 특히 정부주도적 발전 전략을 추진하는 과정에서 방만하게 증설된 행정기관들은 과감하게 폐지 또는 통·폐합시키는 것이 바람직하다(김영종, 1995: 236-241).

둘째로, 관리 기술이 쇄신되어야 한다. 행정에 필요한 자료의 기록, 관리, 분석에 '적정 기술'(適正技術, appropriate technology: AT) 등의 활용이 현저히 증대되고 있는 것이 오늘날의 추세이다. 특히 컴퓨터의 도입은 관리 혁신을 주도하고 있다. AT 기술은 한 공동체의 문화·정치·환경적인 면들을 고려하여 만들어진 기술을 말한다. '적정 기술'을 지지하는 사람들은 적정 기술이 대세를 이루는 기술보다 더 적은 자원을 사용하며, 유지하기 더 쉽고, 환경에 더 적은 영향을 미친다고 주장한다. 관리능률의 증대는 행정전산화의 정도와 첨단 정보기기를 얼마나 활용하는 데 달려 있다고 하겠다.

이러한 행정 관리 기술의 쇄신은 물적 요건과 인적 요건의 충족, 즉 첨단 장비의 구입, 비치와 관련 공무원들의 운용 능력의 형성이라고 하는 두 차원에서 동시에 추진되어야 한다.

셋째로, 행정능률을 향상시키기 위해서는 인사 관리를 쇄신하여야 한다. 행정능률의 향상을 위해서는 따라서 공무원의 능력 향상을 위한 노력이 무엇보다 긴요하다. 이를 위해서는 우선 유능한 공직자의 확보가 필요하다. 이를 위해서는 공직의 매력을 유지하려는 노력과 능률적 업무 수행에 대한 동기를 부여하는 시스템의 확립이 필요하다.

구체적 방안으로는 공직을 개방하여 민간 부문의 유능한 인사들이 공직을 지원할 수 있도록 하는 개방 체제의 확립이 긴요하다고 하겠다. 또한 보수도 능력과 성과에 따라 차등 지급하는 성과급제의 도입을 검토할 수도 있을 것이다. 이와 아울러 기존의 공무원들이 업무를 효율적으로 수행할 수 있는 능력과 자세를 갖추도록 해야 할 것이다.

넷째로, 행정능률성의 제고를 위해서는 참여 체제를 확립할 필요가 있다. 조직 내외적 참여를 확대하고 의사소통을 원활하게 하는 것은 행정능률성의 향상에 크게 도움이 된다. 시민과 일선 직원의 참여가 정책 형성 과정에서 능률성을 저하시킬 수도 있으나, 일반적으로는 이들의 자발적 참여가 집행의 효율성을 증진하는 데 기여를 하는 것으로 알려지고 있다. 사업의 계획 단계부터 행정실무자와 지역주민을 관여시켜 사업의 성격을 이해시키게 되면, 정책 집행이 큰 저항없이 용이하게 추진될 수 있다.

제6절 투명성

생각해 보기

'투명성' 관련 '생각해 보기' 과제

20세기 행정개혁의 주요 초점 가운데 하나는 국민의 손에 의해 직접 선출되지 않은 행정 관료의 책임성을 어떻게 확보할 것인가에 두어졌다. 시민사회가 활성화되면서 대의민주 체제의 느슨하고 비효율적인 행정통제를 보완·대체하기 위해 주민소환 제도, 주민감사청구 제도와 같은 참여민주적 제도가 확산되고 있다. 정책 과정에서 시민의 발언권이 강화됨에 따라 행정의 투명성에 관한 요구도 증대되고 있다. 투명성은 이때까지 관료에 의해 독점되었던 정책 정보에 대한 시민의 접근성을 확대하는 것을 의미한다. 세계 각국은 오늘날 행정정보공개법, 투명성확보법(sunshine law) 등의 제정을 통해 행정의 투명성을 제고하기 위한 노력을 경주하고 있다.

우리나라도 이와 같은 흐름에 부응해 1996년 12월 '공공기관의 정보공개에 관한 법률(약칭 정보공개법)'을 제정(시행: 1998년 1월)했다. 공공기관의 정보공개 제도란 공공기관이 직무상 작성 또는 취득해 관리하고 있는 정보를 수요자인 국민의 청구에 의해 열람, 사본, 복제 등의 형태로 청구인에게 공개하거나 공공기관이 자발적으로 또는 법령에 의해 의무적으로 보유하고 있는 정보를 배포 또는 공표 등의 형태로 제공하는 제도를 말한다. 그러나 시간이 흐르면서 '현실적 어려움' 등을 이유로 내세워 '비공개 대상 정보'의 범위(법 제9조에 규정)를 확대하는 방향으로 관련 법이 여러 차례 개정되면서, 당초 입법 취지와는 달리 실효성이 없는 제도로 개악되었다는 비판이 제기되고 있다.

1 투명성의 개념적 기초

투명성(transparency)은 정부의 의사 결정과 집행 과정 등의 공적 활동이 정부 바깥으로 명확하게 드러나는 것을 의미한다. 투명성은 단순히 정보 공개의 소극적 개념에 머물지 않고 정부 외부에 존재하는 사람들에게 정보에 용이하게 접근할 수 있는 권한의 보장까지 포함한다는 점에서 적극적인 개념이다.

투명성은 국민의 알 권리를 존중하고, 공공 정보를 적극적으로 공유한다는 의미를 지닌다. 그리고 어떠한 목적으로라도 행정 정보와 통계 자료를 가공하거나 조작하지 않는다는 것을 의미한다.

투명성은 공무원의 부패를 방지하기 위해 긴요하다. 공무원의 부패는 대개 정부 권력의 독점성과 재량권을 인정하면서도 그 사용을 외부에 공개하고 투명하게 운영하면 공무원의 부패를 사전에 방지할 수 있다. 시민사회가 활정화되면 투명성에 대한 요구가 증대된다. 행정개혁의 주요 초점 가운데 하나는 국민의 손에 의해 직접 선출되지 않은 행정 관료의 책임성을 어떻게 확보할 것인가에 두어졌다. 시민사회가 활성화되면서 대의민주 체제의 느슨하고 비효율적인 행정통제를 보완·대체하기 위해 주민소환 제도, 주민감사청구 제도와 같은 참여민주적 제도가 확산되고 있다.

정책 과정에서 시민의 발언권이 강화됨에 따라 행정의 투명성에 대한 요구도 증대되고 있다. 투명성은 이때까지 관료에 의해 독점되었던 정책 정보에 대한 시민의 접근성 확대를 의미한다. 세계 각국은 오늘날 행정정보공개법, 투명성확보법(sunshine law) 등의 제정을 통해 행정의 투명성을 제고하기 위한 노력을 경주하고 있다.

민주주의 제도는 집단적인 덕을 기초로 만들어지며, 행정투명성이 확보될 경우에만 덕이 실행될 수 있다. 시민대표성을 가지고 있는 공무원과 공무원노조와의 협치, 공무원노조의 정부 정책 취약점에 대한 공개 내지 내부고발, 그리고 협동생산은 행정의 투명성과 시민 요구에 대응하기 위한 효과적인 수단이다. 법률(투명성강화법)과 미국 법원은 공무원과 공무원노조의 내부고발을 판결을 통해서 보호하고 있다(Lynn, 2015; Piotrowski & Rosenbloom, 2002; 신용일, 2022: 135).

미국의 헌법정신과 원리는 행정의 사명과 역할을 강조한다. 미국 건국의 아버지들은 행정과 공무원들이 시민적 자유의 보편적 보호와 보장 또는 확장을 목적으로 하며, 행정의 가치는 사회적 형평성과 투명성이라고 주장한다. 그리고 그들은 공무원의 가치는 대응성, 대표성, 책임성, 법률적합성, 그리고 헌법적 역량 강화라고 한다(신용일, 2022: 136).

2 행정 이념으로서의 투명성

최근 들어 공공 부문에서의 핵심적인 가치로 투명성(transparency)이 중요시되고 있다. "정부의 정책 결정과 집행 과정 등 다양한 공적 활동이 정부기관 외부로 명확하게 드러나는 것"을 의미한다. 특히 최근 정부 활동의 독점성에 대해 부정적 입장을 취하는 거버넌스(governance) 개념이 강조되면서, 정부 부문의 투명성이 더욱 요구되고 있다. 즉, 각종 정책 결정과 집행이 정부에 의해 독점되어서는 아니 되며, 민간 부문과 시민사회가 더욱 광범위하게 참여해야 하는 바, 이를 위해서는 기본적으로 정부와 행정의 투명성이 확보되어야 한다는 것이다. 투명성은 정보의 비대칭(information asymmetry)으로 인해 주인으로서의 국민들의 이익이 충분히 확보되지 못하는 대리인 문제(agency problem)를 방지하기 위해, 그리고 부패 방지를 위한 전제 조건으로서 중요성을 지닌다(이종수, 2010a: 89).

우리나라에서는 '공공기관의 정보공개에 관한 법률'이 1996년 제정되어 1998년부터 시행되고 있다. "이 법은 공공기관이 보유·관리하는 정보에 대한 국민의 공개 청구 및 공공기관의 공개 의무에 관하여 필요한 사항을 정함으로써 국민의 알 권리를 보장하고 국정에 대한 국민의 참여와 국정 운영의 투명성을 확보함을 목적으로 한다"고 제1조에 규정하고 있다.

투명성에서 가장 중요한 요소로 강조되고 있는 것이 바로 '공개'다. 투명성은 단순한 공개의 수준에 머무는 것이 아니라, 정부 외부의 사람들이 이러한 정보에 용이하게 접근할 수 있는 권한의 보장까지 포함한다는 점에서, 매우 적극적인 개념이다. '공공기관의 정보공개에 관한 법률'에서 규정하는 '공개'는 "공공기관이 이 법의 규정에 의하여 정보를 열람하게 하거나 그 사본·복제물을 교부하는 것 또는 '전자정부법' 제2조 제10호의 규정에 의한 정보통신망(이하 "정보통신망"이라 한다)을 통하여 정보를 제공하는 것 등을 말한다"(법 제2조).

국민의 알 권리를 충족시키고자 하는 목표를 지닌 행정 이념으로서의 투명성은 근년 들어 '경제협력개발기구(OECD)' 등 국제기구에서 특별히 강조되는 행정 가치다. OECD 국가들과 국제투명성기구(Transparency International) 등 민간 기구들은 공공 부문의 투명성은 궁극적으로 행정 부패를 방지하기 위한 수단으로 중요성을 지닌다고 하면서, 행정의 투명성은 ICT(Information & Communication Technologies)를 통해 제고될 수 있다고 주장한다. ICT의 속성은 신속성, 정확성, 쌍방향적 공유성, 접근의 용이성인 바, 행정의 투명성은 ICT의 쌍방향적 공유성 및 접근의 용이성을 통해 확보될 수 있다.

투명성 확보는 첫째, 부패 방지 수단이 된다는 점에서 중요성을 지닌다. 공공 부문의 불투명성은 행정에 대한 외부적 감시와 통제를 어렵게 하는 요인으로 작용하고 동시에 부정과 부패의 원인을 제공하며, 정부에 대한 국민의 신뢰를 떨어뜨리는 요인으로 작용한다. 특히 정부와 국민 간의 정보의 비대칭성 또는 정부의 일방적인 정보 우위는 공공 부문의 비효율과 부정부패의 원인으로 작용한다. 투명성의 증대는 행정의 환경으로부터의 직접적인 통제의 증가로 이어지며, 이는 부정과 부패의 가능성을 줄이는 직접적 요인으로 작용하게 된다. 공무원 부패는 대개 정부 권력의 독점성과 재량권의 자의적 행사의 부정적 결합에 의해 발생한다(윤태범, 2000: 130-132). 투명성은 정부의 독점성과 재량권은 인정하되, 그 사용이 외부에 공개되고 투명해야 한다는 것을 의미한다. 공공 부문의 투명성 확보는 특히 각종 행정 서비스 전달 과정에서 발생하는 부패 · 지대 · 특수이익 등을 추구하기 위한 권력의 오 · 남용을 방지한다는 관점에서 중요성을 지닌다(Tanzi, 1998; Caiden, 2002; 명승환 · 최영훈, 2002).

공공 부문의 투명성 확보는 둘째, 능률성 향상의 자극제가 될 수 있다는 측면에서도 중요성을 지닌다. 공직자들은 자신의 모든 경험과 지식을 동원해 업무를 효율적으로 추진해야 할 공적 책무를 지니는 바, 투명성의 증대는 공직자로 하여금 업무 행태를 능률적인 방향으로 교정해 나가도록 하는 자극제가 될 수 있다.

투명성 확보는 셋째, 행정의 대응성(responsiveness)을 제고하는 수단이 된다는 점에서 중요성을 지닌다. 공직자들은 중립적 중재자로서 다양한 이해관계자들의 입장과 선호를 중재해 실현 가능한 대안이 채택될 수 있도록 하는 역할을 요구받는다(Yates, 1981). 정책 관련 정보가 이해 당사자들에게 공평하게 공개되어 투명성이 증대될 경우, 공직자들은 이해 집단 사이에서 공정한 중재자 역할을 충실히 함으로써 대응성을 제고할 수 있다.

투명성 확보는 넷째, 책임 행정을 달성하는 데 기여한다. 즉, 투명성은 주인과 공복, 행정 내부인과 외부인 사이의 정보비대칭을 해소 또는 완화함으로써 책임 행정을 달성하는 데 기여하는 중요한 수단적 가치가 된다.

투명성의 확보는 행정부 차원에서는 관료 집단의 제국 건설(bureaucratic empire building)을 견제하고 성숙된 민주사회를 이룩하기 위해 필요하다. 투명성을 확보하기 위해서는 무엇보다 먼저 관료제 권력의 원천이 되는 비밀주의를 혁파해야 한다. 즉, 주권자인 시민이 공공 부문을 좀 더 효율적으로 통제할 수 있도록 '공공기밀(official secret)'의 개념을 엄밀하게 재정립하고, 시민사회가 공공기관의 정보에 더 잘 접근할 수 있도록 하는 제도 개선을 해야 할 것이다.

3 투명성의 확보 방안

투명성의 확보는 다음과 같이 세 측면에서 논의될 수 있다(이종수 외, 2012: 173).

첫째, 과정 투명성이다. 과정 투명성은 곧 의사 결정 과정의 투명성을 의미한다. 정부 내에서 이뤄지는 수많은 의사 결정 과정이 개방적이고 투명하게 이뤄져야 한다는 것이다. 최근 정부의 의사 결정 과정에 민간인이 참여하거나, 서울시의 민원 처리 과정이 온라인상으로 공개되는 것은 과정의 투명성을 확보하기 위한 조치라고 볼 수 있다.

둘째, 결과 투명성이다. 의사 결정이 투명하게 이뤄졌다고 해서, 행정 결과의 정당성이나 공정성이 확보되는 것은 아니다. 결정된 의사 결정이 제대로 집행되고 있는가를 확인할 수 있도록 집행 과정을 통한 결과의 투명성을 확보하는 것이 중요하다. 예를 들어, 서울시에서 '청렴계약제(Integrity Pact)'를 실시하면서, 시민 옴부즈맨 제도를 실시하고 있는 것은 이와 같은 정책 집행 과정의 공정성 등을 확인하기 위한 방안으로 도입된 투명성 확보 제도다.

셋째, 조직 투명성이다. 조직 투명성은 조직 자체의 개방성과 공개성을 의미한다. 예를 들어, 인터넷 홈페이지 상에 해당 조직의 각종 규정, 정책, 고시, 입찰 등 해당 기관의 운영과 관련된 내용들이 얼마나 자세히 공개되고 있는가 하는 것은 바로 조직 자체의 투명성 정도를 반영하는 것이다. 각급 행정기관들이 공시 제도(publicity)를 도입하거나 혹은 정보 공개를 확대하는 것은 바로 이러한 조직 투명성을 증대시키기 위한 방안들이라고 할 수 있다.

제7절 중립성

생각해 보기

'공무원의 정치적 중립' 관련 '생각해 보기' 과제

(1) [사설] 대한민국도 헌법 지키는 대통령 맞을 때 되었다

헌법재판소는 2008년 1월 17일 노무현 대통령이 "선관위의 선거 중립 의무 위반 결정과 선거법 준수 요청은 개인 노무현의 정치적 표현의 자유를 침해한 것"이라며 낸 헌법소원을 기각했다. 헌재(憲裁)는 "대통령의 선거 중립 의무 근거 규정인 선거법 제9조 제1항은 위헌"이라는 대통령의 주장도 인정하지 않았다. 대통령은 지난 해 6월 "창조적 전략 없는 (이명박 후보의) 대운하 공약과 (박근혜 후보의) 열차 페리 공약", "해외 신문에서 한국 지도자가 독재자의 딸이라는 얘기가 나오면 곤란하다", "한나라당이 정권을 잡으면 끔찍하다", "이명박 씨의 감세(減稅) 주장에 속지 말라"고 말해 선관위로부터 잇따라 두 차례 선거법 위반 결정을 받자 헌소를 냈었다.

헌재는 이날 "대통령 발언은 야당 유력 후보자들을 비난하고 그들의 정책을 지속적 · 반복적으로 비판한 것으로, 부당하게 선거 결과에 영향을 미치는 행위여서 선거법 위반"이라고 판시(判示)했다. 헌재는 대통령의 표현의 자유 주장에 대해서도 "선거 중립 의무가 우선"이라고 밝혔다.

상식적 판결이다. 문제는 대한민국 대통령에게 이런 상식이 결여(缺如)되어 있었다는 것이다. 헌재는 2004년 대통령 탄핵심판 때 이미 "대통령은 당연히 선거 중립 의무를 진다", "대통령이 표현의 자유를 행사하는 경우에도 더 이상 자신의 직무를 공정하게 수행할 수 없으리라는 인상을 국민에게 줘선 안 된다"고 못박았다. 그런데도 대통령은 이런 헌재의 판례(判例)를 못 본 체하고선 '개인 노무현' 명의라는 편법을 써가며 헌법기관인 선관위를 헌재에 제소하는 오기를 부렸다(조선일보, 2008.1.17).

⇒ 대통령의 정치적 중립의 필요성을, 공무원의 정치적 중립 의무의 관점에서 생각해 봅시다.

(2) '공무원 정치적 중립'에 엇갈린 판결 잇따라

인천지법이 4일 시국선언을 주도한 혐의(국가공무원법 위반)로 기소된 전국교직원노동조합 인천지부 간부 3명에 대해 유죄 판결을 내림에 따라 앞으로 예정된 다른 지역의 전교조 시국선언 재판에 적지 않은 영향을 미칠 것으로 보인다.

특히 이날 판결은 지난 1월 전주지법이 전교조 시국선언과 관련한 첫 재판에서 전북지역 전교조 간부들에게 무죄를 선고한 것과는 대조되는 판결이어서 교사들의 정치적 의사 표현에 대한 법적 해석을 둘러싸고 논란이 일 것으로 예상된다.

인천지법 형사 3단독 권성수 판사는 이날 시국선언을 주도한 혐의로 불구속 기소된 임병구 전교조 인천지부장에 대해 벌금 100만 원을 선고했다. 권 판사는 또 같은 혐의로 약식기소된 김용우 정책실장과 이성희 사무처장에 대해서는 벌금 50만 원에 선고유예 판결을 내렸다.

권 판사는 "민주주의 국가에서 표현의 자유는 어느 기본권보다 중요하다는 점을 감안하더라도 교육과 관련 없는 시국 상황이나 정책 부분에 대한 인식 및 그에 따른 국정 쇄신 요청은 정치적 의사 표현에 해당한다"라며 공무원의 정치적 중립성을 강조했다.

재판부는 또 전교조 교사들의 시국선언이 교육 공무원의 정치적 중립성에도 어긋난다고 판단했다. 권 판사는 "초중고교 교사들이 정치적 의사 표현을 할 경우 감수성이 예민한 학생들이 영향을 받을 수 있다"며 "교육의 정치적 중립성을 고려할 때 초중고교 교사의 정치적 의사 표현은 다른 일반 공무원보다 더 신중히 행사되어야 한다"라고 지적했다.

부산지법 형사 2단독 이동훈 판사도 지난 1월 20일 시국선언에 동조하는 집회에 참가한 혐의(지방공무원법 위반) 등으로 기소된 전국민주공무원 노동조합 김모(46) 부산지역 본부장에 대해 벌금 300만 원을 선고했다. 이 판사는 당시 "집회 목적이 공무원의 직무나 근로 조건의 향상에 있었다기보다 사회적·정치적 사안에 대해 정부 정책을 비판하는 전교조 시국선언에 동조한 것이고, 이런 정치적 성격의 집회는 공무원의 정치적 중립성을 위배하는 행위"라고 판단했다.

(3) [사설] '영혼 없는 공무원'은 필요 없다

국정홍보처의 한 공무원이 "우리는 영혼이 없는 공무원"이라고 했다 한다. 그제 대통령직인수위원회에 보고하는 자리에서였다. 이날 보고는 국정홍보처 존폐 여부와 언론정책 등에 대한 의견을 주고받는 자리였다. 정권 홍보, 기자실 폐쇄 등 언론 자유에 역행하는 언론 정책은 그저 시키는 대로 했을 뿐이라는 뜻이었던 모양이다. 코드 홍보로 일관하다 부처 해체의 위기에 몰렸는데도, 공무원들 책임은 없다는 발상이다. 한심하고 어안이 벙벙하다.

공무원들이 지금의 국정홍보처 직원처럼 철저하게 정권의 하수인 노릇을 한 적이 있었던가. 민주화 시대 이후 처음이다. 정권 내내 국정홍보는 뒷전이고, 언론 편가르기, 언론 길들이기를 하는 데 충실한 역할을 했던 이들이 아닌가. 공무원들이 국민들을 위해 존재한다는 기본 원칙을 지키려는 의지가 조금이라도 있었다면, 오늘처럼 참담한 평가를 받지 않았을 것이다. 이제 정권이 바뀔 때가 되니, 영혼 없는 공무원 운운이다. 무책임, 면피의 극치라 하지 않을 수 없다. "관료는 영혼이 없다"라는 말은 원래 정치학자 막스 베버가 한 얘기다. 관료는 정부의 철학에 따라 일한다는 의미다. 정권 주구 노릇을 한다는 뜻은 아님을 알아야 한다.

국정홍보처뿐이 아니다. 정부조직 곳곳에 똬리를 틀고, 정권의 눈치를 보는 무책임, 무소신의 영혼 없는 공무원이 적지 않은 것으로 알고 있다. 국민들은 이런 공무원을 원하지 않는다. 직위를 떠나 이들은 공무원 조직을 피폐하고 병들게 할 뿐이다. 이들에게 지급되는 혈세가 아깝다. 물론 줄세우기, 코드 맞추기를 강요한 정권의 책임이 더 크다. 하의상달의 통로를 열어놨더라면, 국민과 정부의 간격이 이렇게 멀어지지는 않았을 것이다. 새 정권은 반면교사로 삼길 바란다(서울신문, 2008.1.5).

1 공무원의 정치적 중립성과 정책적 중립성

공무원의 정치적 중립 규범은 19세기 말 실적주의 인사행정이 대두되면서 중요성을 띠게 된 가치 규범이다. 공무원이 정치적 중립을 지켜야 한다는 것은 국민 전체의 봉사자로서 본분을 지키고 임무 수행의 공평무사성을 지켜야 한다는 말이다. 이것은 정파적 특수 이익과 결탁해 직무 수행의 공평성을 잃거나 정당의 정권 투쟁에 개입하지 말아야 한다는 행동 규범이다.

정치적 중립성은 당파적 중립성을 의미한다. 다시 말하면, 공무원이 정쟁에 개입하거나, 공공봉사자(public servants)에게 요구되는 합리성과 능률성, 그리고 공정성의 가치를 저버리고 부당하게 당파적 특수 이익과 결탁해서는 아니 된다는 규범적 요구를 말한다. 전자는 '정치적 중립성'의 교의를 말하며, 후자는 '정책적 중립성'의 교의를 지칭한다. 물론 정책적 중립성의 개념도 넓은 의미에서의 정치적 중립성에 포괄된다고 하겠으나, 다음에서는 양자를 구분해 논하고자 한다.

공무원의 정치적 중립은 관료에 대한 정치적 간섭을 배제해 공무원의 신분을 보호함으로써 행정의 안정성과 능률성, 그리고 전문성을 확보하려는 데 근본 의의가 있다. 또한 공무원들은 특정 정파의 이익을 대변하기보다 국민 전체의 이익을 대변해야 한다는 현대 민주정치의 근본 이념에 비춰 공무원의 정치적 중립은 의미를 지닌다고 하겠다.

공무원의 정치적 중립 규범은 실적주의 인사행정의 도입 이래 정치·행정 관계 설정의 기본 틀로 기능해 왔다. 오늘날 공무원의 정치적 중립성을 이해하는 기본 시각도 이와 같은 정치·행정이원론적 관점에 입각해 있다. 즉, 정치와 행정의 영역은 엄격히 구별되는 별개의 영역이므로 서로 간여해서는 안 된다는 원칙에 입각해 공무원의 정치적 중립을 규정하려 한 것이다.

1883년 제정된 미국의 펜들턴 법(Pendleton Act)과 1939년 및 1940년의 해치법(Hatch Act)은 공무원의 정치 활동을 명시적으로 금지하고 있다. 미국에서는 특히 해치법 제정을 거치면서 공무원의 정치적 중립 규범이 인사 제도의 중요한 원칙으로 자리 잡아 정치적 중립에 따른 새로운 공직문화가 창출되었다(전주상, 2017: 63). 미국의 연방대법원은 1946년 공무원의 정치 활동을 금지시킨 일련의 법률들이 합헌임을 확인했으며, 미국 의회에 여러 차례 제출된 공무원의 정치 활동 금지 완화 관련 법안은 대통령의 거부권 행사 등으로 입법이 좌절되었다.

그러나 공무원 제도는 그 성격이 상대적인 것이기 때문에 불변의 법칙으로 작용할 수는 없다. 사회적 환경이 바뀌고 국민들의 가치관이 바뀌면서 그에 따른 새로운 변화가 이뤄지고 있다. 미국의 경우 20세기 말 정치적 여건이 바뀜에 따라 정치 활동 금지 완화론이 강력하게 대두되고 있으며, 1976년 등 여러 차례에 걸쳐 공무원의 정치 활동 금지를 완화하는 법안이 미국 의회에 제출된 바 있다. 결국 1980년대에는 해치법을 사실상 위헌적으로 판단하는 판례가 출현하기 시작했다. 이에 따라 1993년에 해치법을 전면 개정하는 새로운 개정 해치법(Hatch Act Reform Amendment)을 만들어 공무원의 정치적 중립 의무보다는 정치적 기본권을 보장하는 형태로 변경한 바 있다(전주상, 2017: 63-64).

독일의 경우에도 1972년 연방헌법재판소의 판결을 통해 특별 권력 관계 이론이 더 이상 인정되지 않게 되었다. 즉, 공무원의 정치적 중립의 문제를 공무와 사적인 활동으로 이분해 고찰하는 방식으로 바뀌었고, 오늘날에는 공무원의 정치적 권리의 측면에서 논의하는 형태로 변화되고 있다(이계수, 2005: 318; 전주상, 2017: 64).

민주화 이후 우리 사회에서는 공무원의 당파적 정치 활동은 거의 사라지게 되었다. 그러나 '정책적 중립성'의 필요성은 더욱 커지게 되었다. 공무원의 정책적 중립성은 정부사업의 절약과 능률성의 확보를 위해 필수불가결한 요건이 되기 때문이다.

정책 과정에서의 중립성 문제는 정부를 구성하고 있는 집권 여당의 정책에 관료들이 현실적으로 헌신하지 않을 수 없다는 관점에서 상징적 의미를 지닐 뿐이라고 볼 수 있다. 다시 말하면, 이론적 측면에서는 관료들이 베버의 이른바 '영혼 없는 전문가(specialist without spirit)'로서 전문 지식을 제공하는 것이 가능하다고 하겠으나, 현실 속의 관료들은 결코 정치적으로 자유로울 수 없는 한계를 지닌다고 하겠다. 그러나 정책 과정에서 당파적 이익의 추구에 노골적인 정치를 견제, 거시적 차원의 공익을 확보하고 정책의 합리성과 능률성을 담보하기 위해서는 관료들의 정책 정치의 공간을 확대하고 정책적 중립성을 보장하기 위한 제도적 장치의 마련이 바람직하다고 하겠다.

직업공무원에게 요구되는 '중립적 역량(neutral competence)'은 정책 과정에서의 전문적 판단과 중립적 관점의 투입을 기대하는 '정책적 중립'의 의미로 해석되어야 할 것이다. 즉, 공무원의 정책 기능이 널리 인정되고 있는 상황에서 중립성의 규범은 '정책 정치(policy politics)'로부터 행정관을 배제할 것을 요구하는 것은 아니라고 할 것이다(Overeem, 2005: 311 참조).

모우(Moe, 1985)는 근대 대통령제의 정치적 기대는 대통령으로 하여금 집행기관의 '중립적 역량' 대신 '대응적 역량(responsive competence)'을 추구하게 되었다고 주장하면서, 대응적 역량은 정책 개발 및 각 집행기관의 조정 활동의 집권화를 통해, 그리고 각 행정기관 깊숙한 곳에 대통령의 심복을 심음으로써 확보될 수 있다고 함으로써 정책 활동에 주된 초점을 두고 있음을 비치고 있다(Wolf, 1999: 142-143).

1921년 설치된 미국의 예산처(Bureau of the Budget: BoB)[19]는 중립적 역량을 뜻하는 전문성과 비당파성의 요새(要塞)라는 평판을 받아 왔다. 예산처의 주된 사명은 정부 내에서 절약과 능률을 추구하는 것인 바, 이는 재정이 많이 소요되는 새로운 정책을 추진하려는 대부분의 대통령의 욕구와 조화되지 않는다. 닉슨(Richard Nixon)과 레이건(Ronald W. Reagan) 두 대통령은 특히 정치적 당파성이 강한 인물을 관리예산처장으로 임명함으로써 관리예산처의 활동이 좀 더 분명하게 그들의 정치적 목표를 향하도록 만들었다(Wolf, 1999: 143).

물론 이와 관련된 논의들은 넓은 의미의 '정치적 중립' 규범 속에 포함된다고 할 수 있으나, '당파 정치(partisan politics)'와 '정책 정치(policy politics)'를 구분할 수 있다는 차원에서 '정책적 중립'의 개념에서 접근할 수 있을 것이다.

2 정치적 중립 규범의 필요성과 내용

공무원의 정치적 중립 규범은 다양한 측면에서 그 필요성을 생각해 볼 수 있다. 먼저 민주 국가에서의 공무원은 국민 전체에 대한 봉사자로서 공익을 옹호하고 증진시키는 임무를 수행하므로 불편부당해야 한다. 그리고 공무원의 정치적 중립 규범은 정치적 개입에 의한 부정부패와 낭비를 방지하기 위해 필요하다. 또한 정권 교체에도 불구하고 행정 업무의 계속성과 전문성을 확보하기 위해 공무원의 정치적 중립은 필요하다. 마찬가지로 직무 수행의 능률성을 확보하기 위해 공무원의 정치적 중립은 필요하다. 그리고 공무원 집단이 안정된 중립적 세력으로 기능함으로써 정치 체제 내의

19) 1970년 관리예산처(Office of Management and Budget: OMB)로 개칭되었다.

세력 균형을 도모하기 위해 공무원의 정치적 중립은 필요하다.

민주 국가에서 공무원의 정치적 중립을 요구해야 하는 이유를 정리해 얘기하면 다음과 같다(오석홍, 2010: 107).

① **공익 추구의 보장**: 공무원의 정치적 중립을 요구하는 가장 기본적인 논리적 근거는 공익을 추구해야 하는 공무원의 본질적 사명에서 찾게 된다. 민주 국가의 공무원은 공익을 옹호하고 국민 전체의 보편 이익을 추구해야 한다.

② **엽관의 폐해 방지**: 정당적 정실이 인사행정과 공무원의 직무 수행에 개입함으로써 야기되는 관기 문란과 공무원의 부패, 그리고 낭비를 막기 위해서도 공무원의 정치적 중립성을 보장할 필요가 있다.

③ **정부 업무의 계속성 보장**: 정당정치를 통한 정권 교체를 전제로 하는 정치 체제 하에서는 집권 정치 세력의 변동에도 불구하고 정부 업무를 전문적이고 계속적으로 수행할 중립적 세력의 존재를 필요로 한다. 공무원 집단을 그러한 중립적 세력으로 보전하기 위해서도 공무원의 정치적 중립은 필요한 것이다.

④ **민주적 기본 질서의 보호**: 공무원의 정치적 중립을 보호해 주지 않으면 공무원들은 집권 정당의 이익을 위해 정권 교체를 방해하는 파당적 행동을 하게 되고, 공무원들의 이러한 당파적 행동은 민주주의의 기본 질서를 파괴한다.

⑤ **정치 체제의 균형 확보**: 정치 체제 내의 세력 균형을 위해서도 공무원의 정치적 중립은 필요하다. 공무원의 정치적 중립이 이뤄지지 않으면 민주적 정치 과정의 정당한 기초를 약화시키고 정부 관료제의 전횡을 불러올 염려가 있다. 집권 세력이 공무원을 사병화하면 정파 간의 공정한 경쟁을 저해하게 된다.

공무원이 정치적 중립을 지켜야 한다는 행동 규범은 복수정당제에 입각한 민주정부를 채택하고 실적주의를 인사행정의 원리로 받아들이는 나라에서만 문제로 된다. 군주국가나 일당전제국가에서는 공무원의 정치적 중립성이 논의될 여지가 없다. 의회민주정치를 하고 있는 나라에서도 엽관주의를 지배적인 인사행정 원리로 채택하고 있는 경우에는 공무원의 정치적 중립성을 인사행정의 주된 규범으로 삼지 않는다.

역사적으로 엽관주의의 폐해가 컸던 국가는 공무원의 정치적 중립을 엄격하게 요구하고 있으나, 그렇지 않은 국가는 비교적 관대하다. 대체로 유럽의 국가들이 공무원의 정치 활동에 대해 관대한 반면, 한국과 미국의 경우에는 공무원에 대해 엄격하게 정치적 중립을 요구하고 있다. 영국에서는 정책 결정과 관련이 깊은 고급 공무원에 대해서는 정치적 중립을 강하게 요구하나 하위직으로 내려갈수록 완화해 최하위 계층에 대해서는 어떠한 제약도 두지 않고 있다. 가장 엄격하게 공무원의 정치 활동을 규제하고 있는 국가 가운데 하나인 우리나라는 대학교수 등 일부 특수 부문의 공무원을 제외하고는 공무원의 정당 가입 자체를 금지하고 있다. 국회의원 선거와 관련해 한국 · 미국 · 일본 등은 공무원의 입후보 자체를 금지하고 있으며, 당선 후 공직을 사임해야 하는 나라로는 독일 · 벨기에 등이 있고, 북유럽 여러 나라는 공무원의 국회의원 겸직을 허용하고 있다.

우리나라의 국가공무원법은 공무원의 정치 활동을 광범하게 제한하고 있다. 일부 정무직 공무원을 제외한 나머지 공직자들은 선거에 의해 취임하는 직위에 겸임될 수 없으며, 선거에 입후보하려면 사전에 공직을 사임해야 한다.

한국의 국가공무원법에서 금지하고 있는 공무원의 정치 활동은 다음과 같다. 공무원은 정당 기타 정치단체의 결성에 관여하거나 이에 가입할 수 없다. 그리고 공무원은 선거에서 특정 정당 또는 특정인을 지지 또는 반대하기 위한 다음의 행위를 해서는 아니 된다. 즉, 투표를 하거나 하지 아니하도록 권유 운동을 하는 것, 서명 운동을 기도(企圖) · 주재(主宰)하거나 권유하는 것, 문서나 도서를 공공시설 등에 게시하거나 게시하게 하는 것, 기부금을 모집 또는 모집하게 하거나 공공자금을 이용 또는 이용하게 하는 것, 타인에게 정당이나 그 밖의 정치단체에 가입하게 하거나 가입하지 아니하도록 권유 운동을 하는 것 등이다(국가공무원법 제65조).

3 정치적 중립에 대한 비판과 한계

엽관주의의 폐해를 극복하고 행정의 능률성과 계속성, 전문성, 공평성을 유지하기 위해서는 정치적 중립을 공무원들의 행동 규범으로 삼는 것은 당연하다. 그러나 공무원들의 정치 활동 제한은 다른 한편에서는 민주주의 정치 체제에서 특정 집단의 정치적 자유만을 제한하는 것은 불공평하다는 비판을 불러일으키고 있다.

정치적 중립의 교의에 관한 비판의 주요 논점은 다음과 같다(이종수 외, 2011: 제16장).

첫째, 공무원들에 대해 헌법적 기본권 가운데 하나인 참정권을 제한한다는 것이 불공평할 뿐만 아니라 민주정치의 원리에도 모순된다는 것이다. 민주주의적 정치 원리를 채택하고 있는 나라에서 어느 특정 집단의 정치적 자유만을 제한하는 것은 불공평하다는 것이다.

둘째, 공무원의 정치 참여 제한은 공무원 집단의 이익이 경시되는 결과를 초래할 수 있다. 우리나라에서 공무원 노동조합이 정치 활동 허용을 끈질기게 요구하는 이유 가운데 하나도, 정치 활동을 통한 공무원 집단의 이익 투입이 집단적 이익 확보의 지름길이라 생각되기 때문이다.

셋째, 정당정치의 발전과 정당인의 자질 향상을 위해 공무원의 정당 가입이 바람직하다.

넷째, 공무원의 정치 참여 제한은 참여적 관료제(participatory bureaucracy)의 발전을 저해한다(Shafritz et al., 1978: 173). 참여적 관료제는 중하급 공무원들의 정책 형성 참여 기회 및 대내외적 의사 표현 기회를 넓혀 주는 정부 관료제를 말한다.

다섯째, 공무원에 대한 정치적 중립의 엄격한 요구는 또한 공무원들의 이념적 무관심(ideological indifference)을 초래하고, 정부 관료제를 국민의 요구에 민감하게 대응하지 못하는 폐쇄 집단으로 만들 우려가 있다(Levitan, 1942: 318).

여섯째, 공무원의 정치적 중립 규범은 정치·행정이원론에 기초를 둔 것으로, 정치·행정일원론이 지배적 관점이 된 오늘날에는 논리적 근거를 상실했다는 근거에서 중립 교의를 비판하기도 한다. 즉, 정치적 중립의 엄격한 요구는 정치·행정일원론이 지배적인 오늘날의 관점과는 잘 부합되지 않으며, 엽관주의의 폐해를 극복하기 위해 정치적 중립을 엄격히 요구하게 된 과거의 상황과는 현저히 다르기 때문에 오늘날 공무원의 정치 활동을 엄격하게 규제할 필요가 없다는 것이다.

물론 공무원의 정치적 중립 규범에 대한 비판적 관점에 대해서는 그것을 재반박하는 논리 또한 다양하게 제기된다(오석홍, 2010: 109). 공무원에 대한 정치적 중립 요구가 정치적 자유을 제약한다는 비판에 대해서는, 권리 있는 곳에 책임 있어야 한다는 원리를 모르는 데서 나온 것이라는 점에서 반론이 제기된다. 아무리 자유와 평등이 보장되는 사회에서도 특혜와 특권이 있으면 그에 상응하는 책임이나 자유 제한이 수반된다. 공무원들의 정치 활동을 금지한다는 것은 파당적 행동을 금지하는 것일 뿐이라는 것이다. 그리고 공무원에 대한 정치적 중립 요구는 공무원을 정치 과정에서 완전히 배제하는 것이 아니라 공무원의 당파적 행동을 금지하는 것일 뿐, 공무원이 각종 선거에서 투표하는 등 정치 과정에 참여해 의사 표시를 하는 시민적 권리를 제약하는 것은 아니라는 등의 재반론이 제기된다.

우리나라의 경우 과거 공무원을 동원한 관권선거 시비가 그치지 않았으나, 사회 전반의 민주화와 그에 따른 국민 의식 수준의 고양, 1992년 충남 연기군수의 관권선거 폭로 사건과 1993년 문민정부의 출범을 계기로 관권선거에 관한 시비가 크게 줄었다. 공무원의 정치적 중립 문제는 결국 그 사회의 정치 발전 정도와 함께 공무원 및 국민들의 의식 수준에 의해 좌우된다고 할 수 있다.

4 정치적 중립의 확립 요건

공무원의 정치적 중립을 확보한다는 것은 공무원을 외부의 정치적 간섭으로부터 보호하는 한편 공무원 자신의 능동적인 정치 활동을 제한하는 것을 의미한다. 인사행정에 대한 부당한 정치적 간섭을 방지하기 위해서는 엄격한 실적주의를 확립함으로써 공무원의 신분 보장을 강화해야 할 것이다. 공무원은 정치적 신념(political belief)의 상이와 같은 자의적 기준에 의해 신분상의 불이익을 받거나 정치적 상관의 강압에 의해 당파적 정치 활동에 관여해서는 아니 된다.

공무원의 정치적 중립을 확보하기 위해 필요한 기본적 요건은 다음과 같다(이종수 외, 2011: 제16장).

첫째, 정치 발전과 평화적 정권 교체의 전통이 정착되어야 한다. 민주적 정치 과정이 정상적으로 작동될 수 있도록 정치 발전이 이뤄지고 평화적 정권 교체의 여건이 마련되지 않으면, 공무원의 정치적 중립은 아무런 의미를 지닐 수 없다.

둘째, 공무원을 외부의 정치적 간섭으로부터 보호하기 위해 공무원의 신분 보장이 강화되어야 한다. 공무원의 신분 보장이 강화되지 않을 경우, 공무원은 정치적 상관의 당파적 정치활동 압력으로부터 벗어날 수 없을 것이다.

셋째, 정치인들의 민주적 정치 윤리가 확립되어야 한다.

넷째, 정치적 중립에 대한 공무원들의 행동 규범이 확고하게 정립되어야 한다.

다섯째, 국민의 정치 의식이 제고됨으로써 시민적 권리가 올바로 행사되어야 한다.

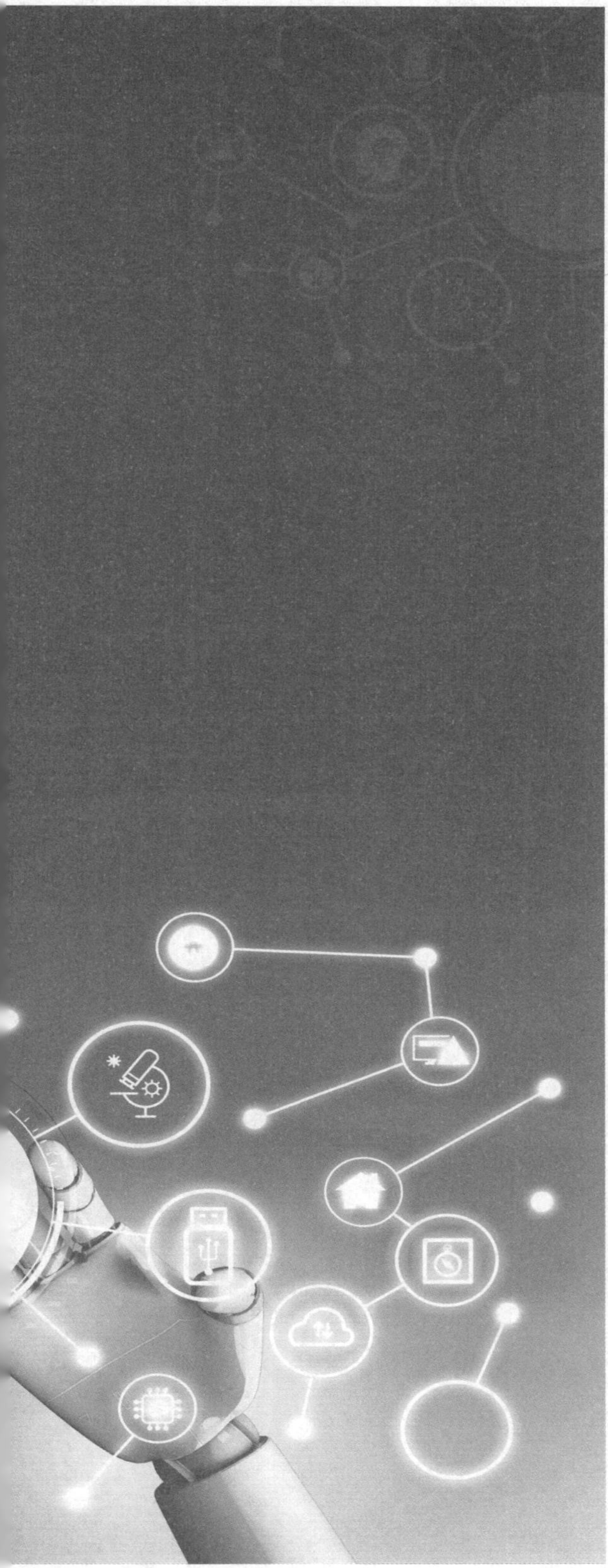

PART 3

행정윤리론

행정책임과 부패

제 7 장 행정책임
제 8 장 부패

CHAPTER 07

행정책임

제1절 행정책임의 개념

행정책임은 행정인들이 직무를 수행할 때, 법률적 · 도덕적 규범에 따라 행동해야 하는 국민에 대한 의무를 말한다. 여기에는 공무원의 결과 책임뿐만 아니라 과정 책임, 그리고 역할 인지 및 동기에 대한 주관적 책임까지 포함된다. 프레스더스(Robert Presthus)는 행정책임을 행정인이나 행정조직이 윤리적 · 기술적 · 법률적 기준에 따라 행동해야 하는 의무라고 규정한다(Presthus, 1975: 441). 또한 피프너(John M. Pfiffner)와 프레스더스는 행정책임을, 행정기관이 외부기관이나 어떤 행동 기준에 대해 의무를 지는 것이라고 정의한다(Pfiffner, 1967: 538; 유종해 외, 2010: 113). 행정통제는 행정책임과 표리의 관계에 있다. 행정책임을 확보하기 위한 수단이, 즉 행정통제(administrative control)다.

책임성을 나타내는 영어 표현으로는 accountability와 responsibility가 있다. accountability는 법률적 · 외재적 책임을 의미하는 비교적 한정된 뜻을 지닌다. 그에 반해 responsibility는 법률적 · 외재적 책임을 포함해, 수탁자 및 공복(公僕)으로서 공직자들의 광범한 도의적 · 윤리적 책임까지를 포함하는 더 넓은 의미를 지닌다. 영어권 학자들 가운데는 accountability와 responsibility를 구분하지 않고 사용하는 학자들도 있으나, 일부 학자들은 accountability를 법률적 · 외재적 책임만을 가리키는 좁은 의미로 사용한다(이종수 외, 1993: 122). 예를 들어, "행정책임은 법령 등 객관적인 규범과 상급자의 정당한 지시와 명령에 따라 행해야 할 의무를 말하며, 이러한 책무를 소홀히 한 때에는 그 결과에 대해 일정한 제재를 받게 된다"고 할 때, 이때 사용된 행정책임의 의미는 법률적 · 외재적 책임을 가리키는 accountability를 뜻한다고 하겠다.

서양의 많은 학자는 행정책임을 '법률적 · 외재적 책임'을 의미하는 것으로 받아들이고 있다. 샤칸스키(Ira Sharkansky, 1938~)는 행정책임성의 본질을, 법률과 규칙을 준수하고 상급 직원의 지시와 명령에 복종해야 할 의무로 규정한다(Sharkansky, 1982: 92). 하몬(Michael M. Harmon) 또한 행정책임성은 법규 또는 규칙, 법원의 판결에 의해 공식화될 수 있다고 하면서, 관료의 행위에 대해 개인 또는 조직의 외부에 의한 통제를 받아야 하는 것이 행정책임의 본질이라고 설명한다(Harmon, 1981: 119; 김영종, 1995: 274).

스피로(Herbert J. Spiro, 1924~2010)는 '책임성'은 명시적인 것일 수도 또는 암시적인 것일 수도 있다는 점을 지적한다(Spiro, 1969: 15; 이광종, 2005: 37). 예컨대, 어떠한 정책결정자가 자신이 행한 행위의 결과에 대해 책임 평가를 받게 되는 경우에 그 자신에게 영향을 미치게 될 사항들에 대해 상당한 사전 지식을 가지고 있는 경우를 명시적인 책임성의 형태라고 하고, 그러한 사전 지식이 결여되고 있는 경우를 암시적인 책임성이라고 한다.

제2절 행정책임의 유형

행정책임의 유형은 여러 학자가 다양한 기준에 의해 분류하고 있다. 법적 책임과 도덕적 책임으로 분류하는 사람이 있는가 하면, 외재적 책임과 내재적 책임으로 구분하기도 하고, 어떤 사람들은 객관적 책임과 주관적 책임으로 구분하기도 한다.

행정책임은 우선 법적 책임과 도덕적 책임으로 나눠 볼 수 있다. 법적 책임은 법적으로 부과된 의무를 이행해야 될 책임을 말한다. 법적 의무를 이행하지 않을 경우 법적인 제재가 수반된다. 이에 반해 도덕적 책임은 행정인이 국민의 요구와 바람에 대응해 성실하게 직무를 수행해야 할 도덕적 책임을 말한다. 행정책임을 법적 책임과 도덕적 책임으로 구분하는 사람 가운데는 호지킨슨(Christopher Hodqkinson)이 있다(Hodgkinson, 1978: 176).

행정책임은 또한 내재적 책임과 외재적 책임으로 나뉘기도 한다. 내재적 책임은 행정기관이나 행정인이 소속기관의 상급자 등에 대해 지는 책임 및 행정인 자신이 주관적으로 느끼는 책임을 말한다. 외재적 책임은 행정기관 또는 행정인이 행정조직 외부의 입법부, 사법부 또는 국민 일반에 대해 지는 책임을 말한다. 내재적 책임은 다시 둘로 나눠 볼 수 있다. 내재적 책임 가운데 소속기관의 상급자 등에 대해 지는 책임은 법적 책임의 일종으로 볼 수 있으며, 내재적 책임 가운데 행정인 자신이 주관적으로 느끼는 책임은 '도덕적 · 윤리적 책임'으로 구분할 수 있다.

한편 커나건(Kenneth Kernaghan)은 행정책임을 객관적 책임(objective responsibility)과 주관적 책임(subjective responsibility)으로 나눠 설명한다. 객관적 책임은 공무원이 법률과 상급자들의 지시에 복종하는 데 실패하는 경우에 정치적 · 행정적 상급자들에 대해 지게 되는 책임을 말하며, 주관적 책임은 공무원이 누군가에 대해 책임을 져야 할 것을 느끼고 책임 있게 행동해야 한다는 것에 중점을 두는 책임을 말한다(Kernaghan, 1978: 580-581). 즉, 객관적 책임은 외재적 · 법률적 책임과 유사한 것으로 외부의 누군가에게 지게 되는 책임을 의미하는 바, 행정인의 책임 유무의 판단 기준을 '정당한 지시'의 실현 여부에 두고 있다. 주관적 책임은 책임 이행에 대한 충성(loyalty) 및 조직의 목적 실현을 마치 자신의 것과 동일시하는 일체 의식이나 양심(conscience)의 의미와 유사한 것이라고 한다(Kernaghan, 1974: 541).

쿠퍼(Terry L. Cooper) 또한 행정책임을 객관적 책임과 주관적 책임으로 나눈다(Cooper, 1982: 43-55). 객관적 책임은 외부로부터 부과된 기대와 관련되는 바, 법규에 대한 책임과 어떠한 관행이나 성과의 범주 및 특정한 표준에 대한 의무라고 할 수 있다. 즉, 객관적 책임은 공무원이 지시에 복종하지 않음으로써 그들에게 제재를 가할 수 있는 정치적 · 행정적 상급자 등에 대한 책임에 관한 것이다. 쿠퍼가 밝힌 객관적 책임에는 헌법이나 법률 이외에도 행정인이 준거해야 할 여러 가지 상이한 책임원이 있는데, 조직의 규칙, 정책, 공식적 직무명세서, 전문직업적 기준을 통해 시달되는 정당한 명령, 지시 등이 객관적 책임원이 된다. 주관적 책임은 행정인이 책임을 져야 한다는 지각에 근원하는 책임을 말한다. 이는 충성, 양심, 일체감의 경험에 근원한다. 즉, 주관적 책임이란 행정인이 자신의 맡은 바 임무를 규범에 따라 충실하게 수행해야 한다는 지각이나 동기를 의미한다고 하겠다. 서양 사회에서는 일반적으로 객관적 책임에 주의를 집중하는 데 비해, 동양 사회에서는 주관적 책임에 더 많은 관심을 기울여 왔다. 여기서 얘기하는 주관적 책임은, 앞서 살펴본 바, 행정인 자신이 주관적으로 느끼는 '도덕적 · 윤리적 책임'에 해당된다고 하겠다.

행정책임의 유형을 좀 더 잘 이해하기 위해서는 파이너(Herman Finer, 1898~1969)와 프리드리히(Carl Joachim Friedrich, 1901~1984)의 논쟁을 살펴볼 필요가 있다. 파이너는 '민주정부에서의 행정책임'(1966)이라는 논문에서 행정 권력과 관료 권력이 강화되는 현상을 살펴보고 행정인들은 국민에 의해 선출된 대표들의 통제를 받아야 할 것과 그들에게 책임을 져야 한다고 주장했다. 그에 의하면 관료들은 외부기관으로부터 통제가 약화되면 권력을 남용하게 되는데, 이는 역사적 과정을 통해 입증된다는 것이다.

한편 프리드리히는 '공공정책과 행정책임의 성질'(1966)이라는 논문에서 관료들의 도의적 책임에 대해 논했다. 그는 정치와 행정은 상호 배타적인 것이 아니라 동일한 과정이 긴밀하게 연결된 두 개의 국면이라고 하면서, 공공정책은 그 형성을 집행으로부터 분리할 수 없는 하나의 계속적인 과정이라고 했다. 프리드리히는 재량권을 갖고 있는 행정인들이 책임 있게 행동하도록 하는 일은 쉬운 일이 아니며, 행정인들로 하여금 책임 있게 행동하도록 하기 위해서는 제도적 장치보다는 심리적 요소가 더 중요하다고 했다. 그에 의하면 '책임 있는 행정인'은 두 가지 요소, 즉 기술적 지식(technical knowledge)과 민중적 정서(popular sentiment)에 민감한 사람이이야 한다는 것이다. 프리드리히는 나아가 기술적 책임만으로는 행정책임의 형태를 유지하기에는 충분치 않고 주관적 책임, 정치적 책임이 반드시 요청된다는 것이다(이광종, 1995: 47-48).

행정책임성에는 객관적인 외부적 책임성 차원뿐만 아니라 심리적 요인이 있다고 주장한 프리드리히는 따라서 행정에 대한 내적 통제(internal control)의 중요성을 주장했다. 한편 행정책임성의 주관적 요소를 강조하는 프리드리히에 대해 파이너는 행정책임성을 확보하는 효과적 수단은 법적 · 제도적 외부 통제(external control)라고 하면서, "윤리 법전, 내부 규율, 그리고 이러한 것들을 효과적이게 하는 장치들이 내실 있는 행정책임을 확보하게 하는 길이며, 오늘날 정치적 통제 또는 정치적 책임성의 근본 가능성보다 더 중요한 것은 없다"고 주장했다(유종해 외, 2010: 132).

이 책에서는 행정책임을 '외재적 · 법률적 책임'과 '자율적 · 도덕적 책임'으로 나누고자 한다. '외재적 · 법률적 책임'은 특정한 행정조직 및 행정인이 입법부, 사법부, 국민, 그리고 해당 조직의 상급 기관 및 상급자 등에 대해 법률적으로 지는 책임을 말한다. 그리고 '자율적 · 도덕적 책임'은 행정인 자신이 주관적으로 느끼는 '자율적 책임'을 의미한다. 즉, '자율적 · 도덕적 책임'은 공무원이 전문가로서의 직업 윤리와 책임감에 기초해 적극적이고 자발적인 재량을 발휘해 확보되는 행정책임을 의미한다. 다시 말하면, 공무원들이 내면의 가치와 기준에 따라 자발적으로 적극적인 재량을 발휘해 합리적인 대안을 선택하고, 국민들의 요구와 기대를 정확하게 인식해 이에 능동적으로 대응하는 것을 의미한다.

행정책임은 개인적 차원에서는 공무원 개개인의 의무이며, 국가적 차원에서는 국민 전체에 대한 국가 역할의 정당성을 확인하는 것이라고 할 수 있다. 행정책임은 민주 국가에서 현실적으로 객관성이 담보되는 '외재적 · 법률적 책임'이 근간이 될 수밖에 없다. 그러나 오늘날 행정 기능이 확대되고 전문화 · 복잡화됨에 따라, 행정에 대한 외적 통제가 일정한 한계를 지닐 수밖에 없다는 차원에서, 행정책임을 자발적으로 확보할 수 있는 주관적 책임의 중요성이 새롭게 인식되고 있다.

제3절 행정책임의 확보와 행정통제

행정책임을 확보하기 위한 수단이 행정통제(administrative control)다. 행정통제란 미시적 차원에서 보면, 설정된 행정 목표 또는 정책 목표와 기준에 따라 성과를 측정하고 이에 맞출 수 있도록 시정하는 노력이다. 다시 말하면, 행정통제는 공무원 개인 또는 행정 체제의 일탈에 대한 감시와 처벌을 통해 원래의 행정 성과를 달성하려는 활동을 말한다. 그래서 행정통제는 행정책임과 표리의 관계에 있다.

행정통제를 이론적 측면에서 유형화한 학자는 길버트(C. E. Gilbert)다. 그는 행정통제의 방법을 통제자가 행정조직 내부에 위치하는가 그렇지 않은가에 따라 내부 통제와 외부 통제로 구분했다. 그리고 통제 방법이 법률 등으로 제도화되었는가 그렇지 않은가에 따라 공식적 통제와 비공식적 통제로 구분했다(Gilbert, 1959). 외부 통제는 국회나 사법부와 같은 행정조직 외부의 사람이나 기관에 의한 통제이고, 내부 통제는 행정조직 내부의 구성원 또는 행정인 자신에 의한 통제를 말한다. 비교적 행정이 단순했던 입법국가 시대에는 외부 통제에 중점을 뒀지만, 행정이 전문성과 복잡성을 띠게 된 현대 행정국가 시대에는 외부 통제보다 내부 통제가 점차 강조되고 있다.

〈표 7-1〉은 길버트가 제시한 행정통제의 유형에 기반해 그 내용을 채워 넣은 것이다.

표 7-1 행정통제의 네 가지 유형

	외부 통제	내부 통제
공식적 통제	입법부에 의한 통제 사법부에 의한 통제	계층제 및 인사관리 제도를 통한 통제 감사원에 의한 통제 청와대와 국무총리실에 의한 통제 중앙행정부처에 의한 통제
비공식적 통제	시민에 의한 통제 이익집단에 의한 통제 여론, 매스컴 등에 의한 통제	동료집단의 평가와 비판 직업 윤리에 의한 자율통제

자료: Gilbert(1959).

1 공식적 외부 통제[1)]

1) 입법부에 의한 통제

입법부에 의한 통제는 행정통제 방안 중 가장 역사가 오래되었으며, 실질적으로 그 효과가 가장 크다. 입법부 자체는 태어날 때부터 행정부를 견제하기 위해 태어났다. 그러나 입법부 의원들이 구체적 행정 내용에 대해 관료들보다 전문성이 떨어지는 데다가 행정 기능이 확대되고 전문화됨에 따라 입법부에 의한 행정통제의 실효성은 약화되는 경향이 나타나고 있다.

우리 사회에서는 과거 권위주의 체제 시절부터 행정부 우위적 사고에 의해 입법

1) 행정통제에 관한 내용은 다음을 참조하기 바란다(이종수 외, 2012: 제6장).

부의 기능이 약한 편으로, 행정 권력에 압도된 국회는 행정통제를 효율적으로 추진할 수 없는 한계를 지녔었다. 그러나 권위주의 체제가 해체되고 1990년대 이후 국가 사회 전반에 걸쳐 민주화가 확대되면서 의회의 권한도 확대되었다.

입법부에는 행정부에 대한 다양한 통제 장치가 마련되어 있다. 입법부에는 입법 심의, 공공정책의 결정, 예산 심의, 각종 상임위원회의 활동, 국정조사 및 국정감사 활동, 임명 동의 및 해임 건의, 그 밖에 탄핵권, 기구 개혁, 청원 제도 등 행정통제를 위한 여러 제도적 장치가 마련되어 있다. 그러나 현실적으로 여야 합의 없이는 이러한 제도의 효과적인 활용이 불가능하기 때문에 여당 우위적인 입법부에서는 효과적인 통제 기능을 수행하지 못한다. 입법부의 통제 기능을 회복하기 위해서는 무엇보다도 '삼권분립'의 원칙을 지키기 위한 정치권의 노력이 필수적이며, 나아가 대통령의 권력 행사 범위와 규모를 축소할 수 있는 제도적 개선이 이뤄져야 한다.

입법부에 의한 행정통제가 잘 이뤄지지 않는 이유는 다음과 같다. 첫째, 정치인들은 행정상의 절약과 능률에 큰 관심이 없기 때문에, 행정적 낭비 요인에서 오히려 개인적 이득을 얻으려는 경향이 있기 때문이다. 둘째, 전반적인 국가 정책이나 프로그램보다는 의원 자신들의 재선과 관련된 정책이나 사업 또는 개인적으로 관심이 있는 분야 이외는 소홀히 다루는 경향이 있다. 셋째, 공무원들이 해야 하는 것과 정치인들이 요구하는 것이 동일하지 않기 때문이다(Barton & Chapell, 1985).

2) 사법부에 의한 통제

사법부에 의한 통제는 두 가지 내용으로 구성되어 있다. 하나는 행정 업무 수행 과정에서의 위법·부당한 시민의 권익 침해에 대한 구제이며, 다른 하나는 행정명령, 행정규칙, 행정처분의 위헌·위법 여부를 심사하는 것이다. 그동안 사법부의 행정통제 역할은 우리 사회에서 크게 발휘되지 못했다. 그러나 사회가 다양화되면서 최근 사법통제가 행정의 다양한 기술적 세부 영역에까지 영향을 미치고 있어 그 영향력이 커지고 있다. 특히 미국 사회에서는 공익 담당 판사들이 등장, 행정에 대한 사법부의 영향력이 점점 더 커지고 있다.

사법부에 의한 행정통제는 효과성 면에서 한계가 있다. 그 이유는 다음과 같다. 첫째, 사법통제는 행정처분이 이미 이뤄지고 난 후의 사후 조치에 불과하다는 점이다. 즉, 사법통제는 이미 발생한 과오를 완화하거나 처벌하는 것에 그칠 뿐이라는 것이다. 둘째, 비용과 시간이 많이 든다는 점이 지적된다. 셋째, 우리나라의 경우 사법권의 독립성과 공정성이 권력적 · 금전적 압력으로부터 위협받고 있다는 점이다.

사법부에 의한 행정통제가 실질적으로 수행되려면 '삼권분립'의 원칙에 따라 사법부의 독립성이 강화되어야 한다. 그런데 우리의 경우 아직도 사법부의 독립성 확보에 많은 한계가 따른다. 효과적인 사법통제를 위해서는 무엇보다도 법원의 전문성과 독립성을 확보할 수 있는 제도적 개선책이 모색되어야 할 것이다.

사법부에 의한 통제 가운데 오늘날 주목받고 있는 것 가운데 하나가 헌법재판소의 기능이다. 헌법재판소는 기본적으로 국민의 권리와 자유를 보호하고 구제하기 위해 운용된다. 헌법재판소의 주요 기능은 다음의 네 가지다. ① 탄핵 및 정당의 해산, ② 국가 기관 상호 간, 국가 기관과 지방자치단체 간 및 지방자치단체 상호 간의 권한 쟁의, ③ 법률이 정하는 헌법 소원에 관한 심판, ④ 법원이 판단을 요하는 법률의 위헌 여부 등이다(이종수 외, 2012: 198).

2 비공식적 외부 통제

1) 시민에 의한 통제

시민통제의 효과성에 대해서 일반적으로 논의하기는 쉽지 않다. 시민의 의견은 다양한데 이를 정확히 알기 어려우며, 같은 일에 대해 어떤 집단은 찬성하고 다른 집단은 비판하기도 한다. 또한 후진국의 경우 관료 집단에 의한 민의의 조작이 시도되기도 한다. 그러나 사회 전반에 걸쳐 민주화가 심화되고 시민 의식이 고양됨에 따라 행정에 대한 시민통제의 수준은 점차 높아지고 있다. 시민이 행사할 수 있는 구체적인 통제 방법은 여러 가지가 있다.

첫째, 주권자로서 국민은 선거 제도, 주민 참여 제도 등을 통해 주권을 행사한다. 대부분의 나라에서 국민은 선거를 통해 직접 국정에 참여할 사람을 뽑는다. 선거는 개별적인 정책 사안에 대한 직접적인 통제보다는 포괄적이며 간접적인 통제의 성격을 갖는다. 주권자로서 국민이 행사할 수 있는 권리는 선거 외에도 주민투표, 주민소환, 주민발안, 주민감사청구, 주민소송 제도 등이 있다. 최근 대의정치 제도를 보완하기 위한 직접민주주의 방식으로 주민투표, 주민소환 제도 등이 활성화됨으로써 시민에 의한 통제가 활발해지고 있다. 지난 세기 동안 민주적인 정치 제도의 복음으로 인식되어 온 대의정치 제도는 근년 들어 많은 결함을 지닌 제도로 인식되고 있다. 대표성이 문제될 뿐만 아니라 주인-대리인 관계에서 대리인이 주인의 이익을 자주 배반하는 것으로 인식된다. 이러한 대의정치 제도를 보완하기 위한 제도적 장치로 직접민주적 방식이 확산되고 있다.

둘째, 민원실의 운영, 반상회, 공청회 등 각종 주민 참여 제도를 통해 행정을 통제할 수 있다. 그러나 이러한 주민 의견 수렴 제도도 형식적으로 운영될 경우 효과성을 기대하기 어렵다. 예를 들면, 입법예고제를 실시하고 있으나 이를 제대로 알리지 않아 제 기능을 발휘하지 못하고 있는 실정이다. 이러한 한계는 지방자치제의 실시로 어느 정도 완화되었지만 시민 참여에 의한 행정통제의 효과성은 결국 시민의 적극적인 자세와 시민 의식의 고양에 달려 있다고 할 수 있다.

셋째, 시민단체에 의한 행정통제가 있다. 1990년대를 통해 국제 사회에서 가장 두드러진 현상 중의 하나는 각 분야에서 강력하고 효과적인 활동을 펼치고 있는 시민단체의 폭발적인 증가다. 시민단체 혹은 비정부단체로 일컬어지는 NGO(nongovernmental organization)가 오늘날 행정통제의 중요한 주체로 등장하고 있다. NGO는 이제 국가 권력을 견제하는 큰 힘으로 자리잡아 가고 있으며 입법, 사법, 행정 및 언론에 이어 '제5의 세력'으로 불리고 있다. NGO는 특히 정부 정책을 감시하고 정보 제공을 통해 시민의 정치 참여를 장려하며 인권, 환경, 보건, 성차별 등의 특정 이슈를 만들어 씨름하기도 한다. 2010년 말 현재 중앙부처 및 시 · 도에 등록된 우리나라의 비영리 민간단체는 총 9,603개에 달한다.

최근 우리나라의 NGO들은 정부 정책에 대한 감시와 견제에 큰 비중을 두고 있다. 그 대표적인 예가 지방자치단체장들의 판공비 공개와 예산 낭비의 감시다. 그동안 철저하게 감추어졌던 자치단체장들의 판공비 등 자치단체들의 예산 내역이 NGO들의 활동에 의해 속속 공개되고 있다. 시민들의 알 권리가 NGO들의 활동에 의해 실현되고 있는 것이다.

그러나 NGO 활동과 관련한 문제점 또한 적지 않다. ① 정부의 역할과 NGO 역할의 구분과 경계에 관한 것이다. 비판자들은 NGO가 법이 정한 절차에 따른 상호 보완 기능 또는 정부에 대한 감시 기능을 넘어 국가 시스템의 기능을 압도하려 한다고 지적한다. ② NGO는 이상주의에 치우친 나머지 결과에 무책임하다고 지적받는다. 유럽의 한 NGO는 최근 아동 노동을 이유로 방글라데시의 한 공장을 폐쇄하는 데 성공했으나 일자리를 잃은 소녀들은 결국 거리의 매춘부로 내몰렸다고 비판받기도 한다. ③ 특정 정당이나 정파를 위한 로비 및 정치적 목적을 위해 NGO를 만들고 이용하려는 세력들이 많아졌다는 점이 지적되기도 한다. BINGO(business initiated NGO), GINGO (government initiated NGO) 등이 그 예다. ④ 재정상의 독립성 결여로 인한 NGO의 자율성 상실이 지적되기도 한다. 많은 NGO가 재정적으로 자립 능력이 없어 외부 특히 정부나 대기업으로부터 재정적 지원을 받는 경우가 많다. 우리나라도 최근 제정된 '비영리민간단체지원법'에 의해 NGO들이 정부로부터 단체운영비 등 재정 지원을 받을 수 있게 되었다. 이 경우 정부에 대한 견제 능력이 영향받을 수 있다는 문제도 제기된다.

넷째, 시민 참여(citizen participation)에 의한 통제가 있다. 제도화된 시민 참여의 가장 보편적인 형태로는 자문집단으로서의 각종 전문가 집단과 시민위원회(citizen committee), 각종 주민 조직, 그리고 근린정부(neighborhood government) 등을 들 수 있다.

민주화가 심화되면서, 이들 시민에 의한 행정통제가 점차 늘어나 괄목할 만한 효과를 보고 있다. 이들의 영향력은 구성원의 수와 의식, 자원과 정보의 양, 접근 가능성 등에 따라 정도의 차이가 있다. '시민에 의한 통제'는 또한 제도화된 형태로 하느냐, 비제도화된 형태로 하느냐 등에 따라 다양한 양상을 나타낸다.

2) 이익집단에 의한 통제

오늘날의 다원주의 사회에서 이익집단의 영향력은 매우 크다. 이들은 자신에게 피해를 주는 정책에 대해서는 반대 로비를, 이익을 주는 정책에 대해서는 찬성 로비를 벌인다. 정책 과정에서 이뤄지는 다양한 이익단체의 활동은 정경 유착의 차원에서 그 부정적 기능이 논의되기도 한다. 한편 개발도상국에서는 자금과 조직을 정부에 의존하는 관변단체들이 행정을 통제하기보다는 정부 정책을 시민사회에 침투시키는 기능을 수행하고 있어서 그 효과성을 기대하기 어려운 경우가 많다.

3) 여론과 매스컴, 그리고 인터넷에 의한 통제

오늘날 여론과 매스컴, 그리고 인터넷의 정치사회적 영향력은 매우 크다. 언론기관의 보도 내용이나 방향은 국민들의 여론 형성에 많은 영향을 끼치고 있다. 특히 행정정보의 공개와 확산을 통해 왜곡된 행정 행태를 통제할 수 있다는 점에서 언론의 역할은 매우 크다.

특히 사회적 소통 방식의 혁명적 변화가 일어난 민주주의 3.0시대[2]에는 인터넷과 SNS(Social Network Service) 등 새로운 사회적 소통 방식에 의한 행정통제가 큰 위력을 발휘하고 있다.

3 공식적 내부 통제

1) 계층제 및 인사 관리 제도를 통한 통제

대부분의 조직은 구성원들의 책임성을 확보하기 위한 다양한 제도적 장치를 마련하고 있다. 관료제 조직은 상하 계층제를 이루는 바, 이러한 계층제 자체가 내부 통제 장치 중의 하나가 된다. 상관은 부하를 감독하고 필요할 때에는 부하에게 시정 조치를 취하도록 지시한다.

---

2) 필자는 근대 민주주의 제도의 발전 단계를 세 단계로 나눈다(이종수, 2012: 26-32). 15~19세기의 제한선거(restricted suffrage, beschränktes Wahlrecht) 시기를 민주주의 1.0시대로 규정할 수 있으며, 20세기의 보통선거(universal suffrage) 시기를 민주주의 2.0시대로, 그리고 직접민주주의(direct democracy) 방식이 확산되고 SNS(Social Network Service) 등 사회적 소통 방식의 혁명적 변화가 일어난 21세기를 민주주의 3.0시대로 부를 수 있다.

민주주의 3.0시대의 가장 큰 특징은 사회적 소통 방식의 혁명적 변화다. 기존의 사회적 소통이 당국자 또는 권위자(authority)에 의해 생산된 정치·행정적 정보가 계서제 구조를 따라 하향적으로 이뤄지는 일방적 소통이었다면, web 2.0과 SNS 환경에서 이뤄지는 소통은 정보의 생산자와 소비자가 대등한 관계를 유지하는 쌍방향적 소통 방식이다. 오늘날 많은 사람은 컴퓨터, 휴대전화는 물론 Myface, Facebook, Linkedin, KakaoTalk 등의 웹사이트를 통해 점점 더 네트워크화된 세상에서 살고 있다. 이와 같이 밀접화된 정보의 네트워크는 지식정보화 사회에서 권력을 실어 나르는 통로가 된다. 사회적 소통 방식의 변화는 특히 공공 정보의 전달 경로와 독과점 언론을 통한 여론의 형성과 조작 과정에 혁명적 변화를 초래하게 되었다. 이른바 대중이 정치적·사회적 결정의 주도권을 장악한, 진정한 의미의 대중민주주의 시대가 도래하게 된 것이다. 오늘날 보통의 시민들은 인류 역사상 그 어느 때보다 더 많은 정치적·사회적 정보를 갖고 있다. 이와 같이 많은 정보를 지닌 대중들이 효과적으로 행정통제를 하는 시대가 민주주의 3.0시대다.

또한 인사평가 제도 등 일반적인 조직 관리 방식이 공식적 내부 통제의 전형적인 방식이 된다. 인사행정뿐만 아니라 재무행정 과정도 행정통제 기능을 수행한다. 또한 다양한 내부감사 제도도 중요한 행정통제의 수단이 된다.

2) 감사원에 의한 통제

행정통제는 여러 감사 장치에 의해 효과적으로 이뤄진다. 현재 우리나라의 감사원은 제도상 헌법기관으로, 독립적 지위를 보장받고 있다. 그러나 현실적으로는 독립적 통제기관으로서의 왜곡된 지위와 기능 때문에 정치적 중립성과 공정성 차원에서 많은 논란이 야기되고 있다. 감사 기능의 효율화를 위해서는 실질적인 감사권의 독립과 중립성이 확보되어야 한다. 근년 들어 감사원을 행정부가 아닌 국회에 위치시키자는 제안들이 자주 등장하고 있다.

행정통제와 관련된 감사원의 기본적 기능은 직무감찰과 회계검사로 구분되는데, 최근에는 성과 감사의 기능을 부가하기 위한 시도들이 이뤄지고 있다. 그러나 아직 성과 감사를 체계적으로 수행할 수 있는 충분한 정책 전문성을 확보하지 못하고 있다. 그러나 국무총리실, 행정안전부, 기획재정부 등 성과관리 기능을 수행하는 다른 부처들의 견제에도 불구하고, 감사원은 성과 중심의 감사 체계를 구축하기 위한 노력을 꾸준히 기울여 오고 있다.

3) 청와대와 국무총리실에 의한 통제

각급 행정기관에 대한 행정부 내부의 통제는 각종 감사 기구에 의해 일상적으로 이뤄진다. 그러나 청와대와 국무총리실 등에 의한 감사는 일상적으로 이뤄지기보다는 사정 활동을 통해 수시적·일시적으로 이뤄지고 있다. 이러한 사정 활동은 검찰, 경찰 등 사정기관의 활동과 함께 이뤄지는 경우가 대부분이다. 그래서 종종 정치적 중립성과 공정성의 문제가 제기되기도 한다.

국무총리실은 기획재정부에서 이관된 심사분석 제도와 기존의 정책 평가 제도를 통합한 심사 평가 제도를 통해 행정통제를 한다. 심사 평가는 정부 업무의 집행 성과를 점검·분석·평가하고 관계 행정기관의 의견을 조정해 그 결과를 정부 업무의 추진 과정에 반영하는 활동이다. 이러한 심사 평가는 모든 정부 활동을 대상으로 하는 것이 아니라, '주요 업무'만을 대상으로 하고 있다.

4) 중앙행정부처에 의한 통제

각급 중앙행정부처는 여러 가지 방법으로 행정부서에 대한 통제를 하고 있다. 행정안전부는 각 중앙행정기관에 대한 인사권, 조직권, 그리고 행정감사의 조정·통제를 통해 통제력을 행사한다. 그리고 각 중앙행정기관은 각기 지방자치단체에 대한 감독과 평가 기능을 수행한다. 그러나 총액인건비 제도의 도입 등 각급 행정기관의 자율성 확대에 따라 중앙행정부처에 의한 통제는 시간이 흐르면서 점차 줄어들고 있다.

4 비공식적 내부 통제

1) 동료집단의 평가와 비판, 그리고 비공식 조직에 의한 통제

상사의 조언이나 지시, 그리고 동료직원의 충고와, 조직 내에 널리 통용되고 있는 관행 등도 행정조직 구성원에 대해 일정한 통제력을 발휘한다. 그리고 어떤 조직이든 조직 내에 비공식 조직이 발생하기 마련인데, 이러한 비공식 조직도 행정 구성원의 사기와 의욕 등에 영향을 미칠 수 있다는 점에서 비공식적 내부 통제의 하나로 볼 수 있다.

2) 공무원의 직업 윤리에 의한 자율 통제

공무원의 직업 윤리에 의한 자율 통제(self control) 또한 비공식적 내부 통제의 범주에 넣을 수 있다. 공무원은 공공의 문제를 다루며 그 작위(作爲) 및 부작위(不作爲)에 의해 광범위한 국민들이 영향을 받는다. 따라서 공무원은 특정 분야의 전문가로서, 그리고 국민에 대한 선량한 봉사자로서 행동해야 할 직업 윤리의 구속을 받는다.

공무원의 직업 윤리에는 다음과 같은 내용이 포함된다(Stahl, 1983; 이종수 외, 2012: 202).

① **전체 국민에 대한 공평한 봉사**: 공무원의 직업 윤리에서 부정부패의 방지가 중요시되지만, 공무원의 제일의 덕목은 국민 다수의 이익 증진에 기여함에 있다.

② **국민 의사에 대한 존중**: 이는 국민을 대표하는 대의기관 및 대표자들을 존중하

는 것을 의미한다. 따라서 민주적으로 선출된 정치적 리더십에 대해 공무원은 그 지시를 따라야 할 책무를 진다.

③ **민주적 가치의 존중과 조직 내 민주주의의 확립:** 조직 내 구성원 간에도 인간적 가치와 존엄성을 존중해야 한다. 조직 내에 민주적 가치가 확립되지 못할 때 조직에 대한 일체감과 충성심이 배양되기 어렵기 때문이다.

제4절 관료제의 책임 구조

전통적 관료제 조직에서는 계서제 구조의 최상층부에 책임이 귀속된다. 따라서 중·하 계층의 관료들은 상급자의 정당한 명령과 조직에서 규정된 절차를 따르는 한, 그로 인해 비록 나쁜 결과가 도출되더라도 그 책임은 지지 않게 된다. 이렇게 될 경우 행정인은 책임의 형식적 기준에만 집중하게 되어 형식주의, 법규 만능주의, 선례답습, 무사안일 및 창의력 결여 등 바람직하지 않은 행정의 결과를 초래하게 된다. 이른바 관료제 조직에서 흔히 볼 수 있는 관료병리(bureaupathology) 현상이 나타나게 되는 것이다.

관료제 속의 구성원들은 그러나 모두가 직무를 수행하기 위한 적절한 권한을 부여받게 되며, 따라서 그에 따르는 책임을 지게 된다. 특히 현대 행정에서 재량의 영역이 커짐에 따라 행정기관의 장(長)뿐만 아니라 모든 행정인이, 정도의 차이는 있으나, 일정한 권한을 행사하게 된다. 행정인에게 권한만을 부여하고 그에 수반되는 책임을 묻지 않게 된다면 행정권의 오·남용이 우려된다. 따라서 조직 구조를 형성할 때는 항상 권한과 책임의 균형화를 꾀하게 된다.

관료제 조직 구조는 권한과 책임의 균형화를 위해 명시적으로 책임 상황을 규정하고 있다. 관료제 조직은 특히 계서제 구조를 통해 권한과 책임을 배분하는 특징을 갖는다. 그러나 관료제의 오랜 관행들(long-standing commitments)은 이러한 조직 논리에 따라 책임을 귀속시키는 방식을 무력화시킨다. 현실 속의 공직자들은 자신이 통제할 수 없는 정책실패에 대해 상관의 책임을 떠맡는 정치적 희생양이 되기도 하며, 관료제의 복잡한 구조 속으로 책임을 분산시키기도 한다.

또한 정부의 정책 과정에는 많은 공직자가 다양하게 관여하기에 정책의 결과에 대한 책임을 가려내는 것은 쉽지 않은 일이다. 이른바 '많은 손의 문제(the problem of many hands)'가 뒤따르는 것이다. 특히 여러 단계의 결제 과정을 거쳐 정책이 결정되는 품의제(稟議制) 구조에서는 책임이 분산되게 마련이다. 일부 학자들이 정책 책임을 분명하게 하기 위해 정책실명제의 도입을 주창하는 이유가 여기에 있다.

CHAPTER 08

부패

제1절 부패의 개념과 유형

1 부패의 개념

공무원 부패(bureaucratic corruption)는 공무원들이 그 직무와 관련해 부당한 이익을 취하기 위해 공식적 규범을 위반하는 행위를 말한다. 공무원들의 부패행위 속에는 횡령, 뇌물 수수와 같은 명백한 불법행위(illegality)는 물론, 비록 직접적인 물질적 혜택은 없다고 하더라도 민주적 절차를 벗어나거나 공정성을 잃은 행정처분 등 공식적 규범을 벗어난 일체의 행위가 포함된다.

공무원 부패는 특정한 사회의 정치사회적 제도와 규범 등을 반영해 규정되므로, 부패의 개념에 대한 연구자들의 정의는 다양하다. 하이덴하이머(Arnold J. Heidenheimer)는 부패를 정의하는 관점들을 세 종류로 범주화한다(Heidenheimer, 1970: ch.1; 이종수 외, 2011: 제15장).

첫째, 공직 중심 정의(public office-centered definition)로, 부패를 관료들이 사적 이익의 추구를 위해 공적 규범을 일탈하는 행위로 규정하는 경우가 이러한 범주에 속한다.

둘째, 시장 중심 정의(market-centered definition)로, 관료제를 집권화된 배분 장치(centralized allocation mechanism)로 보고, 부패를 관료들이 정부 업무의 수급 상황에 따라 사적인 금전적 이득을 극대화하는 특수한 형태의 장사 밑천(stock-in-trade)으로 규정하는 경우가 이 범주에 속한다.

셋째, 공익 중심 정의(public interest-centered definition)로, 부패를 공동체 이익에 반하는 특수 이익을 선호함으로써 공익을 해치는 행위로 규정한다.

여기서는 공직 중심의 정의 방식을 택해 관료 부패를, "공무원들이 그 직무와 관련해 부당한 이익을 취하기 위해 공식적 규범을 위반하는 행위"로 규정하고자 한다.

이러한 개념 정의 속에 들어 있는 속성 개념은 다음과 같다.

첫째, 부패행위는 공무원들의 부당한 직무 수행 및 권력 행사와 관련된다. 즉, 관료 부패는 직무와 관련된 "영향력의 불법적 형태(illicit form)의 하나"라고 할 수 있다.

둘째, 그러한 행위 속에는 공무원들이 부당한 사적 이익을 추구하고자 하는 의도가 들어 있다. 사익은 직접적 · 간접적으로 돌아올 수 있는 편익을 모두 포함하는 넓은 관념이다.

셋째, 관료 부패는 관료들에게 기대되는 공식적 규범을 위반하는 행위다.

2 부패의 영향

부패는 사회 전반에 걸쳐 부정적 영향을 미친다. 일반적으로 부패는 경제 성장에 해를 끼친다고 주장된다(Keefer & Knack, 1997; Rivera-Baitiz, 2000; Woo, 2004). 그러나 부패가 배분적 효율성을 증가시킴으로써 경제에 긍정적 효과를 초래할 수 있다는 주장을 펴는 학자도 있다(Nye, 1979: 411-433; Leff, 1964; Kaufmann, 1997). 차문중(차문중 편, 2005: 589-590)은 우리나라의 부패 수준과 경제 성장 간의 관계에 관한 실증분석을 통해 2000년 이후 부패로 인한 우리나라의 경제적 손실이 매년 평균 0.7~1.4%에 달한 것으로 추정했다(이종수, 2010: 1).

일반적으로 부패는 자본의 과잉과 투자 왜곡 등을 통해 자원을 낭비하고 정치 체제의 정통성을 파괴함으로써 장기적으로 볼 때 국가 사회의 발전을 심각하게 저해한다고 할 수 있다. 즉, 관료 부패는 행정 서비스 공급 체계를 왜곡시키고 행정 권력에 대한 불신과 도전을 유발함으로써 사회의 규범과 기강을 무너뜨리고 사회의 총체적 부패와 불신 풍조를 유도, 무규범(anomie) 현상을 확산시키는 심각한 역기능을 초래한다.

워너(Simcha B. Werner)는 부패가 확산 효과(spillover effect)를 통해 민주 체제의 기반 자체를 위협한다고 주장한다(Werner, 1983: 146-153). 즉, 그는 리더의 부패가 부하의 신뢰와 충성심, 그리고 인격에 영향을 미치는 '리더-추종자 확산(leader-follower spillover)'과, 특정 조직의 부패가 이웃 조직과 제도로 확산되고 부패한 정치인과 관료, 기업인, 그리고 노동조합 지도자들이 결탁하는 '제도적 확산(institutional spillover)' 메커니즘 등을 통해 민주 체제의 기반 자체가 위협받게 된다고 주장한다.

한편 굴드(David J. Gould)는 부패가 발전도상국에서 특히 행정의 생산성과 효과성 및 능률성을 떨어뜨리고 배분 및 규제 메커니즘을 파괴하게 된다고 지적한다. 그는 또한 부패가 분노와 좌절을 불러일으키고 행정에 대한 불신을 초래하며, 능력 있고 정직한 공무원들을 좌절시키는 악영향을 끼치게 된다고 지적한다(Gould, 1983: 33).

공무원이 직무와 관련된 영향력을 부당하게 행사해 사익을 추구하는 부패행위는 결과적으로 사회 전체의 이익, 즉 공익을 침해하게 된다.

3 부패의 유형

부패의 유형은 기준에 따라 다양하게 제시될 수 있다.

첫째, 부패의 유형은 크게 나눠 정치 권력이 부패의 주체가 되는 권력형 부패(power-related corruption)와 관료 부패로 나눠 볼 수 있다. 권력형 부패는 정치인이 주축이 된다는 의미에서 정치 부패(political corruption)라고도 불린다. 권력형 부패는 관료 부패보다 훨씬 더 암묵적이고 겉으로 드러나지 않으며, 주로 정책 결정 이전 단계에서 그 영향력을 발휘한다는 점에서 관료 부패와 그 성격이 다르다.

둘째, 부패가 얼마나 구조화되고 제도화되어 있느냐를 기준으로 삼아 우발적 부패(偶發的 腐敗, accidental corruption)와 제도적 부패(制度的 腐敗, systemic corruption)로 나눠 볼 수 있다. 우발적 부패는 사건 자체의 연속성이 없으며, 구조화되지 않은 부패를 말한다. 케이든(Gerald E. Caiden)이 말하는 이른바 제도적 부패는 행정 체제 내에서 부패가 실질적인 규범의 위치를 차지함으로써 조직의 본래적 임무 수행을 위한 공식적 행동 규범이 예외적인 것으로 전락한 상황을 가리킨다. 부패가 제도화되어 있는 이러한 상황에서는 부패한 구성원이 조직의 비호를 받는 반면에, 공식적 행동 규범을 고수하려는 구성원들은 공식적 혹은 비공식적으로 처벌받을 가능성이 있다(Caiden, 1977: 306-308).

제도적 부패의 상황적 조건은 다음과 같다. 즉, 조직은 내부에서 잘 지켜지지 않는 공식적 행동 규범을 대외적으로 내세우나, 이러한 공식적 행동 규범의 위반을 조장, 방조, 은폐하는 경향이 있다. 공식적 행동 규범을 고수하려는 조직 구성원이 제재를 받는 반면에, 공식적 행동 규범을 위반하는 사람들은 조직의 비호를 받고, 부패 사실이 외부에 노출되는 경우에도 관대한 처분을 받는다. 부패에 저항하거나 그것을 폭로하려는 사람은 여러 가지 보복을 당하며, 부패에 저항할 가능성이 있는 사람들에게는 갖가지 위협을 가해 침묵시킨다. 또한 부패에 가담하지 않는 사람들은 조직 내부에서 질시 받는 한편 외부로부터는 다른 사람들과 마찬가지로 불신을 받게 된다. 이러한 조직은 부패에 젖은 조직의 관행을 정당화함으로써 집단적인 죄책감을 해소시키며, 강력한 외적 압력이 없는 한 부패를 중단하려 하지 않는다. 그리고 부패 적발의 공식적 책임을 진 사람들은 직무 수행을 꺼려하며, 부패를 적발한 경우에는 그것이 고립적이며 드문 사건이라고 변명하는 데 급급하다.

이와 같은 제도적 부패는 정부에 대한 불신은 물론 사회 전반의 불신 풍조를 조장하고, 공공자원의 오용과 행정의 비능률을 초래함으로써 국가 사회의 생존과 발전을 심각하게 위협하게 된다.

부패의 유형은 또한 부패에 대한 사회 구성원의 관용도에 따라 백색부패(白色腐敗, white corruption)와 회색부패(灰色腐敗, gray corruption), 그리고 흑색부패(黑色腐敗, black corruption)로 나눠 볼 수 있다(Heidenheimer et al., 1990: 145).

백색부패는 이론상 일탈행위로 규정될 수 있으나 구성원의 다수가 어느 정도 용인하는 관례화된 부패를 말한다. 우리 사회에서 흔히 '떡값'이라는 명목으로 관용되는 적은 액수의 뇌물 수수 관행이 이러한 유형의 부패에 속한다. 이러한 백색부패는 사회 체제에 심각한 파괴적 영향을 미치지는 않는다. 회색부패는 사회 체제에 파괴적인 영향을 미칠 수 있는 잠재성을 지닌 부패로서, 사회 구성원 가운데 일부 집단은 처벌을 원하지만 다른 일부 집단은 처벌을 원하지 않는 경우의 부패를 말한다. 그리고 흑색부패는 사회 체제에 명백하고도 심각한 해를 끼치는 부패로, 구성원 모두가 처벌을 원하는 부패를 말한다(이종수 외, 2011: 제15장).

제2절 부패의 접근 방법

부패 현상을 연구하는 학자들은 분석 수준에 따라 다양한 접근 방식을 채택한다. 일부 행정학자는 부패의 원인을 개인의 비윤리성에서 찾는가 하면, 빈곤과 저임금에서 원인을 찾기도 한다. 조직 차원에서 접근하는 다른 학자들은 부패의 원인으로 번거로운 관청 절차(red tape)를 비롯한 행정 법규와 절차상의 미비, 독점적 의사 결정, 중앙집권 체제, 인사 행정상의 결함과 관료제의 형식주의 등을 지적한다. 한편 경제학자들은 비용편익분석에 기반해 부패 현상을 설명하려 한다(이종수 외, 2011: 제15장).

부패의 원인을 체계적으로 살펴보기 위해서는 부패에 관한 이론적 접근들을 고찰할 필요가 있다(이종수 외, 2008: 제15장). 부패에 관한 접근 방법으로는 부패 현상을 특정 사회의 경제 발전 단계와 결부시켜 설명하는 기능주의적 접근(functionalist approach)과 후기 기능주의적 접근(postfunctionalist approach), 그리고 도덕적 접근, 제도적 접근, 시장·교환 접근, 권력 관계 접근, 사회문화적 접근, 통합적 접근 등 여러 가지가 있다.

굴드는 발전도상국의 부패 현상을 분석하면서 그들의 특수한 환경, 즉 급속한 경제 발전과 사회 변화, 강한 혈연 관계, 새로운 제도, 적절한 공적 행위에 대한 관점의 갈등 등에 초점을 맞춘다(Gould, 1983: 1-41). 그는 또한 정부의 독점적 경제 활동과 정치적 관용(political softness), 광범한 빈곤과 사회경제적 불평등, 정부조직들의 정통성의 불균형, 행정 관리의 미흡 등이 부패의 주된 원인이 될 수 있다고 주장한다. 한편 헌팅턴(Samuel P. Huntington, 1927~2008)과 같은 정치학자는 급속한 근대화 과정에서 저급한 정치 제도화가 관료 부패를 촉진시킨다고 주장한다(Huntington, 1967: 226).

발전도상국의 부패 현상을 보는 관점은 기능주의적 접근(functionalist approach)과 후기 기능주의적 접근(post-functionalist approach)으로 나눠 볼 수 있다.

1960년대 이전의 주된 접근 방식이었던 기능주의적 관점은 관료 부패를 근대화 과정의 국가들이 보편적으로 직면하게 되는 어쩔 수 없는 병리 현상으로 보고, 일정한 발전 단계에 들어서면 자연적으로 감소 또는 소멸되는 자기 파괴적(self-destructive) 속성을 지니는 것으로 봤다. 관료 부패를 발전의 부산물로 보고 관료 부패가 경제 발전에 순기능적 영향을 미치기도 하는 것으로 인식하는 이 관점은 따라서 부패를 일시적으로 저질러지는 개인적 행동으로 보고 법률적·윤리적 차원의 처방을 제시한다. 기능주의적 접근을 주창하는 학자로는 레프(Leff, 1970)와 나이(Nye, 1970) 등을 들 수 있다.

한편 1970년대 이후 대두된 후기 기능주의적 접근 방법은 관료 부패를 자기 파괴적인 것이라기보다는 자기 영속적(self-perpetuating)인 것으로 보고 후진국이 발전해 어느 정도 안정성을 유지한다고 해서 자연적으로 파괴·소멸되는 것이 아니라, 시대의 변화와 상관없이 다양한 먹이를 먹고 사는 하나의 거대한 괴물로 파악한다. 즉, 후기 기능주의는 부패를 발전 과정상의 부산물이 아니라 어느 국가에도 존재하는 보편적인 현상(universal phenomena)으로 본다. 대표적 학자로는 워너(Werner, 1983)를 들 수 있다.

관료 부패에 대한 이론적 접근 방법들은 다양하다. 앞서 살펴본 기능주의적 접근 방법과 후기 기능주의적 접근 방법 이외에 학자들은 도덕적 접근 방법, 제도적 접근 방법, 시장·교환 접근 방법, 권력 관계 접근 방법, 사회문화적 접근 방법, 통합적 접근 방법, 거버넌스적 접근 방법 등을 제시하고 있다.

첫째, 도덕적 접근(moral approach)은 부패의 원인을, 부패를 저지르는 관료 개인의 윤리 의식과 자질의 탓으로 돌린다. 그러나 이와 같은 개인적 수준에서의 도덕적 접근에 대해서는, 부패행위가 특정한 유형의 인간에게 고유한 현상인가 하는 의문이 제기될 수 있다. 법률 및 제도의 완전성을 전제로 한 이 가설은 부패의 사회적 맥락을 설명하지 못하고 규범과 실제 간의 간극을 설명하지 못한다는 한계를 지닌다. 대표적 학자로는 리우(Liu, 1959), 밴필드(Banfield, 1975), 레이스와 심프킨스(Wraith & Simpkins, 1963) 등이 있다.

둘째, 제도적 접근(institutional approach)은 법과 제도상의 결함이나 운영의 미숙 등이 부정부패의 원인으로 작용한다고 본다. 헌팅턴(Huntington, 1968: 226)과 같은 정치학자는 특히 급속한 근대화 과정에서 저급한 정치 제도화가 관료 부패를 촉진시킨다고 주장한다. 제도적 접근은 현실과 괴리된 법령의 이중적인 규제 기준과 공무원의

자의적 해석을 허용하는 모호한 법규정, 행정통제 장치의 미비 등이 부패의 원인이 된다고 본다. 이러한 제도적 관점은 부패 현상에 대한 넓은 사회적 시각을 제시해 주고, 부패 통제를 위한 제도적 처방을 제시해 준다는 장점을 지닌다. 그러나 이 접근법도 법규나 제도의 운영에 실제적으로 큰 영향을 미치는 좀 더 폭넓은 사회문화적 환경을 도외시한 채, 제도와 법규에만 의존해 부패 현상을 설명하고자 한다는 비판을 받고 있다. 대표적 학자로는 헌팅턴(Huntington, 1976), 미르달(Myrdal, 1968), 로이(Roy, 1970) 등이 있다.

셋째, 시장 · 교환 접근(market/exchange approach)은 부패란, 공직을 이용해 특수한 이득을 추구하는 시장 교환 관계적인 행위라고 주장한다. 클라베렌(Jacob Van Klaveren)에 의하면, "부패한 관료는 자신의 공직을 사적 이익을 극대화하는 수단으로 간주하며, 부패를 통해 얻게 되는 소득의 크기는 시장 상황과 수요-공급 곡선상에서 최대의 이익을 가져다주는 점을 찾는 그의 능력에 달려 있다"고 한다. 경제학자들은 정부 규제가 구성원의 기본권과 재산권을 재배분함으로써 경제적 지대(economic rent)를 창출, 부정부패의 원인을 제공한다고 분석한다. 대표적인 학자로는 틸먼(Tilman, 1968), 하이덴하이머(Heidenheimer, 1970), 클라베렌(Klaveren, 1989) 등이 있다.

넷째, 권력 관계 접근(power-relations approach)은 부패란 권력의 남용이나 오용에서 유발된다고 본다. 즉, 사회 내의 권력 관계가 부패의 원인이라고 분석한다. 정치인이나 관료가 주어진 권력을 이용해 사익을 추구하는 경우가 그 대표적인 경우다. 대표적 학자로는 리그스(Riggs, 1963), 스콧(Scott, 1972), 베를린(Werlin, 1973) 등이 있다. 특히 법규정이 엄정하게 집행되지 않는 후진국 사회에서는 법의 제정 및 집행 단계에서 사익 추구를 위해 부당한 영향력이 행사되는 경우가 많으며, 이것이 부패행위로 나타나게 된다.

다섯째, 사회문화적 접근(socio-cultural approach)은 관료 부패를 사회문화적 환경의 종속 변수로 본다. 이 관점은 특히 공식적인 법규나 규범보다는 사회문화적인 관습을 우선시하는 발전도상국 등의 부패 현상을 설명하는 데 유용하다. 그러나 이러한 접근은 대개 서구적 가치 기준이나 관점에 입각해 관료 부패를 판단한다는 한계를 지니고 있다. 대표적 학자로는 레이스와 심프킨스(Wraith & Simpkins, 1963)가 있다.

여섯째, 통합적 접근(holistic approach)은 부패를 환경과 제도, 그리고 행태 등 복합적 변수의 산물로 본다. 즉, 통합적 접근은 관료 부패 현상을 단일 변수에 의해 설명하기보다는 여러 관련 변수들 간의 구조적 메커니즘에 의해 설명하는 관점이다. 이러한 통합적 접근은 부패 현상에 대한 전체적인 설명은 용이하게 하나, 적실성 있는 구체적 부패 통제 수단을 처방해 주지 못한다는 한계를 지닌다.

일곱째, 거버넌스적 접근(governance approach)은 한 국가 사회의 부패는 국가-기업-시민사회 등 사회 각 부문이 불가분의 밀접한 관계를 맺고 있기 때문에, 부패 문제의 해결을 위해서는 사회 각 부문의 공동 협력이 중요하다는 관점을 말한다. 부패를 다양한 사회적 맥락(societal context) 속에서 발생하는 것으로 보는 거버넌스적 접근은 따라서 부패 문제는 전통적 접근에서 시도하듯이 사정기관의 적발과 처벌의 강화만으로 해결하기는 어렵다고 본다. 부패 문제는 결국 공공 영역과 사적 영역이 공동으로 노력할 때에만 실효성을 거둘 수 있다는 것이다.

케이든(Caiden, 2007: 78-79)은 특히 부패의 일반적 속성을 다음과 같이 제시하면서, 부패 문제에 대해 거버넌스적 관점에서 접근할 것을 제안한다.

첫째, 부패는 모든 정치 체제와 모든 정부 수준, 그리고 희소 공공재의 모든 전달 과정에서 찾아볼 수 있다(Corruption has been found in all political systems, at every level of government, and in the delivery of all scarce public goods and services).

둘째, 부패는 지리적 영역, 국가, 정치 문화, 경제, 그리고 행정 제도에 따라 그 기원, 발생 빈도, 그리고 중요성이 다르게 나타난다(Corruption varies in origin, incidence, and importance among different geographic regions, sovereign states, political cultures, economies, and administrative arrangements).

셋째, 부패는 공권력이 행사되는 사회적 맥락(국제적 · 초국적 영향력을 포함)에 의해 조장되거나 억제된다(Corruption is facilitated or impeded by the social context[including international and transnational influences] in which public power is exercised).

넷째, 부패는 다양한 요인에 의해 유발되고 상이한 유형과 모습을 지니며, 불확실하고 공모적(共謀的)인 속성으로 인해 정확하게 측정될 수 없는 특성을 띤다(Corruption has multitudinous causes, assumes many different patterns and guises and cannot be accurately measured because of its often indeterminate and conspiratorial nature).

다섯째, 부패는 뿌리가 깊고 암성(癌性)과 전염성을 지닐 뿐 아니라, 부패에 대한 통제가 형식적 · 피상적 · 임시적으로 이뤄지며 심지어 역효과를 초래하기도 하기에 근절하기가 불가능하다(Corruption is deeply rooted, cancerous, contaminating, and impossible to eradicate because controls tend to be formalistic, superficial, temporary, and even counterproductive).

여섯째, 부패는 실제적 권력, 주요 의사결정점, 재량권을 행사하는 당국자를 직접적으로 겨냥한다. 부패는 의사결정자와 의사 결정에 영향을 미치는 유력자에 접근하기 위해 대가를 치른다(Corruption is directed at real power, key decision points, and discretionary authority. It commands a price for both access to decision makers and influence in decision making).

일곱째, 부패는 정치 체제의 불안정성, 경제의 불확실성, 잘못된 부(富)의 분배, 대표성 낮은 정부, 기업적 야망, 공공자원의 민간화, 당파주의, 개인주의, 그리고 종속성에 의해 조장된다(Corruption is facilitated by unstable polities, uncertain economies, maldistributed wealth, unrepresentative government, entrepreneurial ambitions, privatization of public resources, factionalism, personalism, and dependency).

여덟째, 부패는 불법 기업, 지하경제, 조직화된 범죄와 관련된 사람들에게 유리하다(Corruption favors those who have[over those who have not], illegal enterprises, underground economies, and organized crime).

아홉째, 부패는 범죄자들이 참여를 강제할 수 있고, 부패에 대한 국민들의 태도가 큰 폭으로 변화하며, 다중의 희생 위에 소수의 특혜자에게 큰 편익을 주고 비참여자의 희생 위에 모든 참여자에게 편익을 주는 한 굳건하게 지속된다(Corruption persists substantially as long as its perpetrators can coerce participation, public attitudes towards it vary widely, and it greatly benefits a privileged few at the expense of the disadvantaged mass or benefits all participants at the cost of nonparticipants).

열째, 부패의 완벽한 제거는 비록 인간의 역량 범위를 벗어나지만, 부패는 정치적 의지, 민주적 기풍, 대항 세력의 다양화, 법적·합리적 행정 규범, 정직성과 청렴성의 고취, 공공 윤리의 효과적 강제를 통해 수용 가능한 범위 내로 억제될 수 있다(Corruption can be contained within acceptable limits through political will, democratic ethos, fragmented countervailing power, legal-rational administrative norms, inculcation of personal honesty and integrity, and effective enforcement of public ethics-although its complete elimination is still beyond human capability).

이러한 여러 접근법에서 제시하는 부패의 원인들을 우리 사회의 실정에 맞춰 망라적으로 열거해 보면 다음과 같다. ① 관직 사유관과 같은 공무원의 전근대적 가치관과 직업 윤리의 타락, ② 내부 통제장치의 미흡, ③ 행정 처리 절차의 저급한 제도화, ④ 현실과 괴리된 이중적인 규제 기준, ⑤ 정부 주도 경제 개발의 경험과 규제 중심의 행정, ⑥ 부적절한 보수와 불합리한 인사 제도, ⑦ 시민의 낮은 정치 의식 수준과 외부 통제의 미흡 등이다.

제3절 부패 방지 전략

부패는 관료사회는 물론 정치권과 기업, 교육계 등 공사 부문을 불문하고 사회 각 부문에서 발생한다는 측면에서 부패 문제 해결을 위해서는 부패의 수요 측면(demand-side of corruption)과 공급 측면(supply-side)을 동시에 고려하는 총체적 접근이 필요하다.

공무원의 부정부패를 방지하기 위해서는 앞서 살펴본 다양한 부패의 원인을 제거해야 할 것이다. 부패를 근본적으로 억제하기 위해서는 처벌 위주의 사후적 조치보다는 원인 제거를 위한 사전적 예방 노력이 더 중요하다. 그리고 특정 분야만의 개혁 조치보다는 관련되는 여러 요인을 다 함께 제거하기 위한 종합적인 대책의 수립이 필요할 것이다(이종수 외, 2011: 제15장).

부패의 구체적 방지 대책으로는 우선 공무원 개인의 윤리 의식을 제고하기 위한 노력이 경주되어야 한다. 관존민비, 관직 사유관과 같은 공무원들의 전근대적 가치관을, 국민에 대한 봉사를 강조하는 근대적인 가치관으로 바꾸고, 건전한 직업 윤리를 확립할 수 있도록 각종 윤리교육을 통해 적극적으로 교화해야 할 것이다.

그리고 공무원 부패를 억제하기 위해서는 여러 제도적 장치를 개선해야 한다. 무엇보다도 먼저 부정부패 방지를 위한 엄격한 규제 장치를 마련하고 내부 통제를 강화해야 할 것이다. 사소한 부패라도 부패의 대가로 치르게 되는 비용이 편익을 초과하는 강력한 처벌 수단이 마련되어야, 특히 경제적 이득을 노리고 행해지는 부패가 근절될 수 있다. 또한 행정 처리 절차의 제도화 수준을 제고함으로써 재량권의 여지를 축소하고 행정정보 공개 제도를 도입해 행정 과정의 투명성을 확보해야 한다. 그리고 현실과 괴리된 법령의 이중적인 규제 기준을 현실에 맞게 재조정해야 하며, 정부 주도 하의 경제 발전을 추구하면서 강화된 각종 행정 규제를 과감하게 완화해야 할 것이다. 또한 공직자가 경제적 유혹에 갈등을 느끼지 않도록 근무 여건을 개선하고 인사행정을 합리화해야 할 것이다.

마지막으로 행정의 환경을 이루는 일반 시민의 가치관이 변화되고 의식 수준이 제고되어 행정에 대한 외적 통제가 강화되어야 할 것이다.

다음에서는 거버넌스적 접근에서 처방하는 여러 부패 방지 전략을 살펴보고자 한다.

바르가바와 볼롱가이타(Bhargava & Bolongaita, Jr., 2004)는 부패 방지는 정부만의 노력으로 이뤄지는 것이 아닌 바, 부패 문제 해결을 위해서는 기업과 시민사회의 참여 확대를 포함한 다각적 접근(multi-pronged approach)이 효과적이라고 주장하면서 부패에 대한 거버넌스적 접근을 제시한다. 이들은 각 국가의 부패 문제를 해결하기 위한 전략 틀의 여섯 가지 구성 요소를 다음과 같이 제시한다(Bhargava & Bolongaita, Jr., 2004: 18-21). ① 거버넌스 및 작동 환경의 분석, ② 반부패 수단의 세계적 메뉴의 점검, ③ 각국의 거버넌스 환경에 적합한 반부패 수단의 선정, ④ 반부패 정책의 개발 및 집행을 위한 광범한 연합의 형성, ⑤ 반부패 정책의 수행을 위한 책임 있는 리더십과 관리의 구축, ⑥ 반부패 정책의 환류 점검 및 평가 등이다.

그리고 경제협력개발기구(OECD 2009 및 2004), 국제연합(UN 2008 및 2000), 세계은행(World Bank, 1999a 및 1999b), 국제통화기금(International Monetaey Fund: IMF)(Schiller, 2000), 영연방 사무국(Commonwealth Secretariat, 2000) 등 여러 국제기구도 정부기관만이 반부패 정책을 펴는 것은 실효성이 적다는 관점에서 좋은 거버넌스(Good Governance)[1]를 통한 부패 문제 해결을 제안하고 있다. 특히 세계은행(World Bank, 2000: xxi-xxiv)은 부패 방지를 위한 전통적 접근은 행정 및 공공재정 관리의 개혁을 통해 행정부패를 개선하는 데 초점을 둬왔으나, 오늘날 부패의 뿌리가 정부 역량의 취약점을 훨씬 넘어서까지 뻗어 있다는 인식이 확대됨에 따라 반부패 정책은 정치 체제의 내부 조직을 포함해, 핵심적 국가 기관 간의 관계, 정부와 기업의 상호 작용, 그리고

---

1) 좋은 거버넌스란 능률적인 공공 서비스, 독립적인 사법 체계와 법제도, 정부 예산에 대한 독립적 감사기구의 감시, 의회의 책임성, 전정부 차원에서의 법과 인권에 대한 존중, 다원주의적 제도 구조, 그리고 언론의 자유 등이 보장된 상태 등을 지칭하는 개념이다(Leftwich, 1993: 610; Rhodes, 1996: 656).

국가와 시민사회의 관계 등 좀 더 광범한 구조적 관계에까지 확대되었다고 주장한다.

세계은행(World Bank)은 이러한 관점에 입각해 다음의 반부패 전략을 제시한다. 즉, ① 정치적 책임성의 제고(increasing political accountability), ② 제도적 제약의 강화(strengthening institutional restraints), ③ 시민사회 참여의 강화(strengthening civil society participation), ④ 민간 부문의 경쟁력 강화(creating a competitive private sector), ⑤ 공공 부문 관리의 개선(improving public sector management) 등이다.

세계은행은 정치적 책임성의 제고 영역에서는 공무원들이 작성하는 결정의 투명성 제고와 정당 간, 조직 간 경쟁의 증대를 처방한다. 그리고 제도적 제약의 강화 영역에서는 사법부의 독립성과 책임성의 제고를 통한 사법 체제에 대한 신뢰성의 제고와 강화, 입법통제의 강화, 검찰의 독립성 강화 등을 제시한다. 또한 시민사회 참여 부문에서는 부패 억제를 위해서는 시민사회의 역할이 중요하다는 측면에서 공공정보에의 접근성을 제고하고 법률안에 대한 공공청문회를 개최하며 언론과 NGO의 역할을 강화할 것을 처방한다. 그리고 사부문의 경쟁성 제고를 위해서는 경제정책을 혁신하고, 독점 구조를 경쟁 구조로 바꾸며, 기업 지배 구조의 투명성을 제고하고 신규 시장 진입에 대한 규제를 단순화할 것을 처방한다. 공공 부문 관리의 개선 부문에서는 인사행정에서의 실적주의 강화, 예산관리의 개선, 건강・교육・에너지 부문의 부문별 서비스 전달의 개선, 책임성 있는 분권화 등을 처방한다(이종수, 2010b).

우리나라에서는 지난 2002년 시민사회의 주도적 노력에 힘입어 부패방지위원회가 창설된 이래 공공 부문의 부패를 근절하고 반부패 청렴문화를 조성하기 위한 정책이 체계적으로 추진되어 왔다. 정부 차원의 이러한 노력은 그동안 부패 문제에 대한 사회 구성원의 경각심을 불러일으키고, 부패 방지를 위한 다양한 제도적 인프라를 구축하는 데 상당한 기여를 했다.

그러나 부패 근절을 위한 이와 같은 국가적 노력에도 불구하고 우리나라의 부패 문제는 국민의 기대를 충족시킬 만큼 크게 개선되지 못하고 있으며, 국제 사회의 평가 또한 낮은 수준에 머물고 있다.[2] 근년에는 검사 스폰서 사건, 유흥업소와 단속 경관의 유착 관계, 지방자치단체장들의 구조적인 비리 등 고착화되고 관행화된 부패사건이 드러남으로써 국민들은 공직 전체에 부패가 만연한 것으로 인식하고 있는 것이

2) 국제투명성기구(Transparency International)에서 측정한 한국의 2016년 국가청렴도(CPI)는 조사대상국 176개국 중 52위를 차지하는 것으로 나타나고 있다.

사실이다.

그리고 부패 방지를 위한 제도적 장치 또한 큰 실효성을 거두지 못하고 있다. 2002년 새로운 '국가청렴시스템(national integrity system)'으로 국민의 기대 속에 출범한 부패방지위원회는 검찰 · 경찰 · 감사원 등 다른 사정기관의 견제로 조사권조차 부여받지 못한 절름발이 기구로 출범한 바, 오늘날까지도 특검의 상설화, 고위공직자비리수사처 신설과 같은 새로운 사정기관 설치 문제가 정치 · 사회적 이슈로 제기되고 있다. 또한 '공직자윤리법'의 공직자 재산 등록 및 공개 제도와 퇴직 공직자의 관련 사기업체 취업 제한 규정, 그리고 '공공기관 정보 공개에 관한 법률' 등 부패 방지를 위해 도입된 여러 제도적 장치가 다양한 예외 규정과 느슨한 운용으로 실효성이 떨어진 종이 제도(paper institution)로 전락하고 있다. 그리고 시민사회단체의 전반적인 역동성이 떨어지고 부패 방지에 관한 시민사회와 시민사회단체의 관심이 상대적으로 잦아들게 되면서 반부패 청렴 문화의 구축을 위한 사회 전체의 에너지가 잦아들고 있는 것이 현실이다.

반부패 개혁을 성공적으로 추진하기 위해서는 시민단체와 언론, 그리고 정부와의 관계가 상호 협력 · 보완적으로 개선되어 반부패 연대가 공고화될 수 있는 사회적 여건이 마련되어야 한다. 반부패 정책의 실효성 제고를 위해서는 먼저 국가적 반부패 시스템을 효과적으로 재구축하고, 기존에 확립된 반부패 제도들이 당초의 설계대로 작동되도록 해야 한다. 반부패 정책의 재활성화를 위해서는 우선 반부패 전문기관으로서의 국민권익위원회의 권한과 기능을 강화하고, 사정기관 간의 '견제와 균형'을 재구조화해야 할 것이다. 반부패 연대의 공고화를 위해서는 또한 언론과 시민단체의 관계를 협력적 · 보완적 관계로 되돌릴 필요가 있으며, 기업계 내의 개혁 지향 세력 및 교육 영역의 전문 집단과 공동 보조를 취할 필요가 있다. 그리고 반부패 개혁에 대한 기득권층의 조직적인 저항을 극복하기 위해서는 국제적 협력 체제를 유지 · 활용하는 것도 중요한 전략적 선택이 될 수 있다.

여느 공공 부문의 개혁에서도 그러하듯이 반부패 개혁의 성공을 위해서는, 특히 정치적 리더십과 행정 부문의 뒷받침이 긴요하다. 그러나 부패의 잠재적 수혜 영역으로 볼 수 있는 정치 · 행정 부문에서 반부패 에너지가 자발적 · 주도적으로 동원되기를 기대할 수는 없다. 결국 반부패 정책의 추가적 추진 에너지는 시민사회의 뒷받침에 의한 새로운 정치 · 행정적 리더십의 확립에서 찾아야 할 것이다(이종수, 2010b).

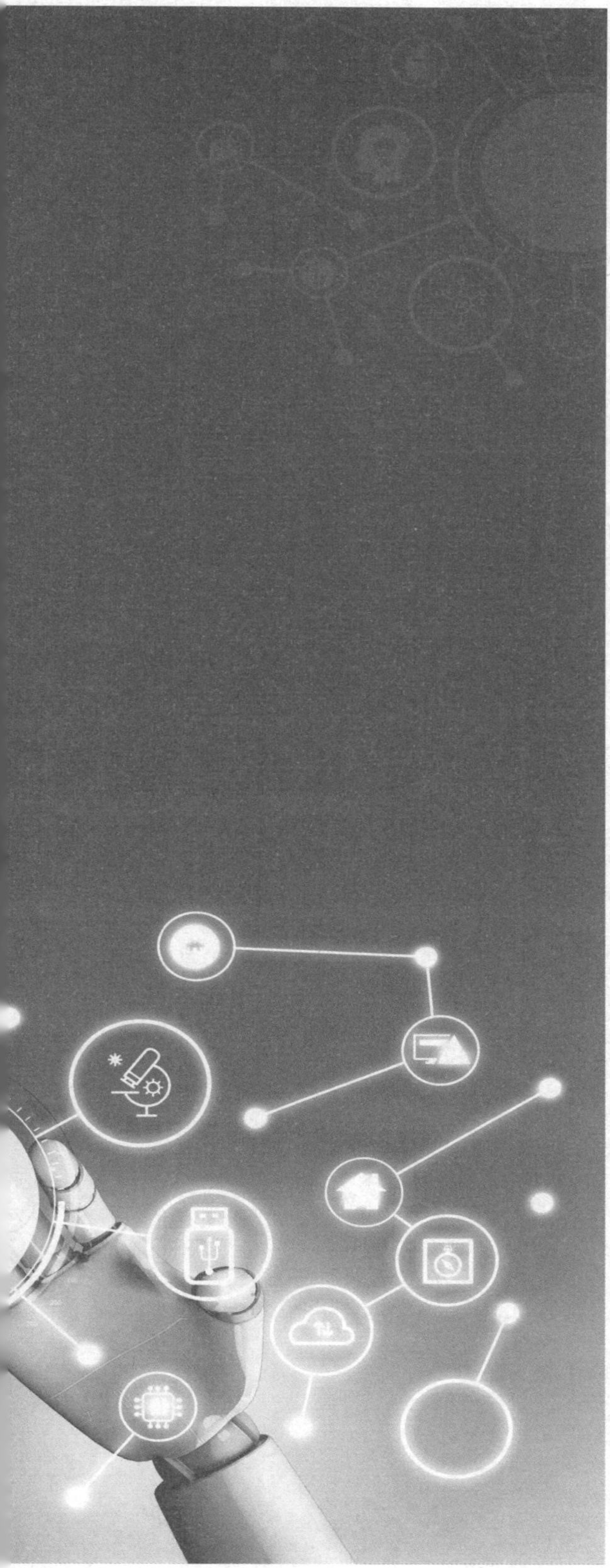

PART 4

행정윤리론

행정 윤리의 기타 쟁점

CHAPTER 09

이해 충돌과 행정 윤리

'이해 충돌(利害衝突, conflict of interest)'은 공직자의 사적 이익(individual's private interests)과 공직자가 수호해야 할 공적 이익(public interests)이 서로 부딪치는 상황을 말한다. 공직자는 공익과 공직자 개인의 사적 이익이 부딪칠 경우 공익을 우선시해야 할 책무를 지고 있다. 로마의 법언(法諺) 가운데 하나는 "어느 누구도 그 자신이 연루된 사건의 재판관이 되어서는 아니 된다(nemo judex in causa sua; No one can be judge in his own case)"는 것이다. 로마의 이러한 법원칙이 오늘날 각국에서 '이해 충돌 회피의 원칙'[1]으로 제도화되었다. 그 가운데 하나가 사법부의 '재판부 기피(recusal)' 제도다. 사법 절차에서 재판부의 공정성이 의심될 경우 '재판부 기피' 신청을 할 수 있도록 제도화되고 있다.

이해 충돌은 특성에 따라 실제적(actual), 외견적(apparent), 잠재적(potential) 이해 충돌의 세 형태로 분류될 수 있다(OECD, 2003: 24-25). 실제적 이해 충돌은 현재 혹은 과거부터 이해 충돌이 존재하고 있는 상황을 나타내는 반면, 외견적 이해 충돌은 공직자의 사익이 부당하게 업무에 영향을 미치는 것처럼 보이지만 사실은 그렇지 않은

1) '이해 충돌' 사례 등에 대해서는 다음의 문헌을 참조할 것(이종수, 2012).

경우다. 잠재적 이해 충돌은 아직 발생하지는 않았지만 공직자가 사익을 추구하는 경우 향후 발생할 가능성이 있는 이해 충돌이다. 첫 번째, 실제적 이해 충돌은 우리의 공직자윤리법이나 미국 연방법(U.S. Code) 제18편 제203절부터 제209절에 걸친 규정에서 찾아볼 수 있다. 이들 법규정은 다양한 이해 충돌 행위의 종류 및 범위를 명시한 다음 이를 위반하면 처벌받는다는 사실을 실정법으로 규정해 공직자들에게 공지하는 것을 목적으로 하고 있다. 두 번째, 외견적 이해 충돌은 규범적 성격이 제일 강한 것으로, 정부의 신뢰와 공직자의 청렴성을 더욱 강조하고 요구하기 위한 데 목적을 두고 있다. 세 번째, 잠재적 이해 충돌은 이해 충돌 행위의 예방에 초점을 두고 정부가 정책적으로 윤리 교육이나 훈련을 목적으로 실제적 이해 충돌과 구분하기 위한 것이다(박흥식, 2008: 241).

생각해 보기

'이해 충돌과 행정 윤리' 관련 '생각해 보기' 과제: 정직한 부패

오늘날 많은 사람은 정직한 부패(honest graft)와 부정직한 부패(dishonest graft)에 대해 얘기한다. 정직한 부패는 다음과 같은 예로써 설명할 수 있다. 많은 공공 도시 개선 사업이 예정된 특정한 한 도시에서 한 정파가 권력을 장악했다고 가정하자. 많은 도시 개선 사업 가운데 그들은 우선적으로 특정한 지역에 새로운 공원을 건설할 계획을 추진했다.

도시 정부의 한 유력인사가 그 기회를 활용, 공원 건설 예정 지구 인근의 토지를 대량으로 사들였다. 때를 맞춰 이런 저런 도시 건설위원회에서 공원 건설 계획을 발표했다. 그러자 이전에 그 토지에 대해 아무런 신경도 쓰지 않았던 많은 사람이 그 땅을 사기 위해 몰려들었다. 이러한 경우를 우리는 '정직한 부패'라 부를 수 있다.

⇒ 사례에 나타난 '정직한 부패'를 방지할 수 있는 제도적 장치에 대해 생각해 봅시다.

다음은 우리 사회의 실제적 이해 충돌 사례를 예시한 것이다. 국토교통부 소속 공무원이 개발 정보를 이용해 땅 투기를 하거나, 수산업체를 소유한 국회의원이 국회 농림수산식품위원회에 소속되어 자신의 업체에 유리하도록 수산 정책에 영향을 미치는 행위, 그리고 판사가 자신의 가족이나 친지가 연루된 사건의 재판을 담당하는 행위는 모두 이해 충돌 사례에 해당된다. 경제부처 관료가 특정 지역에 대량의 농지를 사들인 뒤 그 지역을 개발특구로 지정하는 행위도 이해 충돌 사례에 해당되며, 특정 주식의 가치에 영향을 끼칠 수 있는 위치의 공무원이 해당 주식을 대량으로 사들이는 행위도 이해 충돌의 전형적 사례라 할 것이다. 공공 사무를 공정하게 처리해야 할 공적 책무(public obligation)를 지고 있는 공직자들이 자신의 지위를 이용해 사적 이익을 추구한다는 것은 국민의 신탁을 저버리는 것이 된다.

공직자들이 맞닥뜨리는 이해 충돌 상황에서는 그러한 상황이 발생하기 이전에 제도적으로 회피시켜 줘야 한다. 우리나라의 공직자윤리법은 "국가 또는 지방자치단체는 공직자가 수행하는 직무가 공직자의 재산상 이해와 관련되어 공정한 직무 수행이 어려운 상황이 야기되지 아니하도록 이해 충돌의 방지에 노력하여야 한다"는 원칙(법 제2조의2)을 규정하고 있다. 공직자들의 이해 충돌을 방지하기 위해 우리나라의 공직자윤리법은 '주식백지신탁(blind trust)' 제도(법 제14조의4)를 도입하고 있다. 주식백지신탁 제도란 고위공직자들이 직무와 관련된 주식을 보유하고 있을 때 해당 주식을 매각하거나 수탁기관에 위탁해 관리하는 제도를 말한다. 그러나 우리 사회의 '이해 충돌 방지' 원칙의 제도화 수준은 아직 크게 미흡하다. 공직자윤리법에서 기본 원칙은 천명하고 있으나, 각종 업무 처리 규정에 그 기준이 구체적으로 명시되어 있지 않다.

우리나라 공직자들의 부적절한 행태가 공개적으로 드러나기 시작한 것은 고위공직자에 대한 국회 인사청문회가 국무위원에까지 확대된 2005년 이후의 일이다.[2] 물론 그 이전에도 대법원장 · 헌법재판소장 · 국무총리 · 감사원장 · 대법관 등 국회의 '동의'를 요하는 공직 후보자에 대한 인사청문특별위원회를 통해 공직자들의 부적절한 행태가 부분적으로 드러나긴 했다.

공직자의 사적 이익과 공적 책무가 충돌하는 상황을 우리 사회는 아직 노골적 부패로 보지 않는다. 이해 충돌 상황은 인과관계 증명이 어렵다는 차원에서 대부분 의혹으로 끝나거나 공직 후보를 사퇴하는 선에서 마무리되는 경우가 많다. 상황에 따라

---

2) 국회법은 2003년 2월의 개정을 통해, 제65조의2 제2항을 신설, 대통령이 다른 법률에 의하여 국가정보원장 · 국세청장 · 검찰총장 또는 경찰청장의 후보자에 대한 인사 청문을 요청한 경우에는 그 인사 청문을 실시하기 위해 소관 상임위원회별로 인사청문회를 열 수 있도록 했으며, 2005년의 개정에서는 제2항의 적용 범위를 헌법재판소 재판관 · 중앙선거관리위원회 위원 · 국무위원 등으로까지 확대했다.

서는 심각한 이해 충돌 문제가 제기되었음에도 불구하고 고위공직 임명이 강행되는 경우도 적지 않다. 그러나 이해 충돌 상황의 방치는 사회적 게임의 공정성을 해치고 공무원의 부패를 조장하는 토양이 된다는 점에서 제도적으로 엄격하게 규제되어야 한다. 이해 충돌 하에서의 직무 수행은 소위 말하는 '정직한 부패(honest graft)'를 야기할 수 있기 때문이다.

공직 부패와 이해 충돌의 공통점은 공직자가 자신의 직무와 관련된 업무에서 사적 이익을 공익보다 중시할 때 발생한다는 점에 있다. 이 같은 이유로 부패와 이해 충돌의 개념을 구별하는 것은 쉽지 않다. 예를 들어, 국제투명성기구(Transparency International)가 정의하고 있는 부패는 "사적 이익을 위해 위임된 권력을 남용하는 것"이며, OECD(2003: 15)가 제시하고 있는 이해 충돌 개념은 "공직자의 공적 의무와 사익 간의 갈등"으로 정의하고 있다. 또한 일부 학자는 이해 충돌 행위를 부패로 보는 시각도 있으나(Jejka-Ekins, 1998: 482), 양자를 별도로 구분하기도 한다.

공직자의 이해 충돌과 부패의 차이점을 다음과 같이 구별할 수는 있다(박흥식, 2008: 242). 부패는 공직자의 사익 추구 행위로 공익이 이미 사실적으로 손상된 상황이지만, 이해 충돌은 공직자가 자신의 사적 이익을 위해 공직을 이용할 기회를 가지게 되는 잠재적 갈등 상황을 나타낸다. 따라서 OECD(2003: 22)에서는 이해 충돌을 부패와 구분한다. 즉, 이해 충돌은 과정상 부패로 전환되기 전 단계로 이해할 수 있다. 또한 부패와 이해 충돌은 행위자의 의도(Pinnell & Shahani, 2004: 567) 혹은 자각(Richter & Burke, 2007: 70)의 존재 여부에 따라 구별된다.

부패는 의도적 행위에 의한 결과로 드물게 나타나는 현상인 반면, 이해 충돌은 의도하지 않은 무의식적 상태에서 일상적으로 발생하는 현상이다. 따라서 이해 충돌 상황은 근무 중 피할 수 없는 문제이며(Coleman, 2005: 3), 무의식적이면서 의도하지 않은 행동이 공직자의 판단을 왜곡시키는 것이다(Chugh, Bazeman, & Banaji, 2005: 3). 그리고 부패는 기능적인 면에서 사후 처벌적 특성이 강한 반면, 이해 충돌은 사전 예방적 측면에 초점을 두고 있다는 점에서 서로 다르다. 또한 방법론적 측면에서 부패는 처벌을 위해 범죄 사실과 실정법의 관계를 중시하는 법실증주의에 의한 접근을 하고 있는데 반해, 이해 충돌은 이해 충돌 행위를 법규로 규정해 객관적 책임을 묻는 '법적 접근'과 함께 외견적 기준(appearance standard) 등 행위의 적절성 여부를 규범적으로 판단하는 '윤리적 접근'을 하고 있어 양자의 경계가 모호하고 복잡한 특성을 가지고 있다.

이해 충돌을 방지하는 수단 가운데 하나가 이해 충돌 회피(avoiding conflict of interest)의 제도화다. 판사는 자신이 연루된 사건의 재판을 담당하지 못하도록 하고, 교수는 자신이 근무하는 대학에 자녀나 조카들이 지원할 경우 입시 업무에 관여하지 못하도록 하듯이, 공무원과 의원도 자신들의 이해관계가 걸린 정책 사안에서 손을 떼게 하는 것이 정의의 원칙이다. 2011년 7월의 보도에 따르면 대입수능고사의 출제·관리를 담당하는 정부기관에서 과거 4년 간 대입 수험생 자녀를 둔 학부모 11명을 대학수학능력시험 출제위원과 검토위원으로 참여시킨 사실이 감사원 감사 결과 적발되었다. 이해 충돌 회피의 제도화 수준이 그만큼 낮다는 것을 상징적으로 나타낸 사건이라고 할 수 있다.

이해 충돌 상황은 부패와 직접적으로 연결될 수 있다는 측면에서 사회적 문제가 된다. 이해 충돌 상황을 방지하기 위해서는 무엇보다 이때까지 도덕의 영역에 머물던 이해 충돌 행태를 법적 제재의 영역으로 끌어들일 필요가 있다. 공적 책무를 수행하기 위해 국민으로부터 신탁받은 권한을 사익 추구 수단으로 활용하는 이해 충돌 행태는 명백한 부패행위에 해당된다(Hejka-Ekins, 1998: 482). 이해 충돌 상황에 대처하는 세계적 흐름도 관련 법규를 강화하는 추세에 있다. 만연되고 있는 이해 충돌 상황을 근본적으로 개선하기 위해서는 '이해 충돌' 사건을, 엄격한 형법이 적용되는 부패의 영역으로 편입시켜야 마땅할 것이다. 오죽하면 플라톤은 공직자들에게 결혼과 사유재산을 허용해서는 안 된다고까지 주장했겠는가?

CHAPTER 10

공직자의 내부고발과 행정 윤리

생각해 보기

'내부고발' 관련 '생각해 보기' 과제: 내부고발자가 칭찬받는 사회

내부고발은 두 얼굴이다. 하나는 투명·공정사회의 파수꾼, 다른 하나는 '상종 못할 놈'이다. 역사상 크고 은밀한 부정·비리·부패 대부분을 밝혀냈으니 파수꾼이요, 오죽 의리 없고 냉정하면 동료·상사·직장을 고변(告變)하겠느냐 해서 상종 못할 놈이다.

내부고발은 형태도 다양하다. 세상을 단숨에 크게 바꾸기론 '권력암투형'만 한 게 없다. 카이사르에게 칼을 꽂았던 브루투스나 박정희를 쏜 김재규가 예다. '양심선언형'은 주로 선거판에서 많이 나온다. 1992년 이지문 육군 중위의 "군 부대에서 여당 후보를 공개적으로 찍으라고 했다"는 발언은 당시 선거판을 뒤흔들었다. '언론 제보형'은 소시민들이 주로 애용한다. 간혹 큰 파장을 일으키기도 하지만 묻히는 경우가 더 많다.

주무대도 변했다. 예전엔 공직 사회였지만 요즘은 기업에서 맹활약 중이다. 지난해엔 미국에서 전공(戰功)을 크게 올렸다. 세계 최대 제약회사 화이자가 상대였다. 화이자는 23억 달러(약 2조 6,000억 원)의 벌금을 얻어맞았다. 부작용을 알면서도 숨기고 관절염 치료제를 팔다 내부고발에 걸렸다. 죄질도 나빴다. "의사가 부작용을 지적하면 '전직 직원들의 음해'라고 둘러대라"며 대응 매뉴얼까지 만들었다. 내부고발자 존 코프친스키는 보상금으로 5,150만 달러(약 576억 원)를 손에 쥐었다. 걸프전 참전용사 출신인 코프친스키는 "나는 군에서 어떤 대가를 치르더라도 인명을 보호하라고 교육받았다"며 "그런 내가 사람에게 위험한 약을 팔 수는 없었다"고 말했다. 화이자는 몇 년 전에도 성장장애 치료약인 제노트로핀을 노화방지제로 판촉했다 역시 내부고발에 걸렸다. 그때 잘못을 고쳤더라면 나중의 큰 화는 피했을 것이다.

국내 기업도 많이 걸렸다. 파괴력도 컸다. 가끔 정치자금과 엮이면 대기업 총수까지 줄줄이 법정에 서야 했다. 요즘 한창 떠들썩한 태광산업과 한화의 검찰 수사도 내부고발로 시작되었다. 태광산업 건은 자문위원을 맡던 이가 작심하고 세세한 비리 제보서를 만들어 검찰에 건네면서 불거졌다. 한화는 퇴직 직원의 차명계좌 제보가 출발점이었다. 검찰 관계자는 "기업이 워낙 커지고 복잡해진 데다 보안도 철저하다"며 "내부고발 없이는 기업 수사가 불가능할 정도"라고 말했다.

그러다 보니 내부고발을 미워하는 기업이 많다. 아예 발도 못 붙이게 차단 장치를 마련하기도 한다. 당근은 기본이다. 핵심 업무를 맡았던 이들은 퇴직 후에도 잘 모신다. 급여도 현직 때의 70%를 주고 차 · 기사 · 비서를 몇 년 간 제공하기도 한다. 채찍도 매섭다. 일단 '내부고발자=성격 파탄자'로 본다. 그 뒤 다시는 회사에 못 돌아오게 한다. 고발 내용의 옳고 그름은 따지지도 않는다.

미국의 경제주간지 『비즈니스위크』는 내부비리가 터진 230개 기업을 2006년 분석했다. 내부고발을 한 임직원 중 82%가 해고 압력에 시달리거나 집단 따돌림을 당했다고 한다. 미국이 이럴진대 한국은 오죽하랴. 정부 공식 통계는 없지만 한국일보의 2007년 보도에 따르면 1990년 이후 내부고발자 20명 중 19명(95%)이 '왕따'를 당했다고 한다. 징계나 해고를 당한 사람도 16명(80%)이었다.

내부고발을 '왕따'시키는 사회 · 기업엔 미래가 없다. 갈수록 교묘해지는 부패 · 비리를 막아낼 수 없어서다. 미국이 내부고발 덕에 환수한 금액의 15~30%를 고발자에게 보상금으로 주는 것도 그래서다. 2008년 현재 지급한 보상금만 20억 달러가 넘는다. 수백억 원의 보상금을 탄 이들도 꽤 된다. 우리도 ▶해고 금지, ▶보상금 지급 등의 보호 · 장려책 마련을 서둘러야 한다. 보상금은 환수액의 10% 정도면 어떨까.

법과 제도 못지않게 급히 바꿔야 할 게 정서다. 내부고발자를 '고자질쟁이' 취급하고, 그들을 정의 · 용기 · 양심 대신 결벽 · 무례 · 까칠로 부르는 한 투명 · 공정사회는 부지하세월이다. 하기야 그런 세상이 당장 와도 걱정이다. 혹 지금보다 더 많은 사람이 살기 불편해할까 봐(중앙일보, 2010.10.26).

⇒ 공공 부문뿐만 아니라 민간 기업의 내부고발자까지 보호하기 위한 법제를 마련할 필요가 있다는 주장의 타당성에 대해 생각해 봅시다. 그리고 그 부작용에 대해서도 생각해 봅시다.

제1절 내부고발의 의의

'내부고발자(whistle blower)'는 특정 집단의 구성원이 조직 내부의 부정부패와 비리를 외부에 알리는 사람을 말한다. 미국의 워터게이트 사건 이후 언론에서는 조직 내부의 비리를 고발하는 익명의 제보자라는 의미에서 'deep throat'라는 용어를 사용하기도 한다. 그러나 우리나라에서는 법률 용어로, 영국에서와 같이 '공익신고(public interest disclosure)'라는 용어를 사용하고 있다.

미국 소비자운동의 창시자인 네이더(Ralph Nader, 1934~)는 '내부고발(whistle-blowing)'을 "공공의 이익이 조직의 이익보다 우선해야 한다고 믿는 개인이 부패, 불법, 사기 및 해로운 행동에 연루된 자신의 조직을 고발하는 것"으로 정의하고 있다(Banisar, 2006). 또한 니어와 미셀리(Near & Miceli, 1985)는 내부고발을 "고용주들의 통제 하에 있는 불법적, 비윤리적 혹은 정당하지 못한 행위에 대해 조직 구성원이 이러한 문제에 대응할 수 있는 개인이나 기관에 제보하는 행위"로 정의하고 있다. 그리고 주브(Jubb, 1999: 78)는 이보다 엄밀하게 내부고발을 "실제로 이뤄지고 있거나, 의혹이 있거나 혹은 발생할 가능성이 있고 조직에 해가 될 수 있는 중대한 불법에 관한 자료나 정보에 접근할 수 있는 개인이 이러한 불법을 제거할 수 있는 잠재적 권한을 가진 외부기관에 의도적으로 폭로하고, 폭로에 대한 의무가 지어지지 않는 행위"로 정의하고 있다(김나영 · 최진욱, 2010).

내부고발의 대표적인 사례로는 닉슨 미국 대통령의 하야를 몰고 온 워터게이터 사건을 꼽을 수 있다. 전통적으로 내부고발은 정부기관이나 공익단체에서부터 먼저 시작되었다. 우리나라의 경우에도 시민단체 등이 주도해 설립된 반부패국민연대 등이 먼저 내부고발 제도 및 내부고발인 보호 제도의 법제화를 주창했다. 최근의 서구 사례를 보면 이제는 신고의 대상이 정부 기관이나 공직자 관련 부패에 한정되지 않고, 공익과 관련된 부문 및 민간 기업에까지 확대되는 경향을 보이고 있다. 우리나라에서는 2011년 3월 '공익신고자 보호법'의 제정을 계기로 신고 대상을 공익과 연관된 민간 부문에까지 확대하는 조치가 취해졌다.

내부고발 제도는 최근에는 공공 부문뿐만 아니라, 민간 기업에서도 활성화되고 있다. 즉, 민간 기업에서 윤리 경영을 구체화하기 위한 실천적 대안의 하나로 그 중요성이 강조되기 시작한 것이다. 특히 세계적 기업인 엔론(Enron), 월드컴, 글로벌 크로싱(Golobal Crossing) 등의 파산을 계기로 윤리 경영의 중요성은 한층 더 강조되고 있으며, 국내에서도 기업에서 윤리 경영을 위한 제도적 보완책의 하나로 내부고발제의 도입이 시도되고 있다. 엔론 등의 파산의 가장 큰 이유는 이 회사들이 공통적으로 분식회계 등의 투명하지 못한 비윤리적 경영을 해 왔다는 점이다. 이들 세 기업은 모두 조직 내부에서 조직 운영상의 문제점에 대한 문제 제기가 있었으나, 해당 기업의 담당 임원이나 최고경영자가 이러한 내부신고를 무시했다는 점이다. 즉, 조직 내부의 문제 제기에 대한 적절한 조치가 없었기 때문에 이들 조직은 개선의 기회를 상실하게 되어 기업의 파산이라는 파국적 결과를 초래하게 된 것이다.

세계 여러 나라에서는 공직 사회의 내부고발 관련 법령을 마련해 시행하고 있다.

미국은 연방공무원이 부정부패 등 위법행위를 했다고 믿을 만한 합리적인 이유가 있는 경우 특별조사국(Office Special Councel: OSC), 기관의 감사관(the Inspector General of an agency), 담당직원(another employee designated by the head of the agency) 등에게 고발토록 하고 있다. 특히 특별조사국(OSC)은 공공조직의 부정부패와 관련된 내부직원 등의 고발 업무, 내부고발자 등을 보호하는 것을 주요 업무로 하고 있다. 그리고 위법부당한 공무원 인사와 관련해 제보를 받은 경우 해당 사건을 조사할 권한, 조사와 관련해 소환장을 발부할 수 있는 권한, 증인을 신문하고 진술서, 증거를 받을 수 있는 권한 등을 가지고 있다. 특별조사국은 통상 해당 기관에 사건의 사실 관계, 비위 직원에 대한 징계 사항, 법무부 장관에 대한 수사 의뢰 사항 등을 기재한 조사보고서를 제출하도록 명령하고, 해당 기관이 작성한 조사보고서는 특별조사국을 거쳐 대통령과 해당 기관을 관할하는 국회 상임위원회에 반드시 제출하도록 하고 있다. 또한 위 보고서는 일반인이 열람할 수 있도록 조치하고 있다.

또한 호주 퀸즐랜드(Queensland)는 내부고발자 보호법(Whistle Blowers Protection Act, 1994)을 통해 공무원이 공공 영역에 영향을 미치는 불법, 과실, 부당한 행위 등에 대해 제보 또는 신고하도록 규정하고 있다. 이 법은 공무원이 다른 공무원의 불법행위, 부패행위를 관련 기관에 제보하도록 한다는 점에서 우리나라의 '부패방지 및 국민권익위원회의 설치와 운영에 관한 법률'에서 규정하고 있는 공무원의 신고 의무와 유사한 측면이 있다. 호주의 내부고발자 보호법의 특이점으로는 공직 비리 제보자 보호가 매우 강화되어 있다는 점이다. 예를 들어, 보복 위험을 제거하기 위해 인사위원회에 다른 기관 등으로 인사 이동을 청구할 수 있는 권리까지 보장하고 있는 점은 주목할 만하다.

그러나 독일과 같은 나라는 내부고발 관련 법령을 별도로 두지 않고 있다. 독일은 연방행정지침 등을 통해 각 행정관청에 부패 방지를 위한 담당관을 임명하고, 담당관 및 기관의 상사가 부하 직원을 감시하고 감독하도록 함으로써 감독 의무자가 부패행위를 신고하도록 의무화하고 있다. 부패 방지를 위한 담당관으로 지정된 자는 부패행위를 한 혐의가 있는 자를 조사하고, 그 혐의 사실을 해당 기관의 책임자에게 보고하며, 형사소추 여부에 관한 조언자로서의 역할을 담당하게 된다. 부패행위에 대한 신고 의무 또는 보고 의무를 위반한 담당관 등은 연방공무원징계법에 따라 징계 대상이 된다(이혜미, 2012).

공무원 사회에서 '비윤리적'이라고 생각되는 행위를 조직이나 상관이 강요하거나 또는 '조직의 복음(organizational gospel)'에 대한 단순한 복종을 요구할 경우, 구성원이 택할 수 있는 선택지는 많지 않다. 조직 구성원은 허시만(A. O. Hirschman, 1915~2012)이 이름 붙인 이른바, "조직을 떠나거나(exit), 자신의 의견을 조직 내외에 표출하거나(voice), 아니면 침묵으로 충성하는(loyalty) 세 가지 길밖에 없다(Hirschman, 1979). 조직을 떠나는 것은 조직에 대한 충성의 종식을 의미하나, 조직의 상황을 개선하기 위해 자신의 의견을 표출하는 것은 조직에 대한 지속적 충성을 의미한다. 자신의 의견을 표출하는 방법 가운데 하나가 '내부고발'이다.

제2절 내부고발 제도의 필요성

공직 사회에서 발생하는 부패의 은밀성과 부패 가담자의 상호 이익의 특성은 부패 발생의 감지를 어렵게 한다. 이러한 측면에서 내부고발 제도는 반부패 제도에서 큰 중요성을 갖는다. 조직 내부의 비리를 조직 구성원이 감지해 이를 국가기관 등 외부에 고발하는 행위를 의미하는 내부고발은 정보의 정확성이라는 측면에서 감사기관에 의한 적발보다 더 효과적으로 부패를 적발할 수 있게 해 주는 제도다.

외부 사정기관이나 내부 감시통제 기제에도 불구하고 부패가 근절되지 않는 이유

가운데 하나는 부패의 적발이 어렵기 때문이다. 공사 부문을 막론하고 부패 방지 제도로서 내부고발 제도가 큰 의미를 지니는 것은 은밀하게 행해지는 부패의 속성상 내부고발이 부패의 적발 확률을 높이기 때문이다. 내부고발 제도는 이와 같이 공식적인 사정 기구의 제약을, 내부 사정을 잘 아는 구성원들에 의해 보완할 수 있게 하는 중요한 기능을 수행한다. 이는 부패에 대한 공식적인 내부 통제 기제를 '내부고발'이라는 비공식적 통제 기제를 통해 보완할 수 있음을 의미한다.

물론 내부고발 제도는 조직에 긍정적 효과를 가져다주기보다는 부정적인 영향을 미친다는 주장도 제기된다(Near & Miceli, 1995). 내부고발은 조직의 안정성을 해치고, 내부고발이 외부로 알려질 경우 조직의 명예와 명성에 손상을 가져오기도 한다. 때로는 조직 구성원들 간 상호 감시로 인해 조직에 불신 풍조가 확산되기도 한다는 것이 내부고발 제도의 부정적 효과를 강조하는 주된 논거다(신광식 · 박흥식, 2009).

그러나 내부고발은 단기적으로는 조직에 부정적 영향을 미치기도 하지만, 장기적 · 궁극적으로는 조직의 생존과 안정에 더 큰 긍정적 효과를 가져다준다(Perry, 1993). 만일 심각한 비리에도 불구하고 이를 목도한 내부 구성원이 침묵으로 일관할 경우 그 조직은 장기적으로 더 큰 피해를 볼 수밖에 없다. 아울러 조직의 영향력이 외부에까지 미칠 경우 감춰진 조직의 비리는 조직 외부로 확산되어 사회적 · 경제적으로 더 심각한 피해를 가져다줄 수 있다. 예컨대, 내부고발에 의해 종국에 파산에까지 이른 엔론의 경우만 하더라도 만일 기업 고위층에 의한 회계 부정과 비리가 사전에 감지가 되어 폭로가 되었다면 엔론은 파산의 국면까지 이르지 않을 수도 있었을 것이다.

어떻든 내부고발은 장기적 관점에서 볼 때, 사회와 조직의 잘못을 미연에 바로잡을 수 있는 기회를 제공한다는 점에서 긍정적 효과를 가진다. 내부고발은 미국의 공직자윤리법(Code of Ethics for Government Service) 제1조의 규정에 동의할 경우, 윤리적 행위의 중요한 한 양태가 된다. 이 조항은 공무원들이 가장 고귀한 도덕적 원칙(highest moral principles)에 충성을 바칠 것과, 개인이나 정당 또는 정부 부처에 대한 충성을 넘어 국가에 대해 충성할 것을 규정하고 있다(이종수 외, 2011: 제15장).

어느 사회에서나 공직자들에게는 동료 공직자의 비리를 발견하면 그것을 신고토록 하는 의무를 부과하고 있다. 우리나라의 '형사소송법' 제234조 제2항은 "공무원은 직무를 행함에 있어 범죄가 있다고 사료된 때에는 고발하여야 한다"고 규정해 공무원의 직무상 고발을 의무 사항으로 정하고 있다. 또한 '부패방지 및 국민권익위원회의 설치와 운영에 관한 법률' 제56조는 "공직자는 그 직무를 행함에 있어 다른 공직자가 부패행위를 한 사실을 알게 되었거나 부패행위를 강요 또는 제의받은 경우에는 지체 없이 이를 수사기관·감사원 또는 위원회에 신고하여야 한다"고 규정해 공직자의 부패행위 신고를 의무화하고 있다.

또한 공무원이 직무를 행함에 있어 공무원의 범죄 혐의 사실 발견에 대한 고발 절차 등을 정한 '공무원의 직무 관련 범죄 고발지침'(국무총리훈령 제305조)은 중앙행정기관, 지방자치단체 등 각급 기관에서 기관의 실정에 맞는 세부지침을 제정·시행하도록 정하고 있다. 이에 따라 교육부, 공정거래위원회, 법무부, 외교부 등 중앙행정기관뿐만 아니라 각급 지자체에서도 내부 지침으로 직무 관련 범죄 고발에 관한 세부 기준과 절차를 정하고 있다. 그리고 감사담당 공무원 등이 범죄 혐의 사실을 발견한 경우 정당한 사유 없이 고발하지 않고 묵인한 경우는 처벌을 할 수 있도록 하고 있다.

이와 같이 공무원 직무 관련 범죄의 신고 및 고발을 의무로 규정하고 이에 관하여 세부 지침까지 마련하고 있는 이유는 직무 관련 범죄에 대해 수사기관의 인지에 의한 수사가 이뤄질 수도 있지만, 공직사회 내부의 부패사건은 살인·강도 등의 사건처럼 그 실체가 외부에 드러나지 않은 경우가 많기 때문이다. 그리고 내부 자정(自淨) 작용을 통해 공직사회 스스로 부패행위를 척결하는 것이 바람직하다는 판단에 기인한 것으로 볼 수 있다.

그러나 내부고발 제도는 현실적으로 어느 사회, 어느 조직에서나 크게 활성화되지 못하는 문화적 한계를 지닌다. 한국 사회에서도 전통적으로 내부고발자에 대해서는 밀고자, 배신자로 낙인찍는 풍토가 있다. 서양 사회에서도 '좋은 팀원(good team-player)'이 되어야 한다는 가치를 어릴 때부터 주입받고 자란다. 따라서 내부고발 제도의 활성화를 위해 고발자에 대한 조직의 보복을 금지시킬 뿐만 아니라, 신고자에게 포상금 등 다양한 보상까지 제공하는 장치를 마련하게 된다.

내부고발자는 조직으로부터 보복을 당할 뿐만 아니라, 동료로부터도 따돌림을 당하는 등 조직 내외로터 적지 않은 불이익을 받는다. 지난 2003년 대한적십자사가 부실하게 혈액관리를 하고 있다고 고발했던 대한적십자사 직원 김○○씨는 공익을 위해 용기 있는 행동을 했음에도 2년 넘게 온갖 고통을 당해야 했다. 김씨는 심지어 노동조합까지 나서서 회사의 명예를 실추시키고 허위 사실을 유포했다며 해고를 촉구하는 서명운동까지 벌이는 것을 보며 심한 상실감을 느끼지 않을 수 없었다고 하면서 다음과 같이 술회했다. “2년 가까이 점심을 혼자서 먹었습니다. 동료들이 나와 얘기 한 마디만 해도 불이익을 주는 분위기로 몰고 갔지요. 출근할 때마다 ‘지옥이 이런 거구나’ 싶더라구요. 그렇게 발이 무거울 수가 없었습니다. 따가운 눈총과 냉소, 모멸감으로 일터에서 ‘왕따’를 만들어 말려 죽이는데 징계보다 더 무섭더군요. 완전히 정신병자 취급을 당했습니다. 자살 충동을 느낀 적도 있습니다. 우울증, 불면증, 결국 당뇨 증세까지 생겼지요. 해고되었더라면 가정이 파탄나고 모든 게 무너질지 모른다는 생각이 떠나질 않았습니다.”

내부고발자들이 당하는 고통은 크게 인사상 불이익과 집단 따돌림이다. 내부고발자들에게는 좌천, 파면과 같은 인사상 불이익도 큰 고통이지만, 온갖 모략과 멸시, 집단 따돌림도 그에 못지않은 고통을 준다. “원래 인간성이 좋지 않았다, 승진 못한 불만 때문에 그런 거다, 너는 얼마나 깨끗하냐”는 등의 인신 공격성 비난이 내부고발자를 벼랑으로 내몬다. 조직 전체가 ‘왕따’에 공범이 된다는 것은 더 심각하다.

내부고발로 인해 2003년 해고당했다가 법원 판결로 복직된 김○○ 산업기술평가원 선임연구원은 “공익 제보자를 도려내는 방법은 상식을 뛰어넘고 상상을 초월한다”고 증언한다. “엄청난 물적 자원이 기관장이나 단체장에게 있습니다. 공익 제보자를 해고하기 위해 변호사를 고용하는 등 몇 억원을 쓰는 데도 아무런 책임도 지지 않습니다. 내부고발자가 겪는 스트레스와 순간순간 닥쳐오는 후회가 너무나 견디기 힘듭니다”라고 술회했다.

내부고발자 가운데는 정신적 고통을 견디다 못해 목숨을 끊는 극단적인 상황을 초래하기도 한다. 지난 1998년 철도청 비리를 언론과 시민단체에 제보했던 조○○씨는 감봉과 지방 전출 조치를 당한 후 2000년 7월 자살했다. 그와 함께 제보를 했다는 이유로 파면당했다가 2005년 복직한 황○○씨는 조씨가 “주위의 따돌림과 징계, 특히 가정 불화로 큰 고통을 당했다”고 말했다(시민의 신문, 2006.2.13).

제3절 한국의 공익신고자 보호 제도

내부고발자는 어느 조직에서나 불이익을 받는다. 조직이 폭로에 대해 방어적이고 보복적인 대응을 하기 때문이다. 조직은 내부고발자에 대해 부당한 배치전환, 인사상 불이익, 퇴직이나 해임 등의 보복을 가하기도 한다. 따라서 내부고발을 활성화하기 위해서는 신고자를 법과 제도의 틀 안에서 보호하기 위한 다양한 장치를 마련할 필요가 있다.

현재 우리나라에는 내부고발자를 보호하기 위한 제도로, 2011년 3월 '공익신고자 보호법'이 제정되어 시행되고 있다. 그동안 우리나라에서는 '부패방지 및 국민권익위원회의 설치와 운영에 관한 법률'로 내부고발자를 보호해 왔다. 그러나 기존의 법에서는 부패행위를 '공직자의 법령 위반 행위와 공공기관의 재산상 손해를 가하는 행위로 규정'해 이를 신고한 사람만 보호가 가능토록 했다. 따라서 공직자의 부패 이외에 건강, 환경, 안전 등 국민들의 일상생활과 밀접한 분야의 공익 침해 행위 신고자는 보호받지 못했다.

그런데 새로 제정된 '공익신고자 보호법'은 공익신고 대상 범위를 공직자뿐만 아니라, 공익 관련 민간 부문에까지 크게 넓혔다. 법 제2조에서 '공익 침해행위'를 국민의 건강과 안전, 환경, 소비자의 이익 및 공정한 경쟁을 침해하는 행위로서, '별표'에 규정된 법률의 벌칙에 해당하는 행위 및 '별표'에 규정된 법률에 따라 인·허가의 취소처분, 정지처분 등 대통령령으로 정하는 행정처분의 대상이 되는 행위로 규정해, 그 대상 폭을 관련 민간 부문에까지 크게 넓혔다. '공익신고자 보호법'의 '별표'에서는 법 제2조 제1호와 관련된 공익 침해행위의 대상 법률로 '농수산물 품질관리법', '시설물의 안전 및 유지관리에 관한 특별법', '식품위생법', '자연환경보전법', '품질경영 및 공산품안전관리법', '폐기물관리법', '혈액관리법', '의료법', '소비자기본법', '독점규제 및 공정거래에 관한 법률', '하도급거래 공정화에 관한 법률', 그 밖에 국민의 건강과 안전, 환경 보호, 소비자의 이익 보호 및 공정한 경쟁 확보 등에 관련된 법률로서 대통령령으로 정하는 법률 등으로 그 대상 범위를 넓혔다.

그러나 법제처는 2012년 5월 '공익 침해행위'의 범위와 관련해, 그것을 '공익신고자 보호법' '별표'가 규정한 법률 등에서 '처벌 또는 행정처분의 대상이 되는 행위'로 한정하는 유권 해석을 내놓았다. 법제처는, 즉 '공익신고자 보호법' 규율 대상을 지나치게 넓게 해석하면 과도한 규제로 인해 헌법상 보장되는 '영업의 자유'가 함께 침해되는 경우도 발생할 우려가 있다고 하면서, '공익신고자 보호법'상의 '공익 침해행위'는 국민의 건강과 안전, 환경, 소비자의 이익 및 공정한 경쟁을 침해하는 행위이면서 동시에 '농수산물 품질관리법' 등 '공익신고자 보호법' '별표'가 규정한 법률 등에서 "처벌 또는 행정처분의 대상이 되는 행위"라는 해석을 내놓았다. 법제처는 즉, "단순히 행정기관에 대한 보고 기한 미준수 등을 원인으로 행정처분 대상이 되는 경우와 같이 국민의 건강과 안전 등을 침해하지 않는 수준이라면 공익 침해행위에 해당한다고 보기 어렵다"는 해석을 내놓은 것이다.

그리고 공익신고자에 대해 다음과 같은 '불이익 조치'를 취할 수 없도록 함으로써 공익신고자에 대한 보호 조치를 명시적으로 규정하고 있다. 금지하는 '불이익 조치' 속에는 다음의 항목이 포함된다(법 제2조). ① 파면, 해임, 해고, 그 밖에 신분 상실에 해당하는 신분상의 불이익 조치, ② 징계, 정직, 감봉, 강등, 승진 제한, 그 밖에 부당한 인사 조치, ③ 전보, 전근, 직무 미부여, 직무 재배치, 그 밖에 본인의 의사에 반하는 인사 조치, ④ 성과평가 또는 동료평가 등에서의 차별과 그에 따른 임금 또는 상여금 등의 차별 지급, ⑤ 교육 또는 훈련 등 자기계발 기회의 취소, 예산 또는 인력 등 가용자원의 제한 또는 제거, 보안정보 또는 비밀정보 사용의 정지 또는 취급 자격의 취소, 그 밖에 근무 조건 등에 부정적 영향을 미치는 차별 또는 조치, ⑥ 주의 대상자 명단 작성 또는 그 명단의 공개, 집단 따돌림, 폭행 또는 폭언, 그 밖에 정신적·신체적 손상을 가져오는 행위, ⑦ 직무에 대한 부당한 감사(監査) 또는 조사나 그 결과의 공개, ⑧ 인·허가 등의 취소, 그 밖에 행정적 불이익을 주는 행위, ⑨ 물품계약 또는 용역계약의 해지(解止), 그 밖에 경제적 불이익을 주는 조치 등이다.

공익신고자에 대해서는 단순히 '불이익 조치'를 금지하는 데 그치지 않고, 공익신고와 관련해 공익신고자 등의 범죄 행위가 발견된 경우에는 그 형을 감경하거나 면제할 수 있도록 하고(법 제14조), 그에 더해 보상금을 지급할 수 있도록 하고 있다.[1] 그러나 이러한 법규정에도 불구하고, 조직 내외에서 벌어지는 집단 따돌림과 같은 비공식적 불이익을 방지하기에는 한계가 있다.

---

1) '공익신고자 보호법' 제26조는 공익신고로 인하여 …… 국가 또는 지방자치단체에 직접적인 수입의 회복 또는 증대를 가져오거나 그에 관한 법률 관계가 확정된 때에는 위원회에 보상금의 지급을 신청할 수 있도록 하고 있다.

CHAPTER 11

입법부 의원의 윤리 의식

입법부 의원의 윤리는 여러 측면에서 살펴볼 수 있다. 법과 제도를 만드는 의회 의원들은 무엇보다 먼저 공정성에 대한 남다른 윤리적 기준을 지녀야 한다. 그런데 우리 국회에서는 '사회적 공정성'을 담보하기 위한 여러 원칙이 무시되기 일쑤다. 그 가운데 하나가 이해 충돌 회피(avoiding conflict of interest)의 원칙이다.[1] 대부분 변호사로 구성된 법제사법위원회 위원들이 자신들의 사적 이익과 직결된 사법 정책을 다루고, 사설학원 원장 출신들이 포진한 교육위원회에서 학원 문제를 다루게 된다면 이러한 정책들과 관련된 공익이 확보될 수가 없다. 대기업의 이익을 대표하는 대기업 출신 의원들이 기획재정위원회를 장악해 대기업에 유리한 법안만을 통과시키고, 농림축산식품해양수산위원회를 점령한 농촌 출신 의원들이 농민에게 유리한 법안만을 통과시킨다면, 국민 일반(public at large)의 공익은 어떻게 지켜질 수 있겠는가?

국회는 각 직능단체의 이익을 대표하는 작은 이익집단의 대변기구가 되어서는 결코 아니 된다. 국회 설치의 기본 취지는 각 직역 출신 전문가들이 끼리끼리 모여 모태(母胎) 집단의 이익을 위해 싸우도록 하는 데 있는 것이 아니라, 건전한 상식과 도

1) 이 부분에 대한 자세한 논의는 다음을 참조하기 바람(이종수, 2012: 제9장).

덕성을 갖춘 민주시민의 대표들이 '국익'과 '공익'의 차원에서 공공정책을 균형 있게 결정하도록 하는 데 있다. 다른 말로 하자면 국회는 헌법기관으로서 헤겔(George W. F. Hegel, 1770~1831)의 이른바 일반이익(general interest)을 대표하는 기관이 되어야 한다. 부족한 전문성은 의원들의 판단을 도와 주는 전문위원 등의 제도적 장치를 통해 확보하면 될 것이다.

국회에는 전문성을 확보하기 위한 다양한 제도적 장치들이 마련되어 있다. 각 상임위원회에는 전문 지식을 가진 '전문위원'들이 배치되어 위원회의 활동을 지원하고 있다. 또한 각종 위원회는 당해 안건에 관해 학식과 경험이 있는 3인 이내의 전문가를 심사보조자로 위촉할 수 있도록 하고 있다(국회법 제43조). 그리고 의회의 여러 위원회는 공청회를 통해 관련 분야의 전문가들을 초청해 그들의 진술을 들을 수도 있다.

이러한 관점에서 본다면 입법부의 각종 위원회에, 해당 분야의 전문성을 지닌 의원들을 굳이 배치시킬 필요는 없을 것이다. '이해 충돌 회피' 원칙에 충실하자면, 오히려 특정 직역 출신 위원들을 배제하는 것이 더 합리적일 수 있다. 특정 직역의 이해관계가 걸린 사안을 다룰 때에는 특히 그러하다. 운영의 묘를 살리고자 한다면, 해당 위원회 등에서 전문 직역 출신 위원들에게 의견 진술권은 주되 의사 결정 과정에서는 배제하는 것과 같은 기피(recusal) 제도를 활용할 수도 있을 것이다. 또한 법제사법위원회와 같이 구성원이 대부분 특정 직역 출신(변호사)으로 구성되어 있는 상황에서 이해관계 사안을 다룰 경우에는, '정무위원회'나 '특별위원회' 등 이해관계를 벗어난 다른 위원회에서 결정하게 하는 것도 한 방안이 될 수 있다. 이렇게 할 경우 법조 출신 의원들이 변호사 일자리를 확대하기 위한 준법(遵法)지원인제[2] 관련 법안을 '일사천리'로 통과시키는 것과 같은 '도둑정치(kleptocracy)'를 어느 정도 방지할 수 있을 것이다(이종수, 2012: 115).

입법기관의 이해 충돌 문제를 해소하기 위한 노력은 지방의회 쪽에서 먼저 구체

2) 준법지원인 제도는 2011년 4월 14일 개정된 상법에 새로이 도입된 제도다. 준법지원인은 일정 규모 이상의 상장기업(법무부가 2011년 12월 28일 입법예고한 시행안에 따르면 자산가치 3,000억 원 이상의 상장기업이 해당됨)에서 준법통제 기준의 준수 여부를 점검하는 사람을 말한다. 사회 일각에서는 이미 감사, 감사위원회, 사외 이사, 그리고 법률팀 등 기업의 준법경영 감시 체제가 갖춰져 있는 상황에서 또다시 상근직 준법지원인을 1인 이상 두도록 하는 것은 '변호사의 일자리 마련에 목적을 둔' 이중 규제 제도이자 기업에 적지 않은 부담을 주는 바람직하지 않은 제도라고 비판하고 있다.

화되고 있다. 전주시의회와 익산시의회는 2007년 조례 개정을 통해 "의원은 본인과 배우자 및 그 직계존비속의 영리사업과 관련된 상임위원회 위원이 될 수 없다"(전주시의회 위원회 조례 제4조)고 명시적으로 규정했다. 그런데 국회법은 상임위원회 구성과 관련해 "국무총리 · 국무위원 · 국무총리실장 · 처의 장, 행정 각부의 차관 기타 국가공무원의 직을 겸한 의원은 상임위원을 사임할 수 있다"는 규정 이외에 이해 충돌 회피를 위한 어떠한 제한 규정도 두지 않고 있다(국회법 제39조 참조). 물론 우리나라의 공직자윤리법은 2005년 5월의 개정을 통해 제2조의2에 이해 충돌 방지 의무를 규정하고, 제14조의4에 백지신탁(blind trust)[3] 제도의 도입을 규정하고 있으나, 국회 상임위원회 구성과 관련된 이해 충돌 방지 규정은 아직 구체적으로 마련되지 않고 있다.

공정한 사회를 만들기 위해서는 사회 제도의 기본틀을 설계하는 입법부의 위원회부터 공정하게 구성 · 운영되어야 한다. 이를 위해서는 위원회 구성 단계에서부터 제도적으로 의원들의 이해 충돌 가능성을 미리 차단할 필요가 있다.

또한 의원들의 입법 윤리를 확립하기 위해서는 예산 국회 때마다 등장하는 '쪽지 예산' 관행을 근절해야 한다. 우리나라의 예산 국회 때마다 볼 수 있는 특이한 광경 가운데 하나는 예산결산위원회 및 계수조정소위원회 회의장에서 건네지는 '쪽지 예산' 관행이다.

입법부 설치의 기본 목적 가운데 하나는 국민의 조세 부담을 줄이는 데 있다. 행정부가 편성한 예산안을 입법부가 심의 · 의결하는 행정부 제출 예산 제도(executive budget system)에서 입법부의 기본 책무는 행정부에서 편성한 예산을 삭감하는 데 있다. 우리나라의 헌법 제57조가 "국회는 정부의 동의 없이 정부가 제출한 지출예산 각항의 금액을 증가하거나 새 비목을 설치할 수 없다"고 규정한 것은 의회의 심의 과정에 예산을 증액해서는 아니 된다는 점을 강조한 것이다.

그런데 우리나라 경우, 예산 심의 과정에서 매년 수천억 원씩 예산이 증액되는 것으로 나타나고 있다. 2010년 10월 여당 단독으로 강행 처리한 2011년도 최종 예산에

3) 백지신탁 제도는 공직자가 수행하는 직무가 공직자의 재산상 이해와 충돌되어 공정한 직무 수행이 어려운 상황이 야기되지 아니하도록 재임 기간 중 재산을 대리인에게 맡겨 처리하거나 관리하게 하는 제도를 말한다. 우리나라 공직자윤리법은 재산공개 대상자인 1급 이상의 공무원, 기획재정부 및 금융감독위원회 소속 공무원 중 대통령령이 정하는 자 본인 및 그 이해관계자는 '직무 관련성'이 있는 일정액 이상의 주식을 보유하고 있을 경우 이 주식을 백지신탁하도록 규정하고 있다(공직자윤리법 제14조의4).

도 당초 행정부가 편성하지 않은 예산이 3,300여억 원이나 포함되어 있는 것으로 나타났다. 이 가운데 상당 부분은 여·야당의 힘 있는 국회의원들이 자신의 지역구나 이해관계 단체의 민원을 해결하기 위해 국회 예산결산특별위원회에 쪽지를 넣어 반영한 이른바 '쪽지 예산'이라는 것이다.[4)]

지역구의 선심성 사업 예산을 의미하는 이어마크(earmark)[5)]는 미국 정가에서도 큰 이슈 가운데 하나가 되고 있다. 오바마 미국 대통령은 취임 직후인 2009년 3월 예산안 관련 성명에서 "이어마크는 특정 기업에 정부 예산을 대주는 것과 마찬가지인 부패 관행"이라며 선심성 예산과의 전쟁을 선포한 바 있다. 그는 또한 2010년 11월 13일 행한 주례연설에서 의회에 대해 선심성 예산 편성을 자제해 달라고 호소했다. 오바마 대통령의 호소 이후 공화당 상원의원들은 2010년 11월 이어마크를 자발적으로 금지하기로 결의한 바 있다. 그러나 11월 30일 상원 전체 회의에서는 '이어마크 금지 법안(earmark ban bill)'을 표결에 부쳐 찬성 39, 반대 56으로 부결시켰다. 그렇지만 하원에서는 2010년 12월 8일 2011년도 예산안을 의결하면서 의원들이 요청한 지역구 선심성 예산(earmark) 약 4만 건을 모두 삭감하는 결정을 내렸다. '이어마크에 반대하는 납세자들 모임(Taxpayers Against Earmarks: TAE)'은 2011회계연도 예산안을 분석한

---

4) 한국경제신문은 2009년 예산 국회의 풍경을 다음과 같이 보도했다.

"2009년 12월 3일 한 상임위 예결소위 회의장. 예산 심사 중이던 7명의 의원 가운데 한 의원이 손을 들었다. "○○시 자전거도로 구축비 10억 원을 추가로 지원해 주셨으면 합니다. 간사님의 아주 간곡한 부탁이 있었습니다." 한마디로 여당 간사의 지역구 예산을 증액해 달라는 요청이었다. 의원들은 머리를 긁적였다. 지난 소위에서 이미 증액하지 않기로 결정했던 데다 구체적인 내역도 부족했기 때문. 하지만 한 여당 의원이 "간사님이니까 잘 판단하고, 연구 많이 해서 올리신 거 아니겠어요?"라고 거들었고 다른 의원도 "자전거 타기 운동을 생활화하는 것은 필요해요"라고 가세했다. 야당 의원들이 침묵을 지키는 가운데 10억 원의 증액안이 금방 통과되었다. 짧게 탄식하던 한 초선 의원만이 "속기록에 '아이고'라고 좀 남겨 주세요"라고 했다.

국회 예결소위 속기록에 드러난 한 장면이다. 당시 회의에 참석했던 한 의원은 "상임위 예산을 조정하는 예결소위는 의원 몇 명끼리 비공개로 진행된다"며 "염치없이 선심성 증액을 해도 동료로서 막기 어렵다"고 고백했다. 구체적인 산정 근거 없이 '느낌으로' 증·감액하거나 정부 관계자들에게 모욕적인 언사를 하는 경우도 비일비재했다.

'예결소위'의 예산안 심사 풍경이 이러한 데, 외부에 공개되지 않는 '계수조정소위'의 풍경이 어떨지는 짐작하고도 남을 것이다."

5) 'earmark'는 미국 의회에서 의원들이 자신의 지역구 내 도로, 교량, 공항, 상하수도 등 특정 사회간접자본(SOC)에 정부 예산을 배정하는 선심성 예산을 말한다. 이 용어는 소유주를 분명히 하기 위해 양(羊)의 귀에 표시(earmark)를 하던 데서 유래한 용어로, 의원들이 자기 선거구의 민원사업을 위해 연방예산을 특별히 할당하는 행위를 일컫는다.

결과 상·하원 의원들이 요청한 이어마크가 모두 3만 9,294건에 금액으로는 1,310억 달러(한화 약 114조 1천억 원)에 달한 것으로 밝혔다.

쪽지 예산 및 이어마크 예산 관행과 관련해 지역구 출신 의원들은 지방적 이익을 대표할 수밖에 없다는 관점에서 접근할 수도 있을 것이다. 그러나 국회의원 개개인은 독립적 헌법기관으로 '국익' 관점에서 예산을 합리적으로 심의·의결해야 할 책무도 동시에 지고 있다. 극단적으로 얘기해, 의원 모두가 자신의 출신 지역구 이익을 대표해야 한다는 관점에서 나눠먹기 예산을 편성하고자 한다면, 국가적 차원의 공익은 누가 대변해야 할 것인가?

지방적 이익을 앞세우는 쪽지 예산과 같은 퇴행적 관행은 제도의 개선을 통해 억제되어야 한다. 쪽지 예산 관행을 근절하기 위해서는 무엇보다 예산 심의 과정의 투명성을 제고해야 한다. 1990년대 후반부터 일부 시민단체와 국회 전문가들은 쪽지 예산 관행을 개선하기 위해 나눠먹기식 예산 심의가 주로 이뤄지는 예산결산특별위원회 계수조정소위원회의 운영 방식을 '완전 공개식'으로 고쳐야 한다고 주장해 왔다.[6]

경실련은 1998년 12월 4일, 국회가 계수조정소위원회에 대한 시민단체의 방청을 불허한 행위에 대해 "헌법에 위반된다"며 헌법소원을 냈다. 우리나라의 헌법 제50조 제1항은 "국회의 회의는 공개한다. 다만, 출석의원 과반수의 찬성이 있거나 의장이 국가의 안전 보장을 위하여 필요하다고 인정할 때에는 공개하지 아니할 수 있다"고 규정하고 있다. 이러한 시민단체의 저항에 부딪친 국회는 결국 2000년 2월 국회법을 개정, 소위원회 회의의 공개 원칙을 규정하기에 이르렀다.[7] 그러나 국회는 2000년 당해 연도에만 계수조정소위원회 회의장을 공개했을 뿐, 이듬해부터는 위원회 의결의 형식을 빌려 회의장을 다시 비공개하는 방향으로 운영 방식을 되돌리고 말았다. 계수조정소위원회에 대한 시민단체의 모니터링 활동이 활발해지면서 나눠먹기 예산 행태의 추한 모습이 적나라하게 드러났기 때문이다.

국회의 이러한 그릇된 관행을 근본적으로 바로잡기 위해서는 국회법을 재개정해

---

6) 조선일보는 2002년 11월 7일 계수조정소위원회의 쪽지 예산 관행에 대해 다음과 같이 보도했다. "계수조정소위 위원들은 이번에도 평균 50~60건씩 쪽지를 받은 것으로 알려졌다. 한나라당 이재창 의원은 6일 오전에만 10여 건의 쪽지를 받았다. 몇 년 전 한 계수조정소위 위원은 '나에게 들어온 쪽지만 200여 건에, 금액으로 치면 1조 5,000억 원이 넘는다'고 말한 적이 있다."

7) 국회법 제57조 ⑤ 소위원회의 회의는 공개한다. 다만, 소위원회의 의결로 공개하지 아니할 수 있다. 〈신설 2000.2.16〉

헌법 제50조에서와 같이 국가의 안전 보장을 위해 필요한 경우가 아니고는 모든 회의를 공개하도록 엄격하게 규정할 필요가 있다. 그리고 계수조정소위원회 위원들의 발언은 전문(全文)을 속기록으로 남겨 이를 공개함으로써 사후에 언론이나 시민단체 등 다른 기관의 평가를 받도록 할 필요가 있다.[8)]

또한 선심성 지역구 사업으로 국가 예산이 누더기가 되는 사태를 근본적으로 방지하기 위해서는 예산 심의 과정에서 국회가 예산을 증액하지 못하도록 관련 규정을 엄격하게 고칠 필요가 있다. 즉, "정부의 동의 없이 국회가 예산을 증액할 수 없다"는 규정이 오히려 "행정부의 동의를 얻어" 예산을 증액하는 수단으로 오용되고 있는 현실을 감안할 때, 예산 심의 과정에서는 행정부의 동의 여부에 관계없이 일체의 예산 증액이 불가능하도록 좀 더 엄격한 규정을 마련할 필요가 있다.[9)] 예산의결권이라는 막강한 권한을 지닌 의원의 예산 증액 요구에 대해 어느 행정 부처가 감히 동의를 거부할 수 있겠는가?

입법부에서는 또한 국가적 이익과 의원들의 출신 지역구 이익이 서로 충돌할 때 국가적 이익을 우선시하는 전통을 확립할 필요가 있다. 국가적 이익과 지역구 이익이 충돌하는 상황에서의 정치적 선택과 관련해서는 케네디(John F. Kennedy) 전 미국 대통령의 저서 『용기 있는 사람들(*Profiles in Courage*)』(1964)에서 시사점을 얻을 수 있다. 이 책에 소개된 애덤스(John Quincy Adams) 상원의원은 출신 지역구와 소속 정당의 이익보다 국익을 먼저 생각해야 한다는 자신의 원칙과 상원의원직을 맞바꾼 인물이다. 그는 국익을 우선시해야 한다는 정치적 소신에 따라 반대당 소속인 제퍼슨(Thomas Jefferson) 대통령의 대영 금수 조치(對英禁輸措置)에 찬성함으로써 지역구와 소속 정당으로부터 배척당했다. 그 대가로 애덤스 의원은 오랜 고난의 세월을 보내게 되었으나, 결국 18년 뒤 미국의 제6대 대통령(1825~1829년)이 될 수 있었다. 그의 비지역적, 비당파적 태도는 오늘날까지 용기 있는 의원의 전범(典範)으로 칭송받고 있다.

1807년 여름 미국의 프리깃 함 체사피크 호가 버지니아 곶 외해(外海)에서 영국 전함 레오파드 호의 포격을 받는 사태가 발생했다. 애덤스는 자신의 소속 정당인 연

---

8) 계수조정소위원회의 비공개회의 결과는 예산안 처리 후 4, 5개월이 지난 뒤 간단한 요약본만 공개되고 있는 실정이다.

9) 물론 이렇게 되면 여야당 간부들은 행정부 예산 편성 단계에서 미리 선심성 지역구 사업을 끼워 넣는 행태를 보일 수도 있을 것이다. 그러나 의회의 예산 심의 과정에서는 예산을 증액할 수 없다는 원칙을 통해 무분별하게 이뤄지는 쪽지 예산 행태는 어느 정도 억제될 수 있을 것이다.

방당(The Federalists)이 영국의 침략 행위를 정당시하면서 유화정책을 들고 나오는데 대해 분노를 표하면서, 나포된 미국 선박의 반환과 보상을 청구할 것을 대통령에게 요구했다. 이 사건을 계기로 애덤스의 반대당 소속인 제퍼슨 대통령은 1807년 9월 18일 의회를 소집해 대영 금수 조치를 명했다. 이 조치는 미국의 상업 요충지이자 애덤스의 선거구인 매사추세츠 주에 치명적인 것이었다. 매사추세츠 주는 미국 상선대의 중심지인 동시에 조선업 및 수산업의 근거지였다. 그럼에도 불구하고 애덤스는 상원에서 특별위원회 구성을 제안해 그 자신이 위원장에 임명되었으며, 대영금수 법안과 영국 선박의 입항을 금지하는 법안을 작성·발의했다. 대영금수 법안이 통과되자 매사추세츠 주에서는 애덤스 의원에 대한 거센 항의가 몰아쳤다. 금수 조치는 조선업을 휴업 상태에 빠지게 하고 선적업을 붕괴시켰으며 어선의 출항을 묶었다. 불황, 파산, 곤궁이 만연했고 다른 주로 이주하는 사람들이 속출했다. 애덤스 상원의원은 결국 외톨이가 되었다(Kennedy, 1964: ch. 2). 그는 결국 그의 아버지[제2대 미국 대통령 존 애덤스(John Adams)]를 대통령직에서 물러나게 만든 정적(政敵) 제퍼슨 대통령의 정책을 지지하기 위해 상원의원직을 내던진 것이다.

자신의 정치 생명을 걸고 국가적 이익을 지방적 이익에 앞세운 애덤스 상원의원의 가치 기준은, 출신 지역구의 조그만 이익을 위해 국가의 큰 이익을 희생시키는 한국 의원들의 태도와 극명하게 대비된다. 2000년 들어 수년 간 지속된 한·중 '마늘 파동' 사태를 보자. 2000년 6월 1일 한국 정부는 값싼 중국산 마늘에 대해 315%의 관세를 부과하는 세이프가드(긴급수입제한)를 발동했다. 엄청난 고율의 관세 부과로 중국산 마늘의 수입을 원천적으로 막아버린 셈이 된 것이다. 중국은 일주일 후 한국산 폴리에틸렌과 휴대전화 수입을 금지한다는 방침을 발표했다. 중국에서 수입되는 마늘은 모두 합쳐봐야 600만 달러 정도에 불과했으나 중국이 막아버린 휴대전화 등의 시장 규모는 5억 달러가 넘었다. 6월 29일부터 7월 15일까지 진행된 협상의 결과 한국 정부는 결국 중국의 마늘 3만 2천 톤을 50% 이하의 저율 관세로 수입한다는 조건에 합의하지 않을 수 없었다.

2002년 들어 다시 중국산 마늘이 쏟아져 들어오자 마늘 값이 폭락하는 사태가 벌어졌다. 전국 각지에서 농민들이 들고 일어나 "중국산 마늘에 대한 긴급수입제한 조치를 다시 연장하라"고 요구했다. 마늘 파동이 재발한 2002년 7월 20일 제주도 애월 체육관에서 개최된 민주당(여당) 지역구 개편대회에서 김대중 행정부의 실세인 한○

○ 대표는 다음과 같은 축사를 했다. "내 지역구인 전남 무안 · 신안군이 전국 마늘 생산의 25%를 차지한다. 2000년 중국산 마늘에 대해 긴급수입제한 조치를 취하게 된 것은 내가 주장한 것이다"라고. 2000년 총선을 앞두고 당시 여당인 민주당이 중국산 수입 마늘에 대한 긴급관세 부과안을 밀어붙이게 된 배경이 밝혀진 것이다.

한○○ 의원의 이와 같은 정치적 판단에 대해 일간지들은 사설을 통해 다음과 같이 비판했다.

> '정책여당'임을 자부하는 민주당 한화갑 대표는 지방 유세에서 "600만 달러(마늘) 때문에 5억 달러(휴대전화)를 날리려는 바보라고 했지만, 중국산 마늘에 긴급수입제한 조치를 취한 것은 내 주장"이라고 자랑했다. 어느 게 더 국익에 부합하는지를 따지기보다 그저 50만 마늘 농가의 표(票)만 눈에 보인 것이다(조선일보, 2002.7.22).
>
> 경제 전체를 안 보고 농민표를 의식한 정치권의 논리로 3년 전 중국산 마늘에 세이프가드를 발동한 것부터가 잘못이었다. 그런데도 불구하고 마늘 주산지가 지역구인 한화갑 민주당 대표가 중국산 마늘에 대해 세이프가드가 발동되도록 힘쓴 사실을 자랑하며 이번에도 앞장서 싸워 확고한 대책이 나오도록 하겠다고 한 발언은 한심하기 짝이 없다(동아일보, 2002.7.21).

국회의원들은 지역적 이익과 국가적 이익을 동시에 배려해야 할 복대리인(複代理人)의 입장에 놓여 있다. 출신 지역구 이익과 다른 지역의 이익이 부딪칠 때는 마땅히 출신 지역구의 이익을 대표해야 할 것이다. 그러나 그때도 형평성과 공정성의 기준을 놓아서는 아니 된다. 지역적 이익과 국가적 이익이 충돌할 때 국회의원은 당연히 국가적 이익을 우선시하는 가치 기준을 따라야 한다. 국회의원 개개인은 국가적 차원의 공익 관점에서 일을 처리해야 할 독립적 헌법기관이기 때문이다. 헌법 제46조 제2항은 "국회의원은 국가 이익을 우선하여 양심에 따라 직무를 행한다"고 규정하고 있다.

CHAPTER 12

정책공동체 구성원의 윤리 의식

정책 과정에는 다양한 사회 구성원들이 참여한다. 특히 정책 형성 과정에는 정책 공동체(政策共同體, policy community)의 여러 구성원이 참여한다. 정책공동체는 정책 목표 및 인과(因果)에 관한 기본 신념을 공유하면서, 정책 목표의 달성을 위해 각급 정부기관의 규칙을 조정하고 정책 결정 기관에 영향을 미치려 하는 특정 정책 분야의 전문가 집단 등을 말한다. 정책공동체는 비록 의미상의 차이는 있으나, 하위정부(sub-government) · 이슈망(issue network) · 정책창도자 연합(advocacy coalition), 철의 3각동맹(iron triangle) 등 다양한 용어로 묘사되기도 한다. 정책공동체의 구성원으로는 관계 기관의 고위관료 · 학자 · 민간연구소 연구원 · 이익집단 · 시민단체 구성원 · 언론인 등이 포함될 수 있다.

근년 들어 우리 사회에서는 '정책실명제' 도입이 사회적 이슈가 될 정도로 정책공동체 구성원들의 윤리 문제가 심각하게 제기되고 있다. 정책공동체의 구성원들은 정책 결정 과정에서 정책 이슈를 개발해 확산시키고, 정책 결정 과정에서 정책 정보를 생산 · 확산시킴으로써 해당 정책의 사회적 정당성을 뒷받침해 주기도 한다.

정책공동체의 구성원들은 '공식적' 정책결정자는 아니다. 정책당국자가 아닌 만큼 그에 따른 별다른 책임도 지지 않는다. 그러나 이들은 정책 과정에서 커다란 영향력을 행사한다. 공공정책에 큰 영향을 미치는 만큼, 이들의 윤리 의식은 아주 중요하다고 하겠다.

대형 국책사업이나, 민자 유치사업 등의 타당성 분석 과정에서는 정책분석 담당자들의 분석 결과가 정책 판단의 중요한 근거가 된다. 그러나 이러한 분석 전문가들이 중립적 입장에서 객관적으로 분석 작업을 수행하는 것이 아니라, 발주처의 입장을 옹호하고 정당화하는 '지적 경호인(intellectual bodyguard)' 역할에 충실함으로써 적지 않은 사회적 문제를 야기하는 것이 현실이다.

최근 우리 사회에서 사회적 이슈로 부각되고 있는 민자 사업을 예로 들어 보자. 서울시가 민자 사업인 서초구 우면산터널에 대해 맥쿼리한국인프라투융자회사(맥쿼리인프라) 측과 2005년 실시 협약을 갱신하기에 앞서, 시 산하 연구기관인 시정개발연구원(시정연)이 최소운영수입 보장(MRG) 금액의 산출 근거인 예상 통행량을 지나치게 부풀렸음을 뒷받침하는 자료가 나왔다. 시정연이 2004년 1월과 2011년 10월 두 차례에 걸쳐 분석했던 '우면산터널 통행량 추정' 결과를 비교하면, 2004년 보고서는 올해(2012년) 교통량을 6만 2,788대로 예상했으나, 지난해 보고서는 그 절반도 안 되는 2만 7,738대로 예측했다. 이에 따라 서울시가 "최소운영수입을 보장한 가운데 예상 통행량을 부풀리는 방법으로 맥쿼리인프라 등의 이익을 챙겨 줬다"는 비판이 나온다. 통행료 수입이 예상 수입에 못 미치면 부족분을 보전해야 하는 최소운영수입 보장 조항 때문에, 서울시는 2005년 105억 원 등 지금까지 517억 원을 우면산인프라웨이에 건네야 했다(한겨레신문, 2012.4.23).

이와 유사한 사례는 매일매일의 언론 보도에서 어렵지 않게 찾아볼 수 있다. 경상남도가 민간자본을 끌어들여 건설한 마창(마산-창원)대교의 적자 보전금도, 애당초 지나치게 부풀린 통행량 예측으로 인해 민간 사업자에게 해마다 100억 원대의 보전금을 주는 것으로 알려지고 있다.

정부공사의 경우에도 변수를 조작해 해당 사업의 사업성을 과대 포장하는 사례가 빈번히 발생하고 있다. 지금은 당초 계획했던 사업의 기본 방향을 변경해 잘 추진되고 있는 새만금 간척사업의 경우, '새만금사업 환경영향 공동조사 결과보고서'의 감정을 담당했던 한 교수는 서울행정법원에 제출한 감정서에서, "농림부가 편익 항목에서는 논란이 되는 것도 모두 포함하면서 비용에서는 명백한 것조차 제외해 사업성을 과대 포장했다"며, "보고서가 제시한 10가지 시나리오는 왜곡평가 사례로 교과서에도 실릴 만한 전형적인 부풀리기 수법"이라고 지적한 바 있다(동아일보, 2004.5.27).

또한 숱한 우여곡절을 겪은 끝에 지금은 완공된 경인운하 사업에 대해 감사원은 2003년 9월 감사 결과를 발표하면서, 사업의 중단을 포함한 사업의 전면 재검토를 통보했다. 감사원은 건설교통부(현 국토교통부)가 한국개발연구원(KDI)에 경인운하의 경제성 분석을 의뢰하면서 총 사업비를 실제보다 줄여 제시하거나 부적정한 평가 항목을 추가하는 방법으로 실제보다 과장된 경제성 평가 수치를 이끌어 냈다고 지적하면서, 이 같은 감사 결과를 발표했다. 이와 관련해 한 언론(동아일보, 2003.9.25)은 다음과 같은 사설을 실었다.

> "정부가 경인운하의 경제성을 평가하면서 미리 정해둔 결론에 꿰맞추려 했다는 의혹이 상당 부분 사실로 드러났다. 나아가 감사원 감사 결과를 보면 사업계획을 세우고 추진한 과정이 관련 부처와 기관들의 '도덕적 해이'로 얼룩져 있다.
>
> 주무부처인 건설교통부는 한국개발연구원(KDI)에 평가를 의뢰하면서 총사업비를 축소한 자료를 제공해 경제성을 과대 포장했다. 그런데도 경제성이 기준치를 밑도는 것으로 평가보고서 초안이 나오자 다음엔 평가 항목을 무리하게 변경시켰다. 이 같은 왜곡에도 불구하고 경제성이 미흡하다고 결론 내린 공식보고서가 나오자 확정된 사업계획과 다른 자료를 근거로 추가보고서를 만들게 했다고 한다. 이쯤 되면 꿰맞추기가 아니라 조작이라는 비판을 받아도 할 말이 없을 것이다……."

한국 사회의 권위 있는 정책연구기관인 한국개발연구원(KDI)의 정책분석 행태가 이러하다면, 다른 정책분석기관의 행태는 물어볼 필요조차 없을 것이다.

위 사례뿐만 아니라, 여러 지방자치단체에서 벌이는 다양한 전시성 사업들도, 잘못된 정책분석에 기반해 사업을 무리하게 추진, 엄청난 예산을 낭비하고 있는 것이 사실이다.

이와 같은 예산 낭비 사례의 재발을 방지하기 위해서는 대규모 국책사업 등을 추진할 때 용역의 객관성과 투명성을 확보할 수 있는 제도적 장치가 강구되어야 할 것이다. 아울러 사업타당성 분석을 왜곡한 정책전문가들에 대해서도 응분의 법적 책임을 물을 필요가 있다.

법적 책임 영역의 바깥에서 '영혼 없는 전문가' 역할을 즐기는 '지식인 용병(intellectual mercenary)'들의 윤리 의식을 제고하기 위해서는 더욱 엄격한 사회적 · 법적 제재가 가해져야 할 것이다.

참고문헌

[국내 문헌]

관악행정학회 편(1988). 『행정과 가치』. 서울: 법문사.

김나영 · 최진욱(2010). 내부고발제도의 반부패 효과. 한국행정학회 2010년 하계학술세미나 발표 논문.

김명(1995). 『국가학』. 서울: 박영사.

김미영(2006). 『현대공동체주의: 매킨타이어, 왈저, 바버』. 파주: 한국학술정보(주).

김병섭 · 김정인(2014). 관료 (무)책임성의 재해석: 세월호 사고를 중심으로. 『한국행정학보』, 48(3): 99-120.

김영종(2001). 『부패학』. 서울: 숭실대출판부.

______(1995). 『행정철학』. 서울: 법문사.

김인(1988). 행정이념으로서의 사회적 형평성. 이경은 외 편, 『행정과 가치』. 서울: 법문사.

김창수(2014). 한국 관료제의 트릴레마 해부. 『정부학연구』, 20(1): 35-73.

김태길(1986). 『윤리학』. 서울: 박영사.

김항규(2009). 『행정철학』(4정판). 서울: 대영문화사.

명승환 · 최영훈(2002). 디지털 사회와 행정의 투명성: 개념적 다면성과 연구과제. 한국행정학회 2002년 동계학술대회 발표논문집.

박상혁(2006). 윤리학적 규범이론으로서 결과주의와 의무주의는 상치하는가? 한국철학회. 『철학』, 88: 255-275.

박정순(2009). 자유주의 정의론의 철학적 오디세이: 롤즈 정의론의 변모와 그 해석 논쟁. 황경식 · 박정순 외. 『롤즈의 정의론과 그 이후』. 서울: 철학과현실사.

서원우(1981). 현대 행정의 특징과 관료제. in 윤근식 · 양시호 · 장지호 · 유훈 외 공저. 『현대정치와 관료제』. 서울: 대왕사.

______(1979, 1983). 『현대행정법론(상)』. 서울: 박영사.

손칠성(2007). 자유주의와 공동체주의의 주요 논쟁점에 대한 검토. 『동서사상』, 3: 17-32.
신용일(2022). 행정윤리: 민주헌법주의 국가를 중심으로. 고양: 대영문화사.
안성호(1988). 정의의 개념과 규범들. 관악행정학회 편, 『행정과 가치』. 서울: 법문사.
안해균(1983). 『현대행정학』. 서울: 다산출판사.
오석홍(2010, 1995). 『한국의 행정』. 서울: 법문사.
______(1996). Harold F. Gortner의 가치와 윤리. 오석홍 편, 『행정학의 주요 이론』. 서울: 경세원.
유종해 · 김택(2010). 『행정의 윤리』(제3개정판). 서울: 박영사.
윤근식 · 양시호 · 장지호 · 유훈 외 공저(1981). 『현대정치와 관료제』. 서울: 대왕사.
윤영진(1988). 공익의 행정철학적 함의. 이경은 외 편, 『행정과 가치』. 서울: 법문사.
윤태범(2000). 우리나라 정부의 반부패정책의 평가. 『한국행정학보』, 33(4).
이계수(2005). 공무원의 정치운동 금지 의무에 대한 비판적 고찰. 『민주법학』, 29: 311-336.
이광종(2005). 『행정책임론』. 서울: 대영문화사.
이종수(2024). 새민주주의론: '국민 존중' 없는 민주주의는 허구다. 고양: 대영문화사.
______(2017a). 공공 가치와 국정 운영: 공정성과 현 정부의 국정 과제. 서울대행정대학원. 「정책 & 지식」 포럼(제885회).
______(2017b). 시대 사조의 변화에 따른 새로운 공직 기저가치 모색. 국가공무원인재개발원. 『국내외 공직가치 사례 연구 중간 발표 자료집』.
______(2017c). 정치-행정의 한국형 병존(竝存) 모형 연구. 한국행정학회. 『한국화논단 자료집』.
______(2013a). 『대한민국은 공정한가』. 서울: 대영문화사.
______(2013b). 『한국행정의 이해』. 서울: 대영문화사.
______(2012). 『새행정윤리』. 서울: 대영문화사.
______(2010a). 『새 미래의 행정』. 서울: 대영문화사.
______(2010b). 민 · 관의 협력적 거버넌스를 통한 반부패 청렴문화 확립 방안. 국민권익위원회. 「청렴한 세상 만들기」. 만들기 반부패 심포지엄 발표 논문.
______(2009). 한국의 정치-행정 맥락의 분석. 서울행정학회. 『한국사회와 행정연구』, 20(3): 17-39.
______(1988). 행정가치 개념의 분석. 이경은 외 편, 『행정과 가치』. 서울: 법문사.
이종수 편(2009). 『행정학사전』. 서울: 대영문화사.
이종수 외(2022). 『새행정학 3.0』. 고양: 대영문화사.
______(2018, 2011, 2008). 『새인사행정론』. 고양: 대영문화사.
______(2012, 2008). 『새행정학』. 서울: 대영문화사.
이종은(2010). 『정치와 윤리: 정치권력의 도덕적 정당성에 대한 탐구』. 서울: 책세상.
임도빈(2008). 『글로벌 공공윤리』. 서울: 법문사.

임재진(2017). 행정이념으로서의 민주성과 효율성. 국가공무원인재개발원. 『국내외 공직가치 사례 연구 중간 발표 자료집』.
전주상(2017). 공무원의 정치적 중립. 국가공무원인재개발원. 『국내외 공직가치 사례 연구 중간 발표 자료집』.
정인흥(1985). 『서구정치사상사』. 서울: 박영사.
정정길(2003). 『행정학의 새로운 이해』. 서울: 대명출판사.
______(2000). 새로운 시대의 행정관리. 『한국행정연구』, 9(2).
정태헌(2011). 한국의 근대 조세 100년사와 국가, 민주화, 조세 공평의 과제. 『역사비평』, 봄호(통권 제94호).
차하순(1983). 『형평의 연구』. 서울: 일조각.
채원호(2017). 결과주의와 동기주의 비교. 국가공무원인재개발원. 『국내외 공직가치 사례 연구 중간 발표 자료집』.
추정훈(2003). 『윤리의 본질과 직업윤리』. 서울: 형설출판사.
하기락(1987). 『서양윤리사상사』. 서울: 형설출판사.
황경식(1991). 『사회 정의의 철학적 기초』. 서울: 문학과지성사.

[국외 문헌]

陳正炎・林其錟(1985). 『중국의 유토피아 사상』. 李成珪 옮김(1990). 서울: (주)지식산업사.
Adams, Robert M.(Translator)(2010). *Utopia*(3rd ed.)〈Norton Critical Editions〉. edited by George M. Logan & Robert M. Adams. Cambridge, UK: Cambridge University Press.
Almond, Gabriel Abraham & Sidney Verba(1963). *The Civic Culture: Political Attitudes and Democracy in Five Nations*. Princeton, NJ: Princeton University Press.
Angermann, E.(1976). Das Auseinandertreten von 'Staat' und 'Gesellschaft' im Denken des 18. Jahrhunderts. in E.-W. Böckenförde(ed.). *Staat und Gesellschaft*. Darmstadt: Wissenschaftliche Buchgesellschaft.
Anscombe, G. E. M.(1958). Modern Moral Philosophy. *Philosophy*, 33: 1-19.
Aristotle(1962). *Nichomachean Ethics*. Trans, with Introduction, and Notes, by Martin Ostwald. New York: Bobbs-Merrill.
______(1946). *The Politics of Aristotle*. Trans, with Introduction, Notes, and Appendixes, by Ernest Barker. New York: Oxford University Press.
Arthur, John & William H. Shaw(1978). *Justice and Economic Distribution*. Englewood Cliffs: Prentice-Hall Inc.
Bailey, Stephen(1980). Ethics and the Public Service: The Concept of Moral Ambiguities of Public Choice, in Richard J. Stillman, ed. *Public Administration: Cases and Concepts*.

Boston: Houghton Mifflin.

Benditt, Theodore M.(1973). The Public Interest. *Philosophy & Public Affairs*, 3.

Bentham, Jeremy(1996). An Introduction to the Principles of Morals and Legislation, in H. Burns & H. L. A. Hart eds. with a New Introduction by F. Rosen. *The Collected Works of Jeremy Bentham*. New York: Oxford University Press.

Brothers, Lance Eliot(1981). Measuring Inequality in the Delivery of Urban Public Service: A Simplification. *Policy Studies Journal*, 9: 999-1000.

Brown, Henry Phelps(1988). *Egalitarianism and the Generation of Inequality*. Oxford: Clarendon.

Caiden, Gerald E.(2007). Corruption and Governance, in William L. Richter & Frances Burke eds. *Combating Corruption, Encouraging Ethics: A Practical Guide to Management Ethics*. Lanham, Maryland: Rowman & Littlefield Publishers, Inc.

______(2002). Enron, Accountancy and Professional Ethics. *ASPA* Paul Van Riper Symposium. April. http://bush.taum.edu/pubman

______(1977). Administrative Corruption. *PAR*, 37(2).

Chugh, Dolly, Bazeman, Max H., & Banaji, Mahzarin R.(2005). Bounded Ethicality as a Psychological Barrier to Recognizing Conflict of Interest, in Don A. Moore et al., eds. *Conflict of Interest*. New York: Cambridge University Press.

Clor, Harry M.(1996). *Public Morality and Liberal Society: Essays on Decency, Law, and Pornography*. Notre Dame: University of Notre Dame Press.

Cook, Brian J.(1992). Subordination or Independence for Administrators? The Decisions of 1789 Reexamined. *Public Administration Review*, 52(5).

Cooper, Terry L.(1982). *The Responsible Administrator: An Approach to Ethics for the Administrative Role*. New York: Kennikat Press, Co.

Coulter, Philip B.(1980). Measuring the Inequality of Public Services: A Methodological Discussion with Application. *Policy Studies Journal*, 8: 683-698.

Deutsch, Karl W.(1974). *Politics and Government: How People Decide Their Fate*(2nd ed). Boston, Massachusetts: Houghton Mifflin.

Dann, Otto(1975). *Gleichheit. in Geschichtliche Grundbegriffe*, eds. by V. O. Brunner, W. Conze, R. Koselleck, Stuttgart: Klett-Cotta.

D'Holbach, Paul Henri Thiry Baron(1776). *La Morale universelle, ou les Devoirs de l'homme fondés sur la nature, Théorie de la morale, II*. Amsterdam, Rey.

Dworkin, Ronald(1983). In Defense of Equality. *Social Philosophy and Policy*, 1(1): 24-40.

______(1977). *Taking Rights Socially*. London: Duckworth.

Easton, David(1965). A Framework for Political Analysis, Chicago: The University of Chicago

Press.
Etzioni-Halevy, Eva(1983). *Bureaucracy and Democracy: A Political Dilemma*. London: Routledge & Kegan Paul. 윤재풍 옮김. 『관료제와 민주주의』. 서울: 대영문화사(1990).
Finer, Herman(1966). Administrative Responsibility in Democratic Government. Peter Woll ed. *Public Administration and Policy*. New York: Harper & Row, Publishers.
Fox, Robin(1994). Moral Sense and Utopian Sensibility. *Criminal Justice Ethics*, 13.
Frankena, William(1967). Values and Valuation. *Encyclopedia of Philosophy*(P. Edward, ed.). New York: Macmillan.
Frederickson, H. George(1980). *New Public Administration*. Alabama: The University of Alabama Press.
______(1971). Toward a New Public Administration. in Frank Marini ed. *Toward a New Public Administration*. San Francisco: Chandler Publishing Co.
Friedrich, Carl Joachim(1973). Authority Reason and Discretion, in Richard E. Flathman. *Concepts in Social and Political Philosophy*. New York: Macmillan.
______(1966). Public Policy and The Nature of Administrative Responsibility. Peter Woll ed. *Public Administration and Policy*. New York: Harper & Row, Publishers.
Friedrich, Carl Joachim & Taylar Cole(1967). *Responsible Bureaucracy: A Study of the Swiss Civil Service*, 1932. revised by Russel and Russel. New York 1967.
Gerth, H. H., & Mills, C. W.(1958). *From Max Weber: Essays in Soctology*. New York: Oxford University Press.
Gilbert, C. E.(1959). The Framework of Administrative Responsibility. *The Journal of Politics*, 21.
Gortner, Harold F.(1994). Values and Ethics. in Terry L. Cooper ed. *Handbook of Administrative Ethics*. New York: Marcel Dekker, Inc.
Harmon, Michael M.(1981). *Action Theory for Public Administration*. New York: Longman.
______(1969). Administrative Policy Formulation and the Public Interest. *PAR*, 29(5).
Heibrum, James(1981). *Urban Economics and Public Policy*(2nd ed.). New York: St. Martin's Press.
Heideheimer, Anold J. ed.(1970). *Political Corruption: Readings in Comparative Analysis*. New York: Holt, Reinhart & Winston.
Heidenheimer, Anord J., M. Johnston, & Victor T. LeVine eds.(1990). *Political Corruption*. New Brunswick: Transaction.
Hodgkinson, Christopher(1978). *Toward a Philosophy of Administration*. New York: St. Martin's Press.
Hume, David(1751). *An Inquiry Concerning the Principles of Morals*. reprinted 1777. Clar-

endon Press.

Janovitz, Morris, Deil Wright & William Delany(1958). *Public Administration and the Public: Perspective Toward Government in a Metropolitan Community*. Bureau of Government, Institute of Public Administration. University of Michigan, Ann Arbor.

Kluckhohn, C.(1962). Value and Value Orientations in the *Theory of Action. Toward a General Theory of Action*(T. Parsons & E. A. Shils, eds.). New York: Harper.

Krygier, M.(1979). *Weber, Lenin ad the reality of socialism*. in Karmenka, E., & Krygier, M.(eds.). *Bureaucracy: The Career of a Concept*: 61-87.

Kukathas, Chandran & Pettit, P.(1990). *Rawls: A Theory of Justice and its Critics*. Stanford: Stanford University Press.

Kymlicka, Will(2002). *Contemporary Political Philosophy: An Introduction*. 『현대 정치철학의 이해』. 장동진 외 옮김(2006). 서울: 동명사.

______(1990). Two Theories of Justice. *Inquiry*, 33(1): 99-119.

Levitan, David S.(1942). The Neutrality of Public Service. *PAR*, 2.

Leys, Wayne A. R., & Charner Marquis Perry(1959). *Philosophy and the public interest; a document*. Chicago: Committee to Advance Original Work in Philosophy. prepared for a symposium of the Western Division of the American Philosophical Association held at the University of Wisconsin.

Lynn, H.(2015). Social modeling effects on perception of the police: Focus on indirect police contract experience among college students. *Policing: An International Journal of Police Strategies & Management*, 38(4).

MacIntyre, Alasdair(1984). *After Virtue: A Study in Moral Theology*(2nd ed.). Notre Dame: University of Notre Dame Press.

Marx, Fritz Morstein(1961). *The Administrative State: An Introduction to Bureaucracy*. Chicago, Illinois: The University of Chicago Press. 안해균 역. 『행정국가와 관료제』(1992). 서울: 박영사.

Marx, K.(1970). *Critique of Hegel's 'Philosophy of Right'*. Cambdridge University Press.

______(1969). *The German Ideology*. in Marx, K., & Engels, F. *Selected Works* in 3 volumnes, Vol. 1.

Mill, John S.(1957, 1963). *Utilitarianism*. Liberal Arts Press(first published in 1863).

______(1973). On Liberty. in Richard Wollheim ed., *John Stuart Mill. Three Essays*. Oxford University Press.

______(1863). *Utilitarianism*(1st ed.). London: Parker, Son & Bourn, West Strand. Retrieved 6 June 2015. via Google Books.

Moe, Terry M.(1985). The Politicized Presidency, in Chubb, John E., Peterson, Paul E., eds.

The New Direction in American Politics. Washington: Brookings Institution.

Monsen, R. Josep & Jr. Mark R. Cannon(1965). *The Makers of Public Policy*. New York: McGraw-Hill.

Moore, G. E.(1956, 초판은 1903). *Principia Ethica*. Cambridge University Press.

Morgan, Douglas F.(1994). The Public Interest, in Cooper, Terry ed. *Handbook of Administrative Ethics*. New York: Marcel Dekker.

Mulhall, Stephen & Adam Swift(1992). *Liberals and Communitarians*. Blackwell Publishers Ltd. 『자유주의와 공동체주의』. 김해성 · 조영달 옮김(2001). 서울: 한울아카데미.

Nowell-Smith, P. H.(1948). Free-Will and Moral Responsibility. *Mind*, I, VII(225).

Nozick, Robert(1989). *The Examined Life: Philosophical Meditations*. New York: Simon and Schuster.

______(1974). *Anarchy, State and Utopia*. New York: Basic Books.

Overeem, Patrick(2005). The Value of the Dichotomy: Politics, Administration, and the Political Neutrality of Administrators. *Administrative Theory and Praxis*, 27(2): 311-319.

Perelman, Chaim(1963). *The idea of justice and the problem of argument*. New York: The Humanities Press.

Perry, Ralph Barton(1954). *Realms of Value*. Harvard University Press.

______(1926). *General Theory of Value*. Harvard University Press.

Pfiffner, John M., & Robert Presthus(1955). *Public Administration*. New York: Ronald Press.

Piotrowski, S. J., & Rosenbloom, D. H.(2002). Nonmission-BasedValues in Results-Oriented Public Management: The Case of Freedom of Information. *Public Administration Review*, 62(6).

Powell, Norman J.(1956). *Personnel Administration in Government*. Eaglewood Cliffs, New-Jersey: Prentice-Hall.

Price, Richard(1758, 1948). *A Review of Principal Question in Morals*. Oxford.

Rawls, John(1985). Justice as Fairness: Political, Not Metaphysical. *Philosophy and Public Affairs*, 14: 223-251.

______(1971). *A Theory of Justice*. Harvard University Press.

Rohr, John A.(1989). *Ethics for Bureaucrats: An essay on law and values*. New York: M. Dekker.

Ross, W. D.(1930). *The Right and the Good*. Oxford.

Rousseau, Jean-Jacques(1754). *A Discourse on a Subject Proposed by the Academy of Dijon: What is the Origin of Inequality among Men, and Is It Authorised by Natural Law?* Translated by G. D. H. Cole, public domain Rendered into HTML and text by Jon

Roland of the Constitution Society. in http://www.constitution.org/jjr/ineq.htm
Sabine, George Holland(1937). *A History of Political Theory*. New York: Holt, Rinehart and Winston Inc.
Sandel, Michael J.(2010a). 『정의란 무엇인가』. 이창신 옮김. 서울: 김영사. *Justice: What's the Right Thing to Do?* London: Penguin. 2009.
______(2010b). 『왜 도덕인가?』. 안진환 · 이수경 옮김. 서울: 한국경제신문. *Public Philosophy: Essays on Morality in Politics*. Harvard University Press. 2005.
______(2008). 『공동체주의와 공공성』(다산 기념 철학 강좌 9). 김선욱 외 옮김. 서울: 철학과현실사.
Schubert, Glendon(1960). *The Public Interest*. Glencoe, Ill.: The Free Press.
Shafritz, Jay M., E. W. Russell, & Christopher P. Borick(2007). *Introducing Public Administration*. New York: Pearson Longman.
Shafritz, Jay M., Walter I, Balk, Albert C. Hyde, & David H. Rosenbloom(1978). *Personnel Management in Government: Politics and Process*(2nd and 3rd ed.). New York: Marcel Dekker, Inc.
Sidgwick, Henry(1981). *The Methods of Ethics*(7th [Hackett reprint] ed.). Hackett Publishing Co(초판은 1874년에 출판됨).
Simon, H., D. Smithburg, & V. Thomson(1950). *Public Administration*. New York: Knopf.
______(1937). Comparative statistics and the measurement of efficiency. *National Municipal Review*, 26: 524-527.
Sorauf, F. J. (1962). The Conceptual Muddle, in C. J. Friedrich ed. *The Public Interest*. New York: Atherton.
Spinoza, Baruch de(1677). *Ethica*.
Stevenson, C. L.(1952). The Emotive Meaning of Ethical Terms, in Sellars & Hospers eds. *Reading in Ethical Theory*. New York.
Stillman, Richard J. II.(1973). Woodrow Wilson and the Study of Administration. *American Political Science Review*, 67(6): 582-588.
Svara, James H.(1999a). The Politics-Administration Dichotomy as Aberration. *Public Administration Review*, 58(1): 51-58.
______(1999b). Complementarity of Politics and Administration as a Legitimate Alternative to the Dichotomy Model. *Administration & Society*, 30(6): 676-705.
Tam, Henry Benedict(1998). *Communitarianism: a New Agenda for Politics and Citizenship*. New York University Press.
Tanzi, Vito(1998). Corruption Around the World: Causes, Consequences, and Cues. *IMF Working Paper*.

Thompson, Dennis F.(1985). The Possibility of Administrative Ethics. *Public Administration Review*, 45(5): 555-561.

Tocqueville, Alexis de(1969). *Democracy in America*. tr. George Lawrence, ed. J. P. Mayer. New York: Doubleday.

Urban, M. E.(1982). *The Ideology of Administration: American and Soviet Cases*. Albany: State University of New York Press.

Waldo, D. W.(1980). *The Enterprise of Public Administration: A Summary View*. Novato, California: Chandler and Sharp.

______(1974). Reflections on Public Morality. *Administration and Society*, 6(3).

Walzer, Michael(2009). 『마이클 왈저: 정치철학 에세이』. 최흥주 옮김. 서울: 모티브북. *Thinking Politically: Essays in Political Theory*. Yale University Press. 2007.

______(1983). *Spheres of Justice: A Defense of Pluralism and Equality*. New York: Basic Books.

Warwick, Donald P.(1981). The Ethics of Administrative Discretion, in Joel L. Fleishman, L. Libman, & M. H. Moore eds. *Public Duties: The Moral Obligations of Government Officials*. Cambridge, Massachusetts: Harvard University Press.

Weber, Max(1947). *The Theory of Social and Economic Organization*. New York: Oxford University Press.

______(1924). 'Der sozialismus', in *Gezammelte Aufsatza zur Soziologieund Sozialpolitik*. Tübinggen, J. C. B. Mohr.

White, Leonard D.(1926). *Introduction to the Study of Administration*. Macmillan.

Wilson, Woodrow(1966). *The Papers of Woodrow Wilson*, Vol. 5. Princeton, N.J.: Princeton University Press.

Wolf, Patrick J.(1999). Neutral and Responsive Competence: The Bureau of the Budget, 1939-1948, Revisited. *Administration & Society*, 31(1): 142-167.

Yates, D. T.(1981). Hard Choices: Justifying Bureaucratic Decisions, in J. L. Fleishmann et al., eds. *Public Duties: The Moral Obligations of Government Officials*. Harvard University Press.

찾아보기

인명 색인

사항 색인

ㄱ

ㅈ

ㅊ

ㅋ

ㅌ

ㅍ

ㅎ

기타

저자 소개

전주상

서울대학교 법과대학 사법학과
서울대학교 대학원 행정학 박사
한성대학교 교수

배재영

충북대학교 사범대학
부산장신대학교 신학대학원 교역학 석사(M.DIV)
대한예수교 장로회(통합) 목사 안수
한성대학교 행정대학원 행정학 박사
신라대학교 초빙교수

임재진

서울대학교 사회학과
뉴욕주립대학교(올바니) 행정학 박사
서울시립대학교 교수

채원호

연세대학교 행정학과
서울대학교 대학원 행정학 박사
일본 동경대학교 국제사회과학 박사과정(수료)
가톨릭대학교 교수

이종수

서울대학교 철학과
서울대학교 대학원 행정학 박사
한성대학교 명예교수

[제3판]

행정윤리론

펴낸날 제1판 제1쇄 2012년 8월 30일
개정판 제1쇄 2018년 2월 10일
제3판 제1쇄 2025년 1월 20일

지은이 전주상 · 배재영 · 임재진 · 채원호 · 이종수

펴낸이 임춘환

펴낸곳 도서출판 **대영문화사**

주소 (본사) 사무실: 경기도 고양시 일산서구 주화로 70
우신프라자 307호 (우 10387)
(본사) 물류센터: 경기도 고양시 일산서구 덕산로
107번길 68-50 (우 10205)

등록 1975년 12월 26일 제3-16호

전화 (031) 913-3062, (031) 914-3884~5

팩스 (031) 913-3839

홈페이지 http://www.dymbook.co.kr

ISBN 978-89-7644-965-8

값 20,000원